POR UMA NOVA SOCIOLOGIA CLÁSSICA

Dados Internacionais de Catalogação na Publicação (CIP)
(Câmara Brasileira do Livro, SP, Brasil)

Caillé, Alain
  Por uma nova sociologia clássica : re-unindo Teoria Social, Filosofia Moral e os *Studies* / Alain Caillé, Frédéric Vandenberghe ; tradução Bruno Gambarotto, Tiago Panica Pontes. – 1. ed. – Petrópolis : Editora Vozes, 2021.

  Título original: Towards a new classical sociology: a proposal and a debate
  Bibliografia
  ISBN 978-65-5713-174-9

  1. Filosofia moral 2. Sociologia 3. Teoria social I. Vandenberghe, Frédéric. II. Título.

21-57580   CDD-300.1

Índices para catálogo sistemático:
1. Sociologia : Filosofia   300.1

Maria Alice Ferreira – Bibliotecária – CRB-8/7964

Alain Caillé
Frédéric Vandenberghe

POR UMA NOVA SOCIOLOGIA CLÁSSICA

Re-unindo Teoria Social, Filosofia Moral e os *Studies*

Tradução de Bruno Gambarotto e Tiago Panica Pontes

EDITORA VOZES

Petrópolis

© Alain Caillé and Frédéric Vandenberghe, 2020
Tradução autorizada da edição em língua inglesa, publicada por Routledge – Índia, membro do Grupo Taylor & Francis.

Tradução realizada a partir do original em inglês intitulado *Towards a New Classical Sociology: A Proposal and a Debate*

Direitos de publicação em língua portuguesa – Brasil:
2021, Editora Vozes Ltda.
Rua Frei Luís, 100
25689-900 Petrópolis, RJ
www.vozes.com.br
Brasil

Todos os direitos reservados. Nenhuma parte desta obra poderá ser reproduzida ou transmitida por qualquer forma e/ou quaisquer meios (eletrônico ou mecânico, incluindo fotocópia e gravação) ou arquivada em qualquer sistema ou banco de dados sem permissão escrita da editora.

CONSELHO EDITORIAL

Diretor
Gilberto Gonçalves Garcia

Editores
Aline dos Santos Carneiro
Edrian Josué Pasini
Marilac Loraine Oleniki
Welder Lancieri Marchini

Conselheiros
Francisco Morás
Ludovico Garmus
Teobaldo Heidemann
Volney J. Berkenbrock

Secretário executivo
João Batista Kreuch

Editoração: Fernando Sergio Olivetti da Rocha
Diagramação: Raquel Nascimento
Revisão gráfica: Nilton Braz da Rocha
Capa: Ygor Moretti

ISBN 978-65-5713-174-9 (Brasil)
ISBN 978-113-809-635-6 (Reino Unido)

Editado conforme o novo acordo ortográfico.

Este livro foi composto e impresso pela Editora Vozes Ltda.

Não há ciências sociais, mas uma só ciência das sociedades.
Marcel Mauss. *Divisions et proportions des divisions de la sociologie.*

Sumário

Primeira parte: Documento de posição – Por uma nova sociologia clássica, 9
Tradução de Thiago Panica Pontes

Introdução, 11

1 Quatro fragmentações, 15

2 A alternativa ao utilitarismo: sociologia neoclássica, 25

3 Princípios de uma teoria social geral, 34

4 O destino do marxismo, 45

5 Constelações de intersubjetividade e interdependência, 53

Conclusão, 60

Referências, 62

Segunda parte: O debate – Comentários e críticas, 69
Tradução de Bruno Gambarotto

Incluindo todos aqueles que contam e se importam, 71
Frank Adloff (Universidade de Hamburgo)

Em defesa da teoria sociológica: da crise do capitalismo à crise da democracia, 78
Jeffrey C. Alexander (Universidade de Yale)

Teoria social e a lógica da investigação – Alguns argumentos pragmáticos para uma convergência das abordagens crítica e reconstrutiva, 83
Francis Chateauraynaud (École des Hautes Études en Sciences Sociales, Paris)

Para uma sociologia mais ambiciosa, mais prática e de fato polifônica, 93
Raewyn Connell (Universidade de Sydney)

Diversidade e unidade da sociologia, 101

François Dubet (Universidade de Bordeaux e École des Hautes Études en Sciences Sociales, Paris)

Dinheiro farto, *Big Data*, grande teoria, 108

Phil Gorski (Universidade de Yale)

Meu posicionamento sobre seu *Documento de posição*, 113

Nathalie Heinich (Centre National de la Recherche Scientifique e École des Hautes Études en Sciences Sociales, Paris)

O mito do metodologismo, 116

Qu Jingdong (Universidade de Pequim)

A sociologia, a troca de dádivas e a temporalidade, 122

Mike Savage (Escola de Economia de Londres)

E quanto aos outros, 131

Michael Singleton (Universidade Católica de Lovaina)

Comentário sobre a nova sociologia clássica, 139

Philippe Steiner (Universidade Sorbonne, Paris)

Terceira parte: Uma resposta – Em retorno aos nossos comentadores, 149

Alain Caillé e Frédéric Vandenberghe
Tradução de Bruno Gambarotto

Primeira parte
Documento de posição

Por uma nova sociologia clássica[1]

Tradução de Thiago Panica Pontes

---

1. Uma primeira e mais abreviada versão deste texto foi publicada em *European Journal of Social Theory* (19 (1), 2016, p. 3-21) sob o título: "Neo-classical Sociology: The Prospects of Social Theory Today". • Agradecemos a Thiago pela excelência na tradução e pelas múltiplas sugestões e críticas.

Introdução

Enquanto a civilização ocidental já adentra seu terceiro milênio, a sociologia inicia seu segundo século. A questão que se coloca é se ela terá sido, como no caso da antropologia, meramente uma disciplina do século XX ou se será capaz de manter-se por outros dois séculos. É verdade que há um número crescente de sociólogos, professores e estudantes de sociologia ao redor do mundo. Ocorre que, por uma série de razões, não está claro se essa situação aparentemente favorável irá perdurar, tampouco se a disciplina sobreviverá por muito tempo em sua forma atual. Não que a sociologia se encontre em crise. Não é esse o caso. E isso, de uma maneira geral, é justamente o que achamos mais preocupante. Estamos diante do que se convencionou chamar de tempestade perfeita, entrando numa fase prolongada de turbulência global. A crise não vai desaparecer. Que nos acostumemos a viver num ambiente tóxico. De agora em diante, teremos de lidar simultaneamente com o avanço do "deserto ecológico" e com a decaída no "inferno sociológico" (DANOWSKI & VIVEIROS DE CASTRO, 2014: 29), ambos retroalimentando-se. Paradoxalmente, com sua crescente profissionalização a sociologia corre o sério risco de tornar-se irrelevante. Há um sem-número de investigações de problemas sociais locais, da embriaguez ao volante no Alabama ao *bullying* na internet, perpassando pela discriminação de transexuais tailandeses em Paris. Sobre a crise econômica global, entretanto, ela pouco de relevante tem a dizer[2]. A sociologia voltada ao meio ambiente não é senão um pequeno nicho no conjunto da disciplina. A despeito das valiosas intervenções de Giddens (2009), Urry (2011) e Beck (2016) na esfera pública, parece não haver variação no termômetro de nossos debates e controvérsias[3]. Antropólogos (como Latour e Viveiros de Castro), historiadores (como Chakrabarty) e geólogos se mostram

---

2. Cf., contudo, os três volumes da Possible Future Series, editada por Craig Calhoun e Georgi Derluguian (2011), assim como a análise de Wallerstein et al. (2013). Nesse sentido, o livro de Wolfgang Streeck (2016) sobre o fim do capitalismo e da democracia liberal talvez seja aquele que nos forneça o melhor exemplo do que ainda podemos esperar de uma teoria sociológica do presente.

3. A pragmática da transformação societal de Francis Chateauraynaud (CHATEAURAYNAUD & DEBAZ, 2017) é, talvez, o único programa de pesquisa sociológico concernente aos riscos ecológicos capaz de acompanhar as controvérsias no decurso de períodos de tempo mais longos sem recair nas armadilhas do catastrofismo. Através de variações sistemáticas de escala analítica, ele se mostrou capaz de analisar simultaneamente a interconexão global entre os riscos sistêmicos (o "Antropoceno") e a emergência de alternativas locais nos próprios interstícios do sistema (os "contra-antropocenos").

mais preocupados com a chegada do Antropoceno do que os sociólogos. Quando suas contribuições não estão aninhadas sob um jargão obscuro ou submersas em cálculos impenetráveis que lhe fornecem a aparência de cientificidade, suas observações permanecem tão próximas ao senso comum (com amplas citações *verbatim* de entrevistas) e à vida cotidiana (com descrições detalhadas de situações banais) que nos perguntamos o que distinguiria a sociologia da sociografia ou mesmo da literatura (realista).

Tanto em sua versão de *experts* como naquela que se aproxima do senso comum podemos encontrar grande sedimentação de posturas morais e posicionamentos ideológicos. Não há nada errado com desvelamentos e revelações. Compartilhamos da mesma constelação ideológica e somos todos favoráveis à "sociologia pública" e à "sociologia cívica". Mas se denúncias direcionadas ao capitalismo global e simpatia com os oprimidos pudessem por si mesmas transformar o sistema, por agora já o saberíamos e tampouco precisaríamos nos preocupar com a catástrofe potencialmente por vir.

Precisamos urgentemente de mais modéstia, ambição e esperança. Mais modéstia, porque a sociologia é apenas um subsistema no interior do sistema da ciência, que é ele mesmo um subsistema da sociedade mais ampla. A ideia de que podemos mudar a sociedade com um fragmento de escrita engajada é absurda. Mais ambição, porque somente uma nova coligação reunindo teoria social, *Studies* e filosofia moral e política pode tornar as ciências sociais novamente relevantes enquanto o *medium* reflexivo de sociedades à beira de seus limites [sistêmicos]. E definitivamente mais alegria e esperança porque a litania de denunciações de dominação e a pletora de hipercríticas da exploração terminaram por transformar a sociologia numa "ciência da melancolia" (VANDENBERGHE, 2017: 135-158)[4].

Em um mundo catalisado pelo dinheiro, que não admite enquanto parâmetro nada menos e nada mais do que a rentabilidade imediata dos acionistas, não há como negar que a "utilidade" da sociologia seja efetivamente desafiada. O fato de que o valor da sociologia advém de sua objeção à utilidade é certamente parte de seu charme; no entanto, isso em nada contribui para torná-la mais relevante ao discurso global. Se a disciplina não se encontra em crise, deixa transparecer uma crescente incerteza quanto à sua identidade, seu projeto e sua própria legitimidade. A invocação ritualística de Marx, Weber e Durkheim como os "pais fundadores" da disciplina não atenua sua desorientação e fragmentação. Se possibilita a reconstrução de uma continuidade ilusória entre seu passado e seu presente, exclui por princípio a exploração de continuidades com tradições mais antigas (direito natural, filosofia da história, humanidades, filosofia política e filosofia moral, economia política). Sim, a canonização dos clássicos baliza

---

4. Cf. *Revue du Mauss*, 2018/1 para uma crítica da crítica.

a deriva disciplinar, mas ao custo de relegarmos outros autores à periferia de seu âmago. Quem ainda lê Tocqueville, Comte, Spencer ou mesmo Parsons?

Um século depois, nos deparamos com a mesma tentativa de canonização nos cursos introdutórios de sociologia, se bem que agora sejam Giddens, Bourdieu e Habermas os entronizados enquanto "sociólogos neoclássicos". Como se a disciplina houvesse se interrompido no início dos anos de 1990! Enquanto isso, o "novo movimento teórico em sociologia" (ALEXANDER, 1987) embotou-se. Os exercícios escolásticos de vinculação entre agência e estrutura até podem exercer ainda certo fascínio em alguns novatos, o que não impede a constatação de que, estiolando-se em formalismos protocolares, seu tempo já passou. O consenso intelectual se esgotou, petrificando-se então numa guarnição política e moral. Ao passo que a disciplina se apresenta unida, posicionando-se de forma autoconsciente à esquerda do espectro político – sim, de fato a crítica tornou-se hegemônica em nosso campo –, o fato é que teórica, metodológica, empírica e normativamente a sociologia permanece dividida como nunca. As controvérsias ocasionais concernentes à disciplina não passam de querelas em seu próprio interior que não fazem senão sublinhar como ela tornou-se, a um só tempo, extremamente acadêmica e politizada, exatamente o contrário do que uma "sociologia pública" (BURAWOY, 2005) se propõe a ser. Nada disso contribui com a disciplina, embora menos ainda justifique sua revogação do currículo, como ocorreu no Japão.

Nesse texto de abertura propomos uma série de reflexões articuladas acerca do atual estado das ciências sociais. Inspiramo-nos em *The Coming Crisis of Western Sociology* (1970) de Alvin Gouldner, e intencionamos atualizá-lo para alavancar a sociologia à altura dos desafios do tempo presente. Meio século atrás, Gouldner criticava a conjunção entre positivismo, utilitarismo e neutralidade axiológica presente numa sociologia acadêmica burocratizada e a serviço do *welfare state*. Alinhando-se com a nova esquerda e a contracultura psicodélica, nos anunciava os estertores do marxismo soviético e do funcionalismo parsoniano. Ao fim do livro, fazia apelo a uma "sociologia reflexiva" que deveria ser ao mesmo tempo histórica e pessoal, crítica e existencial, científica e sentimental. Nos dias atuais, o *welfare state* tornou-se alvo de violentos ataques. A "desconstrução administrativa do Estado" avança implacavelmente. E uma vez ruída essa configuração institucional, provavelmente será sem retorno. Os tempos mudaram, assim como a sociologia acadêmica. Aquela evocação de uma ciência do social antipositivista, axiologicamente engajada e sutilmente romântica, no entanto, nada perdeu de sua atualidade. Agora como antes, o sentido predominante tensionado pelo curso dessa contracorrente será por, e para, "uma sociologia antiutilitarista" (GOULDNER, 1970: 409).

Nosso objetivo consiste em contribuir para o desenvolvimento de uma teoria social geral calcada em linhas antiutilitaristas[5]. O texto contém cinco seções. Ele abre com uma breve análise que identifica uma quádrupla fragmentação nas ciências sociais: a autonomização entre teoria e pesquisa, a fragmentação entre teorias, a separação entre a sociologia e os *Studies*, assim como entre as ciências sociais e as filosofias moral, social e política (1). Como alternativa aos modelos da ação racional da economia neoclássica, desenvolve-se os contornos do que viria a ser uma sociologia neoclássica, além de um chamado para uma nova aliança entre teoria social, *Studies* e as filosofias moral e política (2). Por meio de uma articulação entre metateoria, teoria social e teoria sociológica, é proposta uma integração flexível entre teorias da ação, da ordem e da mudança sociais, assim como enunciados requerimentos mínimos conforme uma posição pluralista (3). Embora reconhecendo inteiramente a importância do marxismo, seu legado é reconsiderado de forma crítica, ao que se sucederá uma formulação antiutilitarista da teoria crítica, inspirada pela antropologia do dom de Marcel Mauss (4). Por fim, em diálogo com as teorias do *care* e do reconhecimento, será apresentado o paradigma da dádiva como uma teoria social geral que, com um pequeno auxílio de nossos amigos, mostrar-se-á capaz de rearticular as outras teorias, iluminá-las a partir de novas lentes, além de conduzi-las a um diálogo produtivo a partir do qual todos os envolvidos são potencialmente transformados. Provisoriamente, sugerimos que essa contribuição fornece a melhor plataforma para a emergência de uma nova formação discursiva no âmbito das ciências sociais, assim como esperamos que ela seja capaz de confederar suas várias disciplinas. Sucedendo-nos à decaída de diversos "ismos" (marxismo, culturalismo, estruturalismo, funcionalismo), precisamos de uma abordagem transversal e que, claro, comece de algum lugar. No espírito de Marcel Mauss, propomos nossa posição como uma dádiva de abertura.

---

5. Não obstante nossa defesa de um antiutilitarismo consequente ser ecumênica e cosmopolita em intenção, aproveitamos a publicação em língua portuguesa como uma oportunidade de apresentar o trabalho do Movimento Antiutilitarista em Ciências Sociais (Mauss, no acrônimo francês) a um público mais amplo. Graça aos bons serviços de Paulo Henrique Martins, os trabalhos de Alain Caillé e do Mauss já são bem difundidos no Brasil. As diversas referências a esses trabalhos no corpo do texto não consistem em autoindulgência. Na verdade, foram introduzidas por um dos autores (FV) e pensadas como um convite a um debate e a um diálogo construtivo. Para uma tentativa de delimitação dos princípios éticos subjacentes aos debates convivialistas, cf. Caillé, 2018.

1
Quatro fragmentações

Quando analisamos a situação atual da sociologia, nos apercebemos de quatro fragmentações – duas internas e duas externas.

1) A primeira fragmentação da, e na, sociologia é aquela entre ensinar e pesquisar, teoria e métodos, conceitos e técnicas, abstrações e operacionalizações. Por um lado, temos o ensinamento da sociologia clássica e contemporânea (SOC 101: Marx, Weber, Durkheim, Simmel; SOC 201: Bourdieu, Giddens, Habermas, algumas vezes Luhmann, embora concedamos que seu trabalho seja definitivamente mais difícil de ensinar). Os cursos introdutórios são lecionados no início da grade curricular a estudantes geralmente demasiado jovens para apreenderem sua significação mais profunda. O resultado é bastante previsível: a sociologia é identificada a uma explicação positivista, objetivista e determinista da sociedade (extraída do primeiro capítulo de *As regras do método sociológico*), a uma visão *iron cage* da modernidade (extraída das páginas finais de *A ética protestante*), e a uma crítica mordaz, embora estereotipada, do capitalismo neoliberal (inspirada no *Manifesto comunista*). Por outro lado, há treinamento prático direcionado à pesquisa empírica, tanto qualitativa (observação participante, entrevistas, histórias de vida etc.) como quantitativa (regressão múltipla, análise de correspondência, *geodata* etc.), que é exigido igualmente de pesquisadores e aprendizes.

Cada vez mais, o "campo" e os "dados" definem a identidade de seus praticantes. Em muitos países, sobretudo na França e nos Estados Unidos, em menor medida no Reino Unido, Itália e Alemanha, a pesquisa empírica torna-se *conditio sine qua non* até mesmo para o reconhecimento enquanto sociólogo. O sociólogo que busca apurar sua compreensão da conjuntura atual por meios conceituais é relegado ao estatuto de jornalista, ensaísta, ou mero enciclopedista. Quando Bourdieu e os pós-bourdieusianos depreciam teóricos como "materialistas sem material" e "idealistas sem ideias", eles estão seguindo a narrativa desenvolvimental da Escola de Chicago. Em sua famosa *Introduction to the Science of Sociology*, Park e Burgess (1921) argumentavam que a sociologia apenas se tornaria ciência por meio do trabalho de campo. Conforme defendiam métodos historiográficos, etnográficos e comparativos, sua narrativa transpirava certo positivismo em tom e intenção. Não surpreende que Comte tenha sido o autor mais citado em seu programático capítulo inicial! Assim como ele, Park e Burgess esboçaram três estágios que comporiam o desenvolvimento progressivo da disciplina, partindo de uma filosofia da história (os precursores filosóficos: Comte e Spencer), perpassando escolas de pensamento (os fundadores da sociologia: Durkheim, Simmel, Tarde – Marx e Weber não são sequer mencionados), em direção a uma ciência da sociedade (os pesquisadores: Park e Burgess, mas, saltando aos dias atuais, Bourdieu, Lahire e os pragmatistas franceses). Enquanto os historiadores jamais sonhariam em excomungar um colega de suas fileiras, com exceção de um negacionista, os sociólogos, por sua vez, ameaçam regularmente seus colegas de expurgo: "Aquele que jamais realizou pesquisa empírica não deve adentrar aqui" (LAHIRE, 2002: 8). Nessa direção, o cientificismo torna-se uma vez mais critério de demarcação entre uma sociologia científica, de um lado, e uma filosofia social pré-sociológica, de outro. Evidentemente, há uma luta pelo poder no campo concernindo à definição legítima da disciplina (com implicações potenciais para financiamento, contratação e promoção de teóricos nos departamentos de sociologia).

Destarte, sobrevém a questão: O que é, ou quem é, um sociólogo? Ela ou ele é um profissional que pratica o culto celebratório consagrado aos "pais fundadores", que cita Marx, Durkheim e Bourdieu, que realiza pesquisas especializadas em um dos muitos "campos" da sociologia (sociologia da saúde, da educação, do esporte, dos movimentos sociais etc.), que aplica métodos e técnicas de pesquisa (observação participante, análise de discurso, análise fatorial) com o propósito de "coletar" e analisar material empírico, e se abstém de apreciações políticas ou morais da situação social investigada[6].

Não obstante, o advento dos *Big Data* e a proliferação de dados digitais transnacionais que passaram a ser rotineiramente coletados, processados e analisados para propósitos comerciais e administrativos por "analistas de dados" desafiam seriamente os repertórios-padrão da sociologia empírica. Estatísticas, que são coletadas e compiladas, cedem espaço para dados acumulados de forma institucionalmente protocolar e padronizada aos quais os sociólogos que não sejam de mercado não obtêm acesso. Bancos de dados de populações inteiras apequenam tudo aquilo que os cientistas sociais podem mobilizar. O *survey* e a entrevista em profundidade, ao se basearem em amostras, tornam-se ultra-

---

6. Poderíamos ter acrescentado: aquele que exerce funções administrativas, escreve projetos, obtém financiamentos, publica em jornais internacionais para aumentar seu *impact fator*, transmite habilidades transferíveis etc. No entanto, essas tarefas e requisitos são incumbências de qualquer acadêmico. Para uma discussão crítica da reforma universitária na França, cf. *Revue du Mauss*, n. 33, 2009/1.

passados. Mike Savage e Roger Burrows (2007; 2009) concluem que a sociologia empírica se encontra diante de uma crise iminente[7].

2) Com efeito, aqueles que definem a si próprios primeiramente como pesquisadores empíricos (etnógrafos e estatísticos) não estão mesmo preocupados com questões teóricas e conceituais. Com frequência, as teorias são mobilizadas para uso meramente decorativo. Questões conceituais são rapidamente resolvidas e dissolvidas através de uma série de referências obrigatórias a poucas escolas de pensamento contemporâneas que estão longe de alcançar unanimidade na disciplina: realismo crítico, neomarxismo, feminismo, teoria do ator-rede, *network analysis*, pragmatismo, interacionismo simbólico, etnometodologia etc. – são todas referências que exercem mais o papel de "crachás de identificação" (BERTHELOT, 2000: 72) do que autênticos nortes de elaboração conceitual.

Disso decorre uma segunda fragmentação. Ela resulta dos conflitos e rixas entre escolas sociológicas (sociologia da cultura *vs.* sociologia estrutural, teoria crítica *vs.* teoria dos sistemas, ação racional *vs.* neoinstitucionalismo) as quais, anatematizando-se mutuamente, mostram-se incapazes de atingir um consenso mínimo sobre a essência mesma da disciplina. A "paradigmatose múltipla" [paradigmatose/esclerose] (Luhmann) se consolida a tal ponto que é difícil perceber o que a nanoabordagem da análise de conversação (CA) teria em comum com a mega-abordagem da teoria do sistema-mundo. Para além de uma adesão nominal à sociologia, não há sequer um consenso mínimo sobre sua unidade de análise, ontologia básica ou conceitos elementares. No melhor dos casos, há indiferença mútua e tolerância; no pior, confrontação e agonismo. E esse jogo agonístico parece conduzido tanto pela força dos argumentos e pela persuasão das ideias quanto por interesses acadêmicos [ou "interesses associados a recursos, posições, poder e prestígio acadêmico"]. Muito frequentemente a disputa consiste em demonstrar que a própria teoria é maior e, assim, melhor do que aquela apresentada pelo adversário. Alternativamente, exercícios escolásticos "compare-e-contraste" – i. é, entre teoria da estruturação e sociologia figuracional ou entre a teoria crítica de Habermas e a sociologia crítica de Bourdieu – são performados como duelos nos quais o comentador confere habitualmente a si a responsabilidade de decretar o juízo final.

Para piorar ainda mais as coisas, não temos mais uma narrativa da história recente da teoria sociológica. Um rápido vislumbre no sílabo da teoria sociológica contemporânea permite constatar que sua narrativa geral permanece em grande medida devedora de comentadores como Anthony Giddens (1979) e

---

7. Lançado em 2014 pela Sage, o novo jornal *Big Data and Society* lida sistematicamente com algumas das questões aqui levantadas.

Jeffrey Alexander (1988)[8]. O enredo é bem conhecido. Sucedendo ao colapso da síntese parsoniana da sociologia clássica nos anos de 1960 – comparável em seus efeitos ao ocaso do sistema hegeliano do idealismo absoluto nos anos de 1830 –, a sociologia haveria desmoronado em flancos micro e macro, com a "fração da ação", de um lado, e a "estrutura/cultura", de outro. Exaurida a polarização entre macro e microssociologias, abordagens generalizantes e contextualistas, reducionismos objetivista e subjetivista, por volta dos anos de 1980 novas sínteses vieram a lume quase simultaneamente, as quais pensavam sistematicamente por intermédio das conexões entre agência-cultura-estrutura e representavam o retorno das grandes teorias europeias com Bourdieu, Giddens, Habermas e Luhmann[9].

Desde então, alguns novos nomes surgiram (Honneth, Rosa, Boltanski, Archer, Latour) e novas escolas foram formadas (Terceira Geração da Escola de Frankfurt, Pragmatismo Francês, Realismo Crítico, Teoria do Ator-rede). Seus trabalhos figuram no sílabo, mas como contribuições que, acrescidas à narrativa herdada, dificilmente a modificam substancialmente. Com a sobrelevação de Bourdieu como o novo *hegemon* da sociologia, e da sociologia crítica como o homólogo contemporâneo do funcionalismo normativo de Parsons, poder-se-ia inclusive experimentar a atualização dessa narrativa pós-parsoniana reagrupando a melhor parte do trabalho conceitual vigente simplesmente sob a rubrica de teoria social pós-bourdieusiana (VANDENBERGHE & VÉRAN, 2016). Afinal, "pensar com Bourdieu contra Bourdieu" é a fórmula de Passeron que possibilita a apreensão conjunta de uma ampla gama de teorias instigantes na França (Boltanski, Thévenot, Caillé, Latour, Lahire, Heinich) e mesmo nos Estados Unidos (Alexander, Lamont, Emirbayer, Steinmetz, Wacquant, Brubaker).

Fora da alçada da grande teoria, encontramos uma torrente de teorias especiais de médio alcance, como a "sociologia da cultura", a "sociologia moral", a "sociologia analítica" ou a "sociologia relacional", as quais se agarram a um

---

8. Uma análise de manuais recentes de teoria social nas três principais tradições sociológicas confirma amplamente a impressão de fragmentação disciplinar. Para a França, cf. Keucheyan e Bronner, 2012; para a Alemanha, Kneer e Schroer, 2009; em relação aos Estados Unidos, Benzecry, Krause e Reed, 2017. Sendo cada um deles escrito a partir de uma abordagem particular (sociologia analítica na França, teoria do ator-rede no caso dos alemães e sociologia cultural, no dos norte-americanos), nenhum propõe uma reconstrução racional da história recente da teoria sociológica contemporânea. Sem perspectiva própria, o manual de Sell e Martins (2017) confirma a tendência global.

9. Poderíamos acrescentar Norbert Elias e Michel Freitag à lista. Conquanto Elias tenha sido contemporâneo de Parsons, graças ao bom serviço dos holandeses, a sociologia figuracional adentrou como uma escola apenas nos anos de 1980. Freitag, um expatriado suíço que tornou-se o expoente da Escola de Montreal, publicou sua monumental sociologia dialética mais ou menos no mesmo período (FREITAG, 1986). Colegas da América do Norte que desejem superar o eurocentrismo narrativo podem reivindicar Jeffrey Alexander e Randall Collins como grandes teóricos nativos.

conceito (a "relação"), a um domínio ("cultura" ou "moralidade") ou a uma problemática ("mecanismo causal") para desfilar seu carro de som na academia, em cima do qual arregimentam colegas em torno da missão de consolidação conceitual e formação de paradigma.

Subjacente às sociologias paradigmáticas, que lentamente se deslocam para o centro da disciplina, encontramos em suas franjas o frenesi das "viradas" (*turns*) (BACHMAN-MEDICK, 2016). Diferentemente dos paradigmas que seguem a lógica científica da acumulação de conhecimento, as viradas trilham uma lógica estética de subversão, revolução e renovação contínuas. Desde o anúncio proferido por Rorty, em 1969, da "virada linguística" no âmbito da filosofia analítica, cerca de umas cinquenta viradas se seguiram. Oriundos principalmente da filosofia, antropologia e humanidades, das viradas linguística, cultural, visual, icônica, da tradução, pós-colonial, material, ontológica, dentre outras, movimentos situados na vanguarda das ciências humanas empreenderam algumas incursões ocasionais na sociologia, sem contudo obterem êxito em transformá-la, ela mesma, numa nova disciplina vanguardista. Hodiernamente, o entusiasmo advém sobretudo de fora da sociologia, dos *Studies* assim como das filosofias moral e política.

3) A essas duas divisões no interior da disciplina devemos acrescer outras duas, dessa vez originadas nas fronteiras da sociologia com seu meio. A terceira fragmentação ocorre nos casos em que a empreitada empírica é levada a cabo em resposta a perspectivas teóricas que, ainda que investiguem a vida social, nada têm a ver, nem dialogam, com a sociologia como tal. De fato, o trabalho dos sociólogos é cada vez mais desempenhado com referências, implícitas ou explícitas, ao que chamaremos de *Studies*[10]. Por esse termo nos referimos ao amontoado de investigações antidisciplinares, como Estudos Culturais, Estudos de Mídia & Comunicação, Governamentalidade, Mulheres & Gênero, Subalternos, Pós-coloniais, Branquitude crítica etc., os quais se especializam na investigação (as)sistemática envolvendo a conexão poder/discurso. Tendo origem nas humanidades, os *Studies* escrutinizam e criticam discursos, textos, saberes, representações, epistemes e ideologias, desvelando estruturas de dominação política, patriarcal, racial, entre outras, que são consciente ou inconscientemente sustentadas, refletidas ou reforçadas por aqueles discursos. A influência pervasiva e perversa de estruturas interseccionais às dominações de classe, casta, racial

---

10. Chamamos de *Studies*, se bem que a nomenclatura corresponde ao que outros identificam como as "novas humanidades" que surgiram na academia ao fim dos anos de 1980 (GANDHI, 1998: 43-63). Por via do sincretismo entre "teorias antagônicas, como o marxismo e o pós-estruturalismo", as novas humanidades questionam a exclusão e supressão de minorias (mulheres, *gays* e lésbicas, grupos étnicos ou raciais etc.) e colônias (populações colonizadas, nativas, grupos tribais etc.) do cânone que, dessa forma, confirma os privilégios e a autoridade dos currículos humanistas desde muito prevalecentes.

e sexual no interior dos discursos científico, filosófico e de senso comum, além das ideologias e epistemes, é (supostamente) demonstrada quando ausências nos textos são decodificadas como signos invisíveis da onipresença do poder. Por meio da crítica, visa-se desvendar e desenredar as pressuposições, binarismos e tropos ideológicos que reproduzem, textualmente, a opressão e exclusão que ocorrem na realidade; através da reconstrução, o objetivo é o desenvolvimento de novas perspectivas, conceitos e categorias que reabilitem e libertem os saberes marginalizados, então silenciados pelas estruturas de dominação. Os livros que representam essas correntes desconstrutivas no âmbito das "novas humanidades" vendem agora muito mais em meio ao público geral ao redor do mundo – excetuando-se na França que, até muito recentemente, ignorou solenemente os trabalhos de Stuart Hall, Homi Bhabha, e mesmo Judith Butler. Já as publicações estritamente sociológicas são cada vez mais difíceis de se encontrar nas prateleiras das livrarias acadêmicas[11].

Uma das características conspícuas dos *Studies* é que eles são amplamente anti, inter ou transdisciplinares. Historiadores, filósofos, críticos literários, cientistas políticos, antropólogos e sociólogos praticam-nos com ou sem referência à tradição sociológica. Embora a maior parte deles seja publicada em inglês, sua inspiração vem em grande medida de filósofos franceses (com exceção de Gramsci): Foucault, Deleuze e Derrida (e além deles, porém mais marginalmente, Althusser, Lacan e Lévinas)[12]. Ademais, a maioria de seus trabalhos deriva da *French theory* (CUSSET, 2005), ensinada nos *campi* norte-americanos nos anos de 1970 e 1980 por esses mesmos autores, conquanto em termos americanos e com um tom de curiosidade desconhecido na França, onde, até ontem, cientistas sociais praticamente desconheciam os *Studies*[13]. A exportação e reimportação de

---

11. No Reino Unido, nos Estados Unidos e em outros lugares, as próprias livrarias acadêmicas estão rapidamente desaparecendo. Na França e na Alemanha, graças à legislação relativa à concorrência e à imposição de um preço fixo para livros a partir de 1981, eles ainda resistem à competição com a internet (Amazon). Mas por quanto tempo? Pelo mundo afora, a indústria de publicação voltada à educação superior e acadêmica está diante de uma crise. Para uma análise bem-informada do campo editorial e seus desafios por um dos fundadores da Polity Press, cf. Thompson, 2010.

12. Não obstante seu globalismo, os estudos pós-coloniais permanecem consideravelmente restritos à Comunidade das Nações e à francofonia, com o resultado de que Austrália, Argélia e Canadá se afiguram mais proeminentes no conjunto de edições, manuais e *companions* da área do que países como Brasil, México ou Argentina. Mais recentemente, Enrico Dussel, Annibal Quijano, Walter Mignolo e outros que advogam por uma virada decolonial começaram a ganhar certo impulso em países hispânicos e lusófonos. Cf. Lander, 2000, para uma amostra influente do pós-colonialismo latino-americano.

13. O interessante é que intelectuais franceses utilizam a categoria *French Theory* (em inglês) para se referir a trabalhos que são classificados, no mundo anglo-saxão, sob o rótulo do pós-estruturalismo. A reimportação dos *Studies* dos Estados Unidos à França foi recepcionada com um misto característico de entusiasmo e rejeição. A orientação politicamente correta do gênero desencadeia facilmente polêmicas e polarizações. Na esteira de uma campanha midiática de extrema-direita de

ideias radicais transformou profundamente as novas humanidades e abriu-lhes as portas às ciências sociais. Nos dias de hoje, pesquisas sobre capitalismo global, tecnociência, movimentos sociais ou individualização são realizadas tanto nos departamentos de literatura comparada quanto nos de sociologia. Agora que os *Studies* ingressam em sua terceira geração, e já impactam fortemente as ciências sociais, a questão que se coloca é se uma sociologia des- e re-construída pode ser reintroduzida no terreno das humanidades, de modo a tornar suas reivindicações menos ideológicas, menos ensaísticas e mais empíricas, e suas teorias mais densas e sistemáticas.

Os *Studies* não são somente mais transdisciplinares como também mais transnacionais do que a sociologia, a qual, até recentemente, praticava o "nacionalismo metodológico" sem reconhecê-lo. Com poucas exceções (especialmente Wallerstein e Luhmann, além de toda a teoria da dependência), ela identificava a sociedade ao *container* do Estado-nação, concebendo a sociedade mundial como simples prolongamento de seu próprio país. Dependendo do *locus* de observação, o mundo mais amplo se mostrava como uma reprodução macroscópica de sua própria sociedade: republicana, igualitária e civilizacional (França); estratificada, científica e cultural (Alemanha); individualista, comercial e utilitária (Grã-Bretanha); ou comunitarista, pragmática e democrática (Estados Unidos). Desconfiados de fronteiras, sejam elas nacionais ou disciplinares, os *Studies* as desconstroem, encontrando poucas dificuldades em atravessá-las e em conduzir uma virada global. Se é verdade que, atualmente, a sociologia retificou a identificação sub-reptícia da sociedade com o Estado-nação, ocorre que ainda sofre de um nítido viés metrocêntrico que obscurece seu próprio envolvimento com o colonialismo e o imperialismo. Com efeito, a ampliação da escala de seu próprio Estado-nação falha em registrar a "transubstanciação" ocorrida nas ciências sociais desde a descolonização "em que regimes políticos, então chamados impérios, foram recategorizados como estados" (STEINMETZ, 2014: 80).

Até agora, o empenho dos *Studies* tem se mostrado de cunho amplamente negativo e crítico. Em sua busca por posições "ex-cêntricas" oriundas do sul global, eles se comportam como mochileiros acadêmicos com a esperança de, garimpando tradição intelectual após tradição intelectual, encontrar um pensador crítico ainda não descoberto, digamos, no Irã (Shariati?), na Indonésia

---

oponentes do casamento homossexual, orquestrada por neo e teoconservadores da Igreja Católica, os estudos de gênero sofrem cada vez mais ataques sob acusação de corromper as crianças pela promoção ativa da homo e da transexualidade em escolas primárias. O ataque à "ideologia de gênero" adquiriu agora aderência global, apresentando-se como um problema local para professores em escolas de Ensino Médio no Brasil e nos Estados Unidos. Cem mil brasileiros assinaram uma petição em protesto contra a realização da conferência de Judith Butler. Quando ela visitou São Paulo (em novembro de 2017), manifestantes queimaram uma imagem da "bruxa" em público, além de agredirem-na fisicamente no aeroporto, sob a acusação de, entre outros males, promover a pedofilia e a zoofilia!

(Alatas?) ou no Peru (Quijano?), que tenha contestado a colonialidade do saber metropolitano. O deslocamento proposto pelos estudos pós-coloniais, sua crítica do cânone ocidental e a escavação de subtextos colonialistas e racistas nos documentos e monumentos são obviamente importantes, mas, em razão de sua origem nas humanidades, eles apresentam o que podemos chamar de um déficit sociológico.

Não estamos convencidos de que a sociologia possa ser cerzida via incorporação em larga escala do pós-colonialismo. Mas, o que é diferente, argumentaremos que a sociologia pode oferecer seus serviços às humanidades com o propósito de preencher e robustecer as reivindicações com pretensão sociológica que estas apresentam sem, contudo, a necessária sistematicidade teórica e empírica[14]. Chegou o momento de juntarmos forças intelectuais em prol do desenvolvimento de uma história comparativa das civilizações, ao mesmo tempo historicamente sensível e antropologicamente informada, de uma perspectiva cosmopolita – correspondendo à "história universal" weberiana, mas liberta de seu provincianismo. Preferencialmente, e com Durkheim, sonhamos com uma sociologia cosmopolita e pública capaz de contribuir com "o advento de uma ampla terra-mãe ante a qual a nossa não seria mais do que uma província" (DURKHEIM, 1970: 295).

4) A essas três fragmentações – a dupla fragmentação interna entre teoria e empirismo e entre escolas teóricas rivais, assim como a fragmentação externa entre sociologia, história, crítica literária e filosofia – podemos adicionar uma quarta, que por sua vez se sobrepõe às tendências dissipativas, fortalecendo-as: nos referimos àquela entre, por um lado, as ciências sociais e, por outro, as filosofias moral e política. Enquanto essas últimas foram se tornando mais sociais, abordando temas como democracia, justiça, igualdade e identidade, a sociologia foi cada vez mais virando as costas à filosofia. O resultado é o que Alexander e Seidman (2001) apontam como um rebaixamento da teorização, um distanciamento do raciocínio generalizante e normativo, e uma mudança em direção a investigações mais pragmáticas e voltadas à resolução de problemas pontuais. À medida que o movimento de síntese na teoria social começou a minguar, com o debate agência-estrutura tornando-se obsoleto e repetitivo em meados dos anos de 1990, a filosofia moral como a política foram se revelando não apenas mais instigantes como, além disso, mais afinadas aos desdobramentos do mundo social. Para abrir o caminho a investigações que se situam na interseção da sociologia com os *Studies* e, também, com as filosofias política e moral, revisaremos

---

14. A proposta de Julian Go (2016) de reintroduzir a teoria social nos estudos pós-coloniais de forma a desenvolver uma "terceira onda dos estudos pós-coloniais", fundamentada mais na sociologia do que nas humanidades, poderia exemplificar nosso projeto caso generalizada para todos os *Studies*.

brevemente alguns desenvolvimentos presentes nessas duas últimas, incluindo também a filosofia social. Seguindo o debate entre liberalismo e comunitarismo da década de 1990, ele mesmo resultante da maciça recepção internacional da impactante publicação de *A Theory of Justice*, de John Rawls, em 1971, a filosofia moral aspirou a superar os quadros procedimentais, estreitos e formalistas por meio dos quais o conceito de justiça como equidade (*fairness*) de Rawls, e a ética do discurso de Habermas, entravaram o pensamento ético e normativo por quase meio século. Quer através de um retorno a Aristóteles, Agostinho, Espinoza, Hume, Hegel, Nietzsche ou Heidegger, os filósofos exploraram crescentemente as questões éticas que a deontologia kantiana e o consequencialismo utilitarista negligenciaram e relegaram às margens: solicitude (Lévinas), *care* (Gilligan), confiança (Baier), empatia (Irigaray), dádiva (Caillé), hospitalidade (Derrida), autenticidade (Taylor) e reconhecimento (Honneth)[15]. A reabilitação da filosofia prática, a redescoberta das virtudes e dos sentimentos morais e a virada ética presente no pós-estruturalismo e na teoria feminista tiveram como efeito o deslocamento da ênfase normativa da estrutura básica em que se amparam sociedades bem-ordenadas em direção à intersubjetividade, à alteridade e à sociabilidade primária (SAYER, 2011). No âmbito da sociologia, o desenvolvimento da filosofia moral engendrou uma renovação do interesse pela sociologia moral, com uma inundação de novas abordagens visando corrigir a ênfase durkheimiana na moralidade, mobilizando, nesse intuito, teorias da ação de inspiração weberiana e teorias pragmatistas privilegiando a situação interativa (VANDENBERGHE, 2015). Quanto à antropologia, houve tentativas similares de vinculação entre os sistemas morais e as relações sociais e as capacidades pessoais. A reconstrução que Webb Keane (2016) efetuou da vida ética, por exemplo, inter-relaciona magistralmente as perspectivas em primeira, segunda e terceira pessoas presentes na ética em uma abordagem que reconecta a história natural das capacidades humanas às interações sociais e à história social da moralidade.

Se a filosofia moral encontra a microssociologia, a macrossociologia encontra a teoria crítica e a filosofia social. Complementando as teorias clássicas da Modernidade com uma investigação dos fundamentos normativos da crítica social, a *filosofia social* investiga criticamente tendências desenvolvimentais da sociedade. Ela não hesita em caracterizá-las como "patologias sociais" quando ameaçam a integração social e colocam em risco as condições sociais da realização pessoal da "boa vida" (HONNETH, 2000: 11-69; FISCHBACH, 2009). Entendida como uma sistematização do diagnóstico do presente (*Zeitdiagnose*) que pode ser encontrado em Hegel, Marx e Nietzsche, ou, mais próximo de nós, Arendt, Habermas e Castoriadis, a filosofia social não se debruça na análise de desenvolvimentos societários sem, intrinsecamente, avaliá-los e julgá-los. Com

---

15. Retornaremos a essas questões na seção final de nosso texto, onde proporemos uma aproximação entre as teorias neo-hegelianas do reconhecimento e a teoria neomaussiana da dádiva.

uma tematização explícita de seus critérios normativos, ela perscruta patologias sociais que decorrem da perda da comunidade (anomia), do sentido (desencantamento) ou da liberdade (alienação), sugerindo possíveis terapêuticas. Conjugando assim análise e diagnose, a filosofia social se situa no entrecruzamento da filosofia moral com a filosofia política. Ao passo que a filosofia social contemporânea permanece devedora da tradição alemã da teoria crítica, de Horkheimer e Adorno via Habermas até Axel Honneth, Seyla Benhabib e Nancy Fraser, por sua vez a *filosofia política* contemporânea foi visivelmente mais influenciada pelos movimentos franceses do pós-estruturalismo e da desconstrução. Mais radical do que a teoria crítica, que se mantém atada aos pressupostos do debate liberalismo-comunitarismo dos anos de 1990, a filosofia política contemporânea tempera o pós-estruturalismo e o pós-marxismo numa inebriante e controvertida fermentação de antiliberalismo radical. Inspirando-se numa interpretação de esquerda da "diferença ontológica" heideggeriana, o político é reintroduzido como momento fundacional da política e da sociedade (MARCHANT, 2007). Com o surgimento do *Global Justice Movement* por volta da virada do século e o retorno recente de movimentos sociais antissistema radicais no cenário da história mundial, filósofos pós-marxistas e marxistas tardios da esquerda cultural, como Antonio Negri, Alain Badiou, Slavoj Žižek, Wendy Brown, Ernesto Laclau ou Jacques Rancière, enxergaram nos mais novos movimentos sociais do Oriente Médio (a "Primavera Árabe"), da Europa Ocidental (*Los Indignados*) e dos Estados Unidos (*Occupy*) um rejuvenescimento de formas não representativas de democracia. Suas interpretações revolucionárias da ontologia do presente estão não somente em sintonia com o *Zeitgeist*; porquanto suas análises são tanto relevantes como influentes, elas colocaram a sociologia na sombra enquanto uma "velha disciplina europeia" que se refugia nos textos fundacionais do século XIX para compreender os desafios do século XXI.

2
A alternativa ao utilitarismo: sociologia neoclássica

A questão agora é saber se toda essa efervescência teórica nas ciências sociais, ocorrida em grande parte fora do escopo da sociologia – nos *Studies* e nas filosofias moral, social e política – mas com importante repercussão em seu interior, poderia, em alguma medida, ser propriamente considerada como parte da sociologia? É possível trabalhar em prol de uma nova confederação envolvendo teoria social, os *Studies*, e também as filosofias política e moral? Em caso afirmativo, poderia estar a sociologia na linha de frente dessa nova abordagem transversal? Poder-se-ia dizer que, do ponto de vista intelectual, isso é de somenos importância. Contanto que o pensamento e a sociedade progridam, rótulos não são essenciais. Para o bem ou para o mal, contudo, a transmissão organizada e institucionalizada de saberes requer rótulos que permitam a definição de currículos, o monitoramento do avanço pedagógico e a formulação de critérios de validação. Ora, todo o discurso oficial sobre a importância da inter e da transdisciplinaridade não deve ocultar que as ciências, as universidades e o ensino são ainda bastante organizados em torno dos mesmos parâmetros disciplinares institucionalizados segundo linhas nacionais no século XIX (STIHWEH, 2000: 103-145)[16].

Assim como não subestimamos as dificuldades de comunicação entre paradigmas dentro de uma disciplina particular, tampouco supomos facilidade no que diz respeito às fronteiras disciplinares. Juntamente com Emmanuel Renault (2018: 47), no entanto, pensamos que ambas as dificuldades anulam-se mutuamente. "O argumento da incomensurabilidade entre paradigmas [no interior da mesma disciplina] e o argumento sobre a heterogeneidade das disciplinas neutralizam-se mutuamente". O diálogo com colegas que se situam na esfera da mesma disciplina ou ainda no mesmo departamento, mas que possuem perspectivas distintas, é impossível. Algumas vezes é mais fácil a comunicação inter do

---

16. Nos Estados Unidos, Europa e América Latina, as fronteiras disciplinares das ciências sociais permanecem rígidas como nunca. É verdade que ocorreram incursões significativas das humanidades no âmbito das ciências sociais, porém, até onde podemos vislumbrar, é tão somente na Índia que elas se mostram verdadeiramente interdisciplinares. Seus estudos de cultura e sociedade são concomitantemente filosóficos, históricos, sociológicos, antropológicos e literários.

que intradisciplinar. Sociologia, antropologia, ciência política, geografia, *Studies* etc. operam com premissas de base e com pressupostos filosóficos diferentes. Essas áreas não necessariamente compartilham a mesma ontologia ou a mesma epistemologia. Também trabalham com teorias, vocabulários, sensibilidades e metodologias dessemelhantes. E o mesmo é válido para a maior parte das comunidades disciplinares.

Em sua investigação histórica sobre as subculturas que conformam a física, Peter Gallison (1999) aponta que, não obstante diferenças filosóficas, conceituais e terminológicas, engenheiros, físicos teóricos e físicos experimentais podem se comunicar entre si, assim como coordenar suas interações por meio do estabelecimento de "zonas de negociação" – da mesma forma que tribos vizinhas procedem ao intercâmbio de seus bens, cientistas pertencentes a diferentes comunidades e subculturas podem trocar – ou melhor, "compartilhar" – suas ideias e trabalhos no sentido de um entendimento comum:

> Dois grupos podem estar de acordo quanto às regras de intercâmbio ainda que atribuam relevância radicalmente desigual aos objetos trocados; eles podem inclusive discordar do próprio sentido atribuído ao processo de troca. Apesar disso, os parceiros de troca podem construir uma coordenação localizada a despeito das vastas diferenças globais. De uma maneira ainda mais sofisticada, culturas em interação frequentemente forjam linguagens de contato, sistemas de discurso suscetíveis de variar dos jargões de função mais específica, perpassando o *pidgin* semiespecífico, até a linguagem crioula plenamente desenvolvida e rica o suficiente para possibilitar atividades tão complexas quanto à poesia e à reflexão metalinguística (GALLISON, 1999: 138).

Podemos não dispor de um acervo poético transdisciplinar para oferecer, mas esperamos ao menos que nossas reflexões metalinguísticas a respeito do estado atual da sociologia possa ajudar a prover um crioulo sem muito jargão capaz de impulsionar a comunicação nas, e através das, ciências sociais. A sociologia não está em condições de asseverar aquilo que outras disciplinas devem fazer ou de fornecer uma narrativa adequada do desenvolvimento de tal empreitada.

Porém, é preciso começar de algum lugar. Nós somos, ambos, sociólogos por formação (embora Caillé possua também Ph.D. em economia) e teóricos sociais por vocação. Nossa posição no seio da disciplina explica, em parte, o porquê de privilegiarmos a linguagem da sociologia neoclássica como nossa "língua de contato". Conquanto apelemos a um rearranjo transdisciplinar, estamos inteiramente cientes de que nossos argumentos são voltados sobretudo a sociólogos e que nosso ensaio provavelmente não seria publicado por editorias especializadas em áreas como antropologia, história, geografia ou economia, a despeito do que, quanto a nós, esperamos que possa servir de inspiração aos colegas das disciplinas vizinhas, os estimulando a embarcar em nosso projeto e a escrever artigos similares para audiências um pouco diferentes.

Cada uma das disciplinas se porta como o equivalente a uma nação. Em seus momentos de glória, aspira à ascendência universal e busca estabelecer seu império e espraiar seu governo, como fizeram ontem Espanha, Portugal, Inglaterra, França ou Alemanha, e os Estados Unidos e a China hoje. Atualmente, a disciplina predominante e que busca colonizar o mundo é a economia. A influência da ciência econômica se irradia à medida mesma em que o mercado torna-se o princípio de regulação da vida hegemônico no globo. Ela se institucionalizou como ciência de Estado, inclusive com ministério próprio, e performa por meio da ação regulatória dos agentes institucionais sua própria realidade. Isso nos conduz a outra consideração importante de natureza mais estratégica e metapolítica. Caso as ciências sociais não encontrem uma resposta unificada à colonização de seus territórios pela economia e pelas teorias da ação racional, estarão destinadas a perder a "guerra das ciências" e a se tornar irrelevantes[17]. Se a economia é tão poderosa, não é somente por ter sido capaz de combinar parcimônia (simplicidade dos seus conceitos fundamentais) com sofisticação (a complexidade dos seus modelos matemáticos), mas também porque obteve êxito em impor universalmente um currículo padronizado. De Chicago ao Rio de Janeiro, de Mumbai a Shangai, de Paris a Dakar, a economia é ensinada da mesma forma, com os mesmos textos canônicos e as mesmas técnicas econométricas[18]. Entre os economistas encontramos uma grande variedade de posições éticas e políticas. Há também um grande quiasma entre ortodoxia e heterodoxia[19]. Mas nada disso impede que em todas as universidades do mundo a "ciência funesta" seja ensinada e transmitida de modo fundamentalmente uniforme. A existência de uma forte identidade disciplinar explica, ao menos em parte, a

---

17. Irrelevantes ou mesmo cúmplices do processo a que se opõem. Com suas agendas construtivista, desconstrutivista e relativista, os *science studies* empreenderam uma guerra contra a Verdade e foram combatidos com suas próprias armas: fatos alternativos, pós-verdade, ceticismo climático etc. nos levam a perguntar quem de fato venceu a guerra das ciências...

18. O predomínio da economia neoclássica no currículo é tão marcante que 42 associações de estudantes de economia de 19 países lançaram uma vibrante campanha em prol de uma "mudança de rumo", tornando o ensino mais plural e pluralista. Veja-se a carta aberta da International Student Initiative for Pluralism in Economics (www.isipe.net/open-letter/). Suas reivindicações são bastante similares àquelas formuladas em 2000 pelos franceses *éconoclastes* (www.autisme-economie.org).

19. Apesar de continuar dominante, a hegemonia da economia ortodoxa não é inconteste. Em 2007, Allain Caillé tomou a iniciativa de lançar o "Manifesto por uma Economia Política Institucionalista" ("Manifeste pour une économie politique institutionnaliste". Cf. *Revue du Mauss*, n. 30, 2007, p. 37-47). Ele foi assinado por mais de vinte economistas e sociólogos da economia, representantes de várias correntes no campo da economia heterodoxa – entre eles: Escola da Regulação (Robert Boyer), Escola das Convenções (Olivier Favereau), Economia Social e Solidária (Jose-Luis Corrágio), Escola das Variedades de Capitalismo (Peter Hall), Economia Institucional (Geoffrey Hodgson) etc.

razão de sua influência mundial na mentalidade das pessoas se manter praticamente inabalável. A força de sua hegemonia pode ser mensurada pelo fato de que mesmo a crise econômica de 2008 não foi suficiente para abalar a dominância da teoria neoclássica na "ciência" econômica, e da ciência econômica nas ciências sociais[20]. É preciso reconhecer, no entanto, que o modelo da *rational choice* fez menos incursões no terreno da sociologia do que na "ciência" política, tendo ainda menos receptividade na antropologia e na história.

Já desde seus primórdios, a oposição ao utilitarismo moldou o projeto da sociologia (PARSONS, 1937; GOULDNER, 1970; CAILLÉ, 1986; *Revue du Mauss*, desde 1982; LAVAL, 2002)[21]. Diversamente da economia, que analisa o social como uma ordenação espontânea – uma "catalaxia" (HAYEK, 1979, II: 107-132) – emergente da busca não coordenada de interesses privados, a sociologia sempre destacou os elementos normativos e ideacionais que tornam a vida social possível e permitem aos atores coordenar suas ações com base em uma visão de mundo compartilhada. Embora a sociologia não ignore o interesse individual e reconheça plenamente o papel desempenhado pelo poder (Weber) e pela propriedade (Marx) na vida social, ela sempre enfatizou o papel socialmente constitutivo dos símbolos e signos, crenças e representações, valores e normas, mesmo quando considerados como reflexos ideológicos de relações antagônicas no tecido social mais amplo ou em seus campos e subcampos. Na medida em que a sociologia autoconscientemente prolonga a filosofia moral por outros meios, ela não separa vida social e vida moral (CHANIAL, 2011; VANDENBERGHE, 2015). Ela busca, antes, investigar sua relação não apenas conceitualmente como empiricamente. Dada sua diferenciação da economia, é de sua oposição ao utilitarismo que se erige sua boa ventura ou se encaminha sua ruína (CAILLÉ, 1988).

Esbocemos aqui um tipo-ideal de sociologia próprio aos fundadores. Para a compreensão do que está em jogo na sociologia clássica, assim como na renovação que propomos aqui, acreditamos ser necessário demonstrar como a ambição sociológica foi duplamente determinada. Primeiramente, em relação à economia política, em seu despertar e em sua oposição a ela, e, secundariamente, em

---

20. Paradoxalmente, a desaceleração da economia parece haver fortalecido a hegemonia da ciência econômica. Enquanto a vertente ortodoxa e seu estrépito matemático (os *subprimes*) são uma das causas diretas da crise, a heterodoxia (pós-keynesianismo, institucionalismo, teoria da regulação, economia da convenção etc.) analisa suas consequências. A despeito de sua oposição, ambas, economia ortodoxa e heterodoxa, compartilham interesses e uma visão de mundo comum. Seu antagonismo não deve ocultar o solo dóxico em que se amparam.

21. Tecnicamente falando, entendemos por utilitarismo qualquer teoria que implícita ou explicitamente subscreve à "axiomática do interesse" (CAILLÉ, 1986). Para uma longa perspectiva da tradição utilitarista, de Bentham a Mills, cf. Halévy (1995) em seu estudo clássico acerca do radicalismo filosófico. Dois livros com o mesmo título *A ambição sociológica* (SHILLING & MELLOR, 2001; LAVAL, 2002) chegaram a conclusão semelhante: "A sociologia, desde seus primórdios, tem empreendido uma luta contra o utilitarismo" (LAVAL, 2002: 469).

relação à filosofia (secundariamente, porquanto o processo de distanciamento já havia sido levado a cabo, em grande medida, pelos próprios economistas). A primeira coisa a se notar é que a tradição sociológica foi inicialmente constituída por uma relação de aderência à economia política e ao imaginário utilitarista que lhe serviu de matriz. Para a quase totalidade de seus fundadores (Comte, Spencer, Tocqueville, Marx, Weber, Durkheim, Pareto, Simmel – filósofos, historiadores e economistas que serão posteriormente reivindicados como "sociólogos") não é preciso lembrar que a economia política havia lhes descortinado o caminho em direção a uma análise mais propriamente científica e objetiva dos fenômenos sociais (ELIAS, 2006). Essa aceitação do "programa" científico dos economistas não se deu, contudo, sem restrições. Ela se fez acompanhar de uma rejeição dos princípios inerentes à sua antropologia filosófica e de uma objeção consequente ao modelo do *homo oeconomicus*.

A redução do ser humano a um *homunculus* calculante e da ação humana à sua dimensão utilitarista devem ser, elas mesmas, explicadas sociologicamente[22]. Na sociologia clássica, a identificação e análise das relações objetivas da economia normalmente toma a forma de uma historicização dos pressupostos básicos da economia política e de uma demonstração empírica de que todos os conceitos, elementos ou forças que os economistas assumem como dados (*homo oeconomicus*, cálculo econômico, capital, dinheiro, valor, lucro etc.) são tudo menos fatos naturais. Resultam de uma determinada história que precisa ser sistematicamente reconstruída de maneira a evitarmos tanto a naturalização como a fetichização da realidade com a qual nos deparamos. O ser humano é um *homo oeconomicus* tão somente na medida em que se encontre submetido ao capitalismo (Marx), em sociedades industriais e comerciais que domaram o *ethos* guerreiro (Spencer), na América do Norte e conjugado a uma individualidade profundamente religiosa (Tocqueville), combinando-se com um sujeito igualmente *wertrational*, afetivo e tradicionalista (Weber), imerso sob a lógica de ações ilógicas (Pareto), e somente após haver sido durante muito tempo um *homo donator* (Mauss) etc. Em resumo, a sociologia então nascente é a um só tempo utilitarista e antiutilitarista[23].

Na medida em que ela se restrinja à refutação parcial dos pressupostos básicos mobilizados pelos economistas sem, no entanto, propor em seu lugar

---

22. A relativização da economia formal é um corolário de sua historicização. Seguindo a magistral rejeição de Karl Polanyi (1977: 5-34) à "falácia economicista", que consiste em equalizar a economia humana à sua forma de mercado, nossa intenção é repelir a generalização e extensão da ciência econômica em sua fisionomia corrente para além de sua área de aplicabilidade. Não só ela é inaplicável à maior parte da história da humanidade como, asserimos, ela não se mostra capaz de apreender a substância das próprias sociedades modernas. Relações baseadas no dom não estruturam somente as sociedades tradicionais. São nossas sociedades complexas elas mesmas que tampouco sobreviveriam, e com ainda menos razão prosperariam, sem a reciprocidade.

23. O que Christian Laval (2002) apontou com acuidade.

sua própria explicação da ação social, a sociologia é antiutilitarista apenas negativamente, definindo-se por uma ausência. A sociologia somente começa a se constituir positivamente quando, além de superar aqueles pressupostos, propõe uma teoria alternativa da ação, da interação e da sociedade baseada numa antropologia filosófica outra. Assim, seu reencontro vocacional consigo iniciou sua trilha a partir do momento em que sua objetivação das relações sociais foi contrabalançada por uma investigação dos processos de subjetivação ali envolvidos. Em sua tentativa de compreender as pessoas reais, explicar suas ações enquanto ações sociais e trazer à tona o que de fato as motiva, os sociólogos pioneiros começaram a trabalhar com as dimensões não racionais (simbólicas, normativas, expressivas) da ação social. Todos eles partiram de uma visão até mesmo prosaica da natureza subjacente ao homem social. Nesse primeiro momento, a despeito de todas as críticas, essa visão se mostrava próxima dos economistas. Cedo ou tarde, de uma forma ou de outra, todos eles (mesmo Marx) descobriram, contudo, o papel decisivo exercido pela religião na fisionomia da ação propriamente social. O problema é que, embora todos os sociólogos considerassem a religião como algo essencial, eles nunca se mostraram capazes de concordar em qualquer definição do fenômeno religioso.

Mais do que falar sobre o papel decisivo da religião, diremos que aquilo que os sociólogos descobrem no nível mais profundo é que a relação entre assuntos humanos e sociais são necessariamente constituídos dessa forma. Irredutível às instâncias utilitarista, instrumental, funcional ou econômica, a relação possui sua própria eficácia. Mas a não ser que seja simbolizada (e ritualizada), ela não pode desempenhar e efetivar seu poder. A sociologia é a ciência dessa eficácia inerente à relação (da qual a religião é tão só uma forma particular), irredutível à variedade de seus conteúdos. Simmel é indubitavelmente aquele que melhor formulou essa ideia em sua sociologia das formas de associação. Isso em conta, sua formulação de uma sociologia essencialmente relacional somente assume sua plenitude quando interpretada com o auxílio de outro autor de quem ele é, com efeito, o mais próximo intelectualmente: M. Mauss[24].

A relação apenas pode ser estabelecida quando há um dom inicial que representa o momento da incondicionalidade. Sem ele, não pode haver relação como tal; apenas troca, permuta e contrato. A não condicionalidade da dádiva é uma incondicionalidade condicional. A relação é dependente da reciprocidade. Ela só pode sobreviver (escapando à dominação e à exploração) se nela há algo para todos e cada um – esse é o momento da condicionalidade, do utilitário e do instrumental; ainda assim, ela só será capaz de prosperar e de se regenerar pela não condicionalidade antiutilitarista.

---

24. Sobre a sociologia relacional, cf. Dépeltau, 2018; Dépelteau e Vandenberghe, 2019. Para uma exploração extensiva de sua versão maussiana, cf. *Revue du Mauss*, n. 47, 2016/1.

Assim reformulada, a sociologia não se apresenta como um antiutilitarismo meramente negativo que critica os economistas em função de uma insatisfação teórica difusa. Ela não se limita a explicitar a fragilidade do modelo do *homo oeconomicus* em nome de um ideal de comunidade, reciprocidade e solidariedade. Tampouco anseia romanticamente pelo retorno das relações ternas e acolhedoras de comunidades pequenas, fortemente coesas e fechadas. Por intermédio de uma análise concreta da constituição da sociedade através de mil e uma modalidades de sacrifício antiutilitarista da utilidade em prol da relação propriamente dita, o antiutilitarismo assume então uma forma positiva. Graças ao simbolismo da relação, os agentes que nela se inserem alcançam seu reconhecimento como sujeitos, sua liberdade e sua criatividade. Isso é verdadeiro no nível macro (onde o dom constitutivo da relação é idêntico à esfera política) como no micro, tanto no âmbito do interacionismo generalizado que modela vastas formações sociais a distância quanto no das interações microscópicas que ocorrem face a face.

Por muito tempo, a sociologia foi capaz de pensar a si como o outro da economia, e ao mesmo tempo como seu prolongamento, sua crítica e sua *Aufhebung*. Viesse a sociologia a ruir, seria todo um campo do pensamento – aquele que recusa a transformação e a redução do mundo a um vasto mercado – que assim também desapareceria, o que nos condenaria à impotência teórica, ética e política.

Por conseguinte, com o propósito de organizar uma transmissão racionalizada das conquistas da modernidade reflexiva e de se contrapor ao imperialismo da economia e sua tendência de "colonizar" as ciências sociais e políticas (ARCHER & TRITTER, 2000), é mister encontrarmos um denominador comum entre todas as escolas e correntes de pensamento acima mencionadas. O que precisamos é uma linguagem comum – um "crioulo" entre e interpares – que possibilite as trocas – a "zona de negociação", para invocar os conceitos de Gallison uma vez mais. Nesse ponto, gostaríamos de mudar a linguagem calcada no comércio e nos negócios por outra amparada na doação e na comunicação. Não concebemos relações inter e transdisciplinares como relações comerciais, tampouco como relações de poder em um campo de forças. As relações podem ser agonísticas, mas ao fim e ao cabo trata-se de uma luta por reconhecimento pela qual cada um dos participantes almeja ser reconhecido pela sua contribuição no debate. Já estamos então em condições de avançar nosso argumento principal e sugerir duas coisas (não podemos fazer mais do que sugerir):

Primeiramente, como alternativa à economia neoclássica, pleiteamos o desenvolvimento de uma *sociologia neoclássica* enquanto plataforma comum para a articulação dialógica envolvendo a sociologia, os *Studies*, assim como as filosofias social, moral e política. A chamamos sociologia neoclássica porque acreditamos que o entendimento contemporâneo do que venha a ser a sociologia se afigura como consideravelmente mais estreito do que os fundadores da disciplina tinham em mente[25]. Eles sabiam que todo trabalho fundacional se entretece com o filosófico. Sua fundação da nova ciência e sua rejeição de base do utilitarismo eram inseparáveis de seu apelo por uma renovação da sociedade. Como Durkheim celebremente afirmou em seu segundo prefácio a *De la division du travail social*: "A sociologia não seria digna de uma hora de esforço caso seu interesse não fosse além do especulativo" (DURKHEIM, 1986: xxxix). Acreditamos sinceramente que, se resgatarmos a inspiração inicial da sociologia, poderemos talvez "refundar" as ciências sociais, reformulando sua jurisdição de uma maneira mais cosmopolita, ecumênica e inclusiva, inclusiva o bastante para ser capaz de integrar sociologia e antropologia, os *Studies*, além das filosofias moral e política num projeto comum. Essa tarefa, defendemos, é incumbência da teoria social, a qual entendemos no sentido amplo e abrangente como a teoria geral das ciências sociais ou, para dizer o mesmo com palavras um pouco diferentes, a teoria das sociedades em geral[26]. Asserimos que essa nova síntese se faz necessária não apenas por razões epistêmicas (superação da fragmentação) mas também normativas e políticas. Se formos capazes de resistir ao utilitarismo na teoria, e de oferecer uma alternativa à ação racional, poderemos também ser capazes de resistir à transformação do conjunto das formações sociais em sociedades de mercado.

Ademais, e embora tenhamos consciência de que a afirmação que virá a seguir seja talvez algo menos consensual, gostaríamos de sugerir também que o denominador comum a ser descoberto nas ciências sociais se encontra naquilo que nós e nossos amigos do Mauss (um acrônimo feliz para Mouvement Anti-Utilitariste en Sciences Sociales / Movimento Antiutilitarista em Ciências Sociais) denominamos "paradigma da dádiva"[27]. Com efeito, trinta anos de reflexão coletiva e interdisciplinar acerca do fenômeno da dádiva como fato social total nos convenceu de que a concepção de relações sociais suscetível de ser extraída do *Ensaio sobre a dádiva*, de Marcel Mauss (1950), pode e deve ser ampliada para além do campo imediato da etnologia para todas as ciências sociais.

---

25. Cunhamos o termo "sociologia neoclássica", se bem que não o criamos (cf. EYAL et al., 2003). Mas enquanto aquela sociologia neoclássica é pós-marxista e neoweberiana, a nossa é pós-marxista e neomaussiana. Saudamos o convite de Eyal e Co. a retornarmos à sociologia clássica na intenção de pensar o desafio que se apresenta em "um mundo sem socialismo", porém, ironicamente, não conseguimos enxergar as atrações da ironia como figura de linguagem.

26. Para uma primeira exploração voltada à possibilidade de uma teoria geral da sociedade, cf. *Revue du Mauss* (n. 24, 2004/2), parcialmente traduzida no *European Journal of Social Theory* (10 (2), 2007).

27. O Movimento Antiutilitarista nas Ciências Sociais foi fundado por um dos autores do presente texto, e reúne antropólogos, sociólogos, cientistas políticos, filósofos e economistas heterodoxos que apresentam um interesse comum na reciprocidade, sentem-se inspirados pelo ensaio seminal de Mauss sobre a dádiva e publicam na *Revue du Mauss*. Alain Caillé, fundador do Mauss e diretor de seu jornal, é também o principal teórico do paradigma da dádiva. Postulados programáticos e sintéticos podem encontrar-se em Caillé (2005a; 2009; 2015).

Dessa perspectiva fundacional, a descoberta de Mauss acerca da tripla obrigação contida na dádiva – "dar, receber e retribuir o dom" (MAUSS, 1950: 205-214) – aparece como a base da vida social em geral. O mecanismo da reciprocidade, que é o motor da sociabilidade, produz, e reproduz continuamente, o social. Sem reciprocidade, não há sociedade; sem generosidade, economia e política são incompossíveis. O foco nas capacidades individual e coletiva em iniciar, criar e manter relações sociais nos permite o deslocamento para além dos impasses entre individualismo e coletivismo, liberalismo e socialismo, mercado e Estado. Quando a dinâmica da reciprocidade é satisfatoriamente desenvolvida em uma teoria relacional e associativa da sociedade, a antropologia do dom emerge como um "terceiro paradigma" inteiramente bem-sucedido em sua missão de superar a dicotomia entre individualismo e holismo. Acreditamos que ele fornece uma alternativa tanto para as ciências sociais como para a sociedade. Enquanto o cadinho da sociedade, a política é a continuação da dádiva por outros meios.

3
Princípios de uma teoria social geral

Não chegamos a destacar o suficiente que, em decorrência de sua profissionalização e especialização, a sociologia se tornou gradualmente bem distinta do horizonte vislumbrado por seus fundadores. Com a exceção parcial de George Simmel, que desenvolveu sua sociologia formal seguindo demarcações mais estreitas, todos os demais fundadores conceberam a sociologia como uma ciência social geral. Não pensavam a sociologia em sentido estrito, antes a desenvolvendo como uma ciência geral da sociedade. Desde o início, a sociologia foi, destarte, mais do que sociologia. Ela se mostrava tanto uma disciplina especializada (sociologia) como um discurso de caráter mais englobante (teoria da sociedade); era assim, como Habermas (1991: 184) afirma em uma reflexão marcante sobre a sociologia de Weimar, "a um só tempo disciplina e superdisciplina, sociologia e teoria da sociedade". Os fundadores vislumbraram suas respectivas sociologias como uma forma de metadisciplina confederativa que viria a unificar as várias ciências sociais (história, antropologia, sociologia, ciência política, economia política) sob um único nome. Nenhum dentre eles a pensou como mera acumulação de pesquisas de campo; ao invés, concebiam-na enquanto um saber teórico, empírico, social, moral, político e filosófico que integraria pesquisas sociais e históricas no escopo de uma apresentação e interpretação sistemáticas do evolver das sociedades.

As ambições daquele que foi o inventor do nome, Auguste Comte, direcionavam-se claramente a uma filosofia da história "positiva" (científica e romântica) que se voltaria à investigação das condições empíricas da ordem moral e do progresso. Teria sido Marx economista, sociólogo, historiador, antropólogo, filósofo, jornalista ou ativista? Não esqueçamos que Max Weber, advogado por formação, e cuja primeira pesquisa foi em história, durante muito tempo via a si mesmo como um economista. Incidentalmente isso explica como Durkheim pôde ignorar sua importância mesmo cônscio de sua existência. Simmel concebia a si mesmo como filósofo, considerando a sociologia como passatempo. Para Durkheim, a sociologia vocacionava-se claramente a unir todas as disciplinas especializadas das ciências sociais: etnologia, ciência da religião, ciência da educação, história, economia etc., com a clara ambição de proporcionar melhores respostas às questões levantadas por filósofos políticos e morais.

Se insistimos tanto que os fundadores da sociologia foram mais do que sociólogos, isso se deve a nosso propósito de abrir as ciências sociais umas às outras, rearticulando-as em uma ciência social antiutilitarista unificada. No seio das ciências sociais, contudo, encontramos diferentes tradições, cada uma com seus próprios conceitos e projetos de uma ciência social geral. Dentre eles, identificamos por subsunção ao menos três: 1) a ciência do social como enciclopédia (versão francesa); 2) como teoria da sociedade (versão alemã); e 3) como teoria social (versão anglo-americana).

1) A ciência social como saber enciclopédico, i. é, como sistematização das várias ciências que têm o social, o histórico e o cultural como objeto em um *corpus*, é um projeto com acento francês. Essa ideia de organização das ciências sociais e suas respectivas disciplinas em um quadro sistemático, racional e unitário remonta pelo menos ao projeto de Saint-Simon e Comte de atualização dos enciclopedistas do século XVIII (completando-o com um "catecismo" popular para as massas). A ambição durkheimiana em formular seu projeto científico de forma interdisciplinar, reunir seus talentosos colaboradores numa Escola e lançar *L'Année sociologique*, um periódico especializado em resenhas tematicamente abrangentes, como seu órgão de difusão, pode ser considerada a mais bem-sucedida elaboração do projeto enciclopédico nas ciências sociais. A École des Annales em torno de Braudel, a escola bourdieusiana com *Actes de la recherche en sciences sociales* e, de forma mais modesta, o Mauss, situam-se na mesma linha sucessória.

2) A ciência social enquanto teoria sistemática da sociedade (*Gesellschaftstheorie*) é um projeto alternativo com entonação alemã. Aqui a concepção de uma ciência social geral não assume a forma de uma enciclopédia, mas de um sistema. Baseando-se em sólidas fundações filosóficas, a teoria da sociedade é a um só tempo sistemática e histórica. Ela concebe a ciência como uma forma de dedução transcendental, com a sociedade no lugar do sujeito transcendental, e a história se apresentando como um desenvolvimento contínuo de unificação e diferenciação societárias. Seguindo a de-, e re-, composição da sociedade em subsistemas (religião, Estado, economia, direito etc.), ela se apropria de conhecimentos de disciplinas vizinhas (antropologia, ciência política, economia etc.), embora os utilize sob o crivo de sua própria conceituação da sociedade em formas sistemáticas. O projeto de Horkheimer de um materialismo interdisciplinar, a teoria geral da ação de Parsons, a teoria da ação comunicativa de Habermas, a teoria dos sistemas de Luhmann, assim como a sociologia dialética de Freitag, exemplificam essa concepção da ciência social enquanto sistema.

3) A ciência social enquanto teoria social se situa, ela também, na fronteira da sociologia com a filosofia. De modo diverso dos projetos enciclopédico e sistemático, a teoria social busca unificar as ciências sociais por intermé-

dio da designação dos conceitos fundamentais (ação, instituição, estrutura, identidade etc.) e dos problemas transversais (ação, ordem e transformação sociais, poder, discurso, práticas etc.) que as ciências pressupõem, articulando-os entre si em um sistema conceitual abstrato. As teorias de Giddens, Archer e Latour são bons exemplos de teorias que se desenvolvem pela articulação e integração conceituais em um nível de generalidade capaz de transcender os conceitos específicos às várias disciplinas.

Cada uma dessas visões de uma ciência do social se enraíza em uma tradição histórica nacional particular. Como as línguas nas quais elas se expressam (francês, alemão e inglês), cada tradição entoa seus próprios timbres e dialetos. Nosso apelo a uma nova confederação das ciências sociais é cosmopolita. Mobilizando as várias concepções da sociologia geral, as concebemos como uma empreitada interdisciplinar e internacional para integrar filosofia, as humanidades e as ciências sociais em uma ciência social geral[28].

Para começar, propomos uma reforma curricular. Os estudantes não devem se especializar demasiado cedo e apressadamente. A formação deve ser mais integrativa e sintética. Precisamos treinar e formar uma nova classe de cientistas sociais que não estejam estritamente atados à sua própria disciplina, que estudem os diversos ramos das ciências sociais, e que explorem conexões e relações entre eles com o intuito de descobrir o que possuem em comum. Ao invés de evocar a inter e a transdisciplinaridade em função da obtenção de financiamento, devemos antes estimular duplas ou mesmo triplas especializações no corpo das ciências sociais e formar estudantes que sejam "indisciplinados" e "*borderline*", sentindo-se à vontade em duas disciplinas, além de interessados em sociologia geral, teoria social e teoria da sociedade. Que se pense em sociólogos-historiadores, economistas-antropólogos, artistas-geógrafos, psicólogos sociais-filósofos etc., e imperceptivelmente os contornos de uma teoria social geral renovada se nos irão revelar.

Devemos igualmente observar que, diferentemente das ciências sociais (economia, ciência política, sociologia e antropologia), as quais emergiram no decurso da Modernidade como disciplinas separadas, a história não fragmenta seu objeto sob linhas disciplinares (WALLERSTEIN, 2011: 273). Ao lado da filosofia, ela é uma das matrizes (ou esquemas-*mater*) a partir das quais se originarão as ciências sociais por meio da diferenciação disciplinar e da especialização científica. Como a filosofia, ela é sintética e lida com a totalidade da vida pré-moderna. A questão que se coloca agora é: será a sociologia, entendida

---

28. Organizamos, em 2015, uma conferência internacional em Cerisy-la-Salle, Normandia, com o propósito de explorar os contornos de uma ciência social geral. Durante uma semana inteira, filósofos, sociólogos, antropólogos, geógrafos e economistas heterodoxos discutiram a possibilidade de uma ciência assim unificada e a necessidade de fundá-la em bases antiutilitaristas. Cf. Caillé, Chanial, Dufoix e Vandenberghe, 2018.

em sentido amplo, capaz de investigar a totalidade da vida social e se afigurar, por assim dizer, como sua contraparte moderna? Nossa resposta será afirmativa, pelo que argumentaremos que é justamente a incumbência da teoria social desenvolver um quadro geral para a análise da sociedade, que seja filosoficamente informado e historicamente sensível, conceitualmente perspicaz e orientada pelo, e para o, presente. Não houvessem os foucaultianos se apropriado do termo "ontologia do presente", o teríamos empregado de bom grado para circunscrever a empreitada própria à teoria social.

Com Comte, avaliamos que já não é sem tempo que vem a lume o projeto de superarmos a fragmentação e a especialização levadas a cabo via mais especialização e diferenciação. Temos de "transformar o estudo de generalidades científicas em mais uma grande especialidade" (COMTE, 1949: 57). Assumimos assim que, no interior de todas as disciplinas que conformam as humanidades e as ciências sociais, se configuram duas proclividades, ambas perfeitamente legítimas: uma especializada, centrada em si mesma e em seus próprios problemas disciplinares, e uma geral, aberta ao diálogo interdisciplinar e à troca com as outras ciências, disciplinas e discursos presentes em seu meio. Se representarmos essas divisões nos termos espaciais de centro e periferia encontraremos sociologia sociológica, antropologia antropológica, ciência política *mater* etc. nas franjas externas, e uma sociologia filosófica, uma antropologia filosófica e uma ciência política filosófica em seu núcleo. Nossa sugestão é que a teoria social geral se situa no coração das ciências sociais e que representa o espaço articulatório onde as teorias antropológica, sociológica e política podem ser re-unidas. Comparada à sociologia clássica, a sociologia contemporânea tornou-se especializada, esotérica e fragmentada. "Enquanto os confins proliferaram, perdeu-se de vista a capital" (TURNER, 2001: 5).

Com efeito, a sociologia contemporânea falhou em contrabalançar sua tendência à especialização com uma tendência compensatória à generalização. Visando dar dois passos à frente, necessitamos dar um para trás e buscar inspiração mais uma vez nos clássicos, reais ou putativos, que identificam a sociologia com uma ciência social geral. Esse caminho não tem por objetivo nos tornar marxólogos, durkheimólogos ou weberólogos; para rejuvenescer a sociologia e, assim, garantir sua relevância e seu futuro, precisamos desenvolver uma sociologia neoclássica. Com Marcel Mauss, conquanto encontremos posições similares em Marx, Durkheim, Weber, Parsons ou Bourdieu, assumimos que "não há ciências sociais [separadas], mas uma [só] ciência das sociedades" (MAUSS, 1969: 51), ao que propomos nomear essa teoria geral da ciência das sociedades como teoria social – denominação que, ironicamente, não existe na França como tal.

Para descortinarmos com maior precisão o que entendemos por teoria social, traremos uma distinção suplementar entre metateoria e teoria sociológica, situando a teoria social entre uma e outra (VANDENBERGHE, 2012: 11-37).

Como sempre, trata-se de distinções fluidas, embora o que importa aqui não sejam as distinções propriamente ditas e sim a maneira como elas são articuladas, integradas e superadas numa teoria geral das sociedades que atravessa as clivagens disciplinares presentes no interior das ciências sociais, assim como as fronteiras que dividem estas últimas em relação aos *Studies* (estudos de gênero e pós-coloniais) e à filosofia moral (teorias do reconhecimento e do *care*). De modo similar à história indiana das tartarugas, a teoria desce em cascata indefinidamente. Visões filosóficas explícitas tornam-se pressupostos metateóricos da teoria social, os quais, por sua vez, se tornam pressupostos da teoria sociológica que, enfim, informam a teoria empírica[29]. Enquanto a formulação da teoria é dedutiva ou abdutiva, a pesquisa é, claro, indutiva. A relação entre o filosófico e o científico, o transcendental e o empírico, é, em última instância, de tipo circular. Enquanto espera-se de todo teórico que desça a ladeira constituída pela metateoria, teoria social e teoria do presente, o pesquisador pode ser mais eclético e mobilizar as teorias mais parcimoniosamente, à guisa de ferramentas. O bom pesquisador sabe o momento de deixar as ferramentas na caixa. Estimamos que o consenso é mais facilmente alcançável em bases metateóricas do que teóricas. O "consenso heterodoxo" assumirá, provavelmente, feição normativa. As alianças intelectuais entre posições teóricas serão de natureza ética e política. Assumindo que possamos chegar a um acordo a respeito dos fundamentos metateóricos das ciências sociais, estaremos em condições de tentar delinear o esboço básico (os *Grundrisse*) de uma teoria social geral que forneça uma estrutura coerente para a análise da ação, da ordem e da mudança sociais. Destarte, poderemos então nos orientar, em colaboração com os *Studies*, rumo à formulação de uma grande narrativa histórica acerca da emergência, do desenvolvimento e da difusão global da Modernidade que não se restrinja ao escopo do Estado-nação, tomando o mundo como unidade de análise[30]. Essa análise do

---

29. Um exemplo para ilustrar o argumento: o marxismo é impensável sem o idealismo objetivo de Hegel. Em Marx, a dialética (metateoria) embasa o materialismo histórico (teoria social), que informa a teoria da luta de classes sob o capitalismo (teoria sociológica), que orienta a pesquisa sobre a situação da classe trabalhadora em Lancashire. Em nosso caso, o antiutilitarismo é a plataforma filosófica (metateoria) com base na qual construímos o paradigma do dom (teoria social), que informa, apenas como exemplo, nossa análise do papel das associações nas sociedades contemporâneas ou da cooperação em firmas ou equipes esportivas (teoria sociológica). Nosso argumento consiste na afirmação de que, caso concordemos quanto ao antiutilitarismo, seremos capazes de trabalhar em prol de uma integração branda das teorias sociais (sobre o dom, o *care*, o reconhecimento etc.), propondo assim uma análise e uma diagnose teoricamente informadas do presente. Para manter nossas possibilidades em aberto, optamos por desenvolver nossa posição num nível mais elevado, e portanto mais inclusivo, de abstração.

30. Como contrapeso ao "nacionalismo metodológico", nos apoiamos na história global a fim de mudar a escala de análise. Entre o indivíduo e o sistema-mundo há diversas instituições, da família e do Estado-nação a regiões inteiras. A questão, que não nos cabe explorar aqui, é se, e como, o cosmopolitismo metodológico pode levá-los em conta, assim como sua estabilidade e transformação.

presente global não terá cunho somente descritivo, mas também normativo. Ela será cosmopolita e crítica, analítica e diagnóstica, propedêutica e reconstrutiva.

1) *Metateoria* é a teoria que analisa as teorias social e sociológica e, como tal, costuma operar através de comentários e críticas dos clássicos[31]. No que apresenta de mais basilar, a metateoria consiste num exercício de mapeamento dos pressupostos e presunções de fundo (*Weltanschauungen*, paradigmas, interesses epistêmicos, preconcepções etc.) das teorias social e sociológica. Para propósitos didáticos, os sociólogos discernem diferentes princípios de visão e divisão na história da sociologia, classificando-os em termos de polos: individualismo *vs.* holismo, ação *vs.* estrutura, micro *vs.* macro, idealismo *vs.* materialismo, funcionalismo *vs.* dialética, consenso *vs.* conflito, *Erklären vs. Verstehen* etc. Esse exercício de mapeamento não é um fim em si, caracterizando-se antes como prolegômenos à construção de teorias. O objetivo e a ambição consistem no desenvolvimento de uma teoria social geral, sintética e abrangente, que se encontre em um diálogo contínuo com a tradição sociológica, cubra todos os seus ângulos e incorpore seus *insights* fundamentais numa estrutura coerente de conceitos inter-relacionados. Nesse espírito de desenvolvimento dialógico, esperamos estimular o debate entre nossos pares e obter um consenso concernente à premência de estabelecermos as ciências sociais em fundações antiutilitaristas[32]. Trata-se de um requisito mínimo. E de forma alguma ele implica a proscrição da ação racional. Tal feito não seria razoável. Implica, porém, a recusa em permitir que o paradigma dos interesses ocupe a totalidade do espaço, plasmando assim a doutrina do utilitarismo numa cosmovisão totalizante do mundo social que se revela altamente reducionista. Nosso antiutilitarismo é minimalista e pluralista. Não pretendemos que uma teoria social geral deva dispor de uma resposta sistemática para tudo. De fato, a formulação de sistemas teóricos se mostra datada. Nenhuma dúvida de que era da natureza sistemática das teorias de Marx, Parsons, Habermas e Luhmann que advinha sua força. Contudo, ela revelou-se também sua fragilidade. Para nós, a boa teoria não é aquela que fornece uma resposta a toda e qualquer coisa – como o marxista que explica a crise atual pela queda da taxa de lucros ou analisa o movimento *Occupy* pela lente da luta de classes. Tampouco é aquela que evoca maquinalmente a relação entre

---

31. Os quatro volumes de *Theoretical Logic in Sociology* (ALEXANDER, 1982-1983) consistem de longe na tentativa mais ambiciosa e bem-sucedida em analisar sistematicamente os pressupostos metateóricos da sociologia.

32. Na conferência de Cerisy (cf. nota 28), chegamos a um consenso operacional interdisciplinar no que concerne à necessidade de alicerçar essas ciências sucessoras em fundamentos não utilitaristas (cf. CAILLÉ et al., 2018). Nesse texto para discussão desenvolvemos uma plataforma antiutilitarista. Ressalte-se que nós não apenas rejeitamos o utilitarismo como, também, o positivismo, que pode ser considerado sua contraparte epistemológica. Para uma tentativa em casar antiutilitarismo e realismo crítico, cf. Vandenberghe, 2014, p. 1-99.

agência e estrutura, ou a que cita Durkheim, Bourdieu e Boltanski a cada nova sentença. Se acontece de admirarmos teorias sistemáticas bem forjadas, o fato é que a nosso ver a teoria é tão mais produtiva, não quanto mais possua respostas corretas, mas tanto mais seja capaz de revelar as questões que verdadeiramente importam. Ela desestabiliza, intriga, provoca, joga nova luz em velhas certezas, assim como levanta novas indagações.

Não supomos que cada cientista social vá subscrever à nossa elaboração do paradigma da dádiva como alternativa positiva ao utilitarismo. Supomos, contudo, que posições conflitantes e rivais no seio da teoria social podem e serão, por razões inerentes a suas respectivas posições, capazes de aceitar o antiutilitarismo como solo razoável para um consenso mínimo nas ciências sociais. Adaptando o liberalismo político de Rawls (1993) para nossos propósitos, presumimos a vigência de um pluralismo razoável como condição permanente do campo teórico das ciências sociais.

2) Enquanto a metateoria explora os pressupostos filosóficos (transcendentais) das ciências sociais, a *teoria social* tenta elaborar uma visão sistemática do mundo social amparando-se em bases metateóricas. Como preâmbulo à análise da vida social, as teorias sociais desenvolvem sistemas coerentes de conceitos inter-relacionados (como ação comunicativa, mundo da vida e sistema; campo, *habitus* e práticas; ou poder/saber, discursos e práticas) que têm o propósito de responder de maneira unificada às três questões fundamentais necessariamente erigidas por qualquer ciência do social: Qual é a natureza da ação social? Como a ordem social é possível? O que determina a mudança social? (JOAS & KNÖBL, 2004: 37-38). O objetivo da teoria social consiste não somente em fornecer uma resposta a cada uma de tais questões isoladamente, mas em respondê-las de forma que as respostas se mostrem internamente coerentes, além de cumulativas. Quando os conceitos são bem-ordenados e sistematicamente integrados, eles contribuem para a formação de uma teoria geral da sociedade.

No que tange à natureza da ação, nossa posição é clara: se por um lado distinguimos vários móbeis de ação, em especial interesses e simpatia (no eixo utilitarismo-antiutilitarismo), criatividade e tradição (no eixo individualismo--holismo), que são irredutíveis entre si e requerem ser pensados conjuntamente quanto à significação (CAILLÉ, 2009), por outro, rejeitamos com vigor o paradigma dos interesses que reduz todos os tipos de ação a apenas um: a ação estratégico-instrumental (i. é, a *zweckrationale Handlung*, de Weber)[33]. E caso tenhamos a intenção de evitar o utilitarismo e a axiomática do interesse, é mis-

---

33. A ação racional em relação a fins (*zweckrational*) é nomeada de maneira imprópria, e deveria chamar-se racional em relação a meios (*mittelrational*) ou ação racional-instrumental. Ela sugere uma preocupação com a determinação racional dos fins, ao passo que, na verdade, ela se restringe ao cálculo dos melhores meios para se alcançar quaisquer fins previamente dados.

ter que tenhamos em conta a cultura (símbolos, ideias, normas, valores), os sentimentos (benevolência, amor, simpatia) e a criatividade (espontaneidade e imaginação), e nos voltemos a uma abordagem interpretativa da ação, interação e relação sociais.

O modo como lidamos com o conceito de ação implica uma determinada concepção de ordem. A primeira decisão relativa à construção teórica, qual seja, a opção por uma posição sintética que supere a cisão idealismo-materialismo por intermédio de uma concepção multidimensional da ação que reconheça a dimensão não racional (simbólica, normativa, expressiva) do comportamento humano, envolve necessariamente uma referência ao ordenamento simbólico[34]. E na medida em que esse ordenamento sempre prefigura e antecede a agência, condicionando suas possibilidades, nossa proposta tem como corolário o reconhecimento da importância do holismo. Mais ainda, o que distingue a sociologia *qua* sociologia, a diferenciando tanto da economia como da política, é precisamente seu holismo, assim como seu simbolismo. O primeiro se expressa paradoxalmente na defesa do individualismo moral. A sociologia é antiutilitarista por definição. Ela representa uma determinada posição contra Mandeville e Hobbes – um "contra-Hobbes" (*Revue du Mauss*, 2008/1) –, embora com os legados marxista e weberiano constituindo vias que acentuam as injunções materiais da ação, a dimensão estratégica da vida social seja recolocada em relevo.

A ação não é mera contingência, ao contrário, estando sempre já vinculada a determinadas ordenações sociais, ordenações essas que variam de sociedade para sociedade, além de se modificarem no decurso do tempo. A ordem social é continuamente produzida, reproduzida e transformada por meio de práticas e conflitos societários. Quando ela é analisada da perspectiva da mudança social, o que vem à tona são os obstáculos estruturais e as correlações de força que lhe conformam. A questão da ordem se transfigura na questão do poder. Quais são as instituições que se apresentam como dominantes e as forças que entravam a realização de alternativas sociais? (WRIGHT, 2010). A ordem social existente é o que obsta sua transformação. Práticas transformativas concorrem contra sua prevalência. Em sua tentativa de realizar alternativas viáveis, essas práticas a um só tempo revelam e testam seu poder, expondo assim sua verdadeira fisionomia.

Poder como dominação e poder como capacidade transformativa se encontram intrinsecamente relacionados. Privilegiando a prática, assumiremos aqui uma posição voluntarista que articula a questão da ordem com aquela da mudança social, deslocando o peso então conferido à dominação para a emancipação. Quando as práticas transformativas se tornam intencionais, e os conflitos

---

34. Sobre símbolos, simbolismo e o simbólico, cf. *Revue du Mauss*, 1998/2. Graças à conexão intrínseca que ali se estabelece entre símbolos e dádiva, representações e práticas, o paradigma do dom (CAILLÉ, 2000: 9-92) sobrepuja a oposição entre holismo e individualismo, enfatizando as relações sociais.

estruturais, o social se torna, com efeito, político. O político (*le politique*) revela a contingência subjacente à ordem social. Ele traz a lume o social em movimento e o captura *in statu nascendi*. O político não é um subsistema da sociedade. Antes, é um ato intencional coletivo (que pode ser inconsciente) através do qual a sociedade representa a si mesma simbolicamente a seus membros, determina sua forma, e luta para constituir-se enquanto subjetividade coletiva[35]. Pela articulação do simbólico e do político, o poder social torna-se constitutivo das relações inter-humanas. Essa articulação determina não só a forma da ordem social como, por meio da representação de sua unidade e da articulação de suas divisões, ela coloca a forma, as funções e as instituições sociais em movimento, conferindo dinamismo ao tecido social. Por intermédio do conflito, a sociedade é então ativamente representada, constituída e performada como uma unidade-na-diferença simultaneamente dinâmica e conflitiva.

3) Se a teoria social é voltada à sistemática das ciências sociais, a teoria sociológica se ocupa da dinâmica histórica da sociedade. A sociologia emerge quando a ordem social se torna um "problema" tanto para os indivíduos como para a coletividade, e a reprodução das tradições não é mais um fenômeno dado. Ao mesmo tempo, conforme as sociedades acentuam a consciência de sua própria existência, elas apreendem o momento político como constitutivo do social e desestabilizam sua reprodução. Como ela mesma é expressão de crise e transição, a sociologia emerge enquanto reflexão crítica acerca da contingência da ordem social. Seu tema central, de Spencer e Durkheim a Marx e Weber, é, e permanece sendo, a Modernidade – sua gênese, estrutura, desenvolvimento e difusão, assim como suas promessas, desafios e transformações globais.

Como uma forma de análise reflexiva direcionada às condições históricas de emergência (e desaparecimento?) e de aplicação das ciências sociais, a teoria sociológica é mais histórica e mais comparativa do que a teoria social. Se a teoria social é sintética e tenta superar antinomias herdadas (agência, estrutura e mudança social; meta, micro e macro) de forma sistemática, a teoria sociológica é resolutamente mais macro, além de mais diagnóstica em seu *approach* básico. Dado que ela tenta "capturar seu próprio tempo em conceitos" (Hegel), não nos surpreende que ela mesma porte em sua constituição a marca de seu tempo, e que seja, consequentemente, algo mais datada. Basta pensarmos na teoria da

---

35. Com Claude Lefort, Cornelius Castoriadis e Marcel Gauchet, entendemos o político (*le politique*) não como um setor da sociedade, e sim como o princípio dinâmico constitutivo do social. A sociedade representa simbolicamente a si mesma como uma unidade, se bem que seja clivada pelo conflito. O político concerne à totalidade de esquemas de ação e representação que comandam, como afirma Lefort (1986: 20), a *mise en forme* (conformação), *mise en sens* (significação) e *mise en scène* (representação dramatúrgica) da sociedade (intencionando acentuar a natureza dinâmica e prática da política, e sua relação com a ordem social, bem poderíamos acrescentar àqueles fenômenos constitutivos o *mise en mouvement* e o *mise en acte*).

modernização dos anos de 1960, a teoria da dependência dos anos de 1970, as pós-modernidades dos anos de 1980, as teorias da globalização dos anos de 1990, e os estudos pós-coloniais da atualidade.

A imbricação entre análise e diagnose, investigação e crítica do presente, não é nenhum desvirtuamento. É precisamente em razão das ciências sociais proporem "autodescrições da sociedade" (LUHMANN, 1997, II: 866-893), as quais operam como representações reflexivas da sociedade, na sociedade, e que contribuem para sua constituição, que as funções sociológicas, políticas e pedagógicas não podem ser inteiramente dissociadas umas das outras. Abdicassem, as ciências sociais, de seus papéis interpretativo e diagnóstico, terapêutico e propedêutico, em nome de uma neutralidade axiológica elusiva, elas trairiam não apenas suas origens nos movimentos sociais como fracassariam em chegar a termo com o presente, o que, com efeito, não faria senão minar seu próprio futuro. É pela razão mesma de não separar a construção teórica sistemática da elucidação histórica, tampouco a análise científica do diagnóstico crítico, que as ciências sociais são capazes de contribuir com a autocompreensão da Modernidade.

As ciências sociais precisam, por conseguinte, satisfazer *quatro imperativos basilares*: descrever, explicar, interpretar e julgar (CAILLÉ, 1993: 59-63). O imperativo de descrever empiricamente a realidade e os fatos sociais da maneira como efetivamente são (o que requer observação), o imperativo de explicá-los causalmente (*Erklären*, o que requer raciocínio indutivo, dedutivo ou abdutivo, assim como a constatação de causas objetivas, poderes causais ou mecanismos gerativos), o imperativo de interpretar significados (*Verstehen*, que por sua vez requer tanto uma pré-compreensão hermenêutica do pano de fundo cultural objetivo e simbólico quanto uma apreensão fenomenológica da razão subjetiva dos atores), e, enfim, o imperativo normativo que consiste em avaliar, julgar e justificar os fatos e atos sociais (que requerem o entendimento de como tudo isso faz sentido para o pesquisador como para os atores, e de suas consequências éticas e políticas). Porquanto todos esses quatro imperativos pressupõem teoria, poderíamos, por que não, acrescentar o imperativo de teorizar (que requer referências ao *corpus status*, o estado da arte no seio das ciências sociais) como um quinto imperativo.

Também poderíamos demonstrar como as diferentes disciplinas que compõem as ciências sociais se organizam conforme aquelas prescrições, ou, mais precisamente, conforme aquelas que privilegiam em maior ou menor medida, ainda que tacitamente. A história privilegia a descrição, a antropologia a interpretação, a economia a explicação, a filosofia o juízo. Quando uma das prescrições chega a tornar-se hegemônica, a metodologia se transfigura em ideologia. Isso acontece todas as vezes em que os positivistas consideram a explicação da mesma maneira que os feiticeiros se apoiam em seu cajado, e proscrevem os outros (incontornáveis) aspectos como não científicos; quando a hermenêutica, concebendo o mundo como uma teia de significados, ignora o papel do poder; quando etnógrafos se acorrentam às suas "descrições densas" sob o argumento de que em Amaraji a vida é diferente; quando cientistas se metamorfoseiam em ativistas e deslizam da observação participante para a "militante"; quando teóricos confundem a natureza de suas abstrações e sistematizações e tomam as representações da realidade pela realidade das representações. Nossa arrazoada defesa do pluralismo metodológico não pretende sugerir que cada investigador jure obediência a todas aquelas diretivas a todo momento. Nossa deontologia serve às ciências sociais como um todo assim como para cada disciplina, embora certamente não para cada pesquisa tomada isoladamente[36]. As ciências sociais romperam com a tradição filosófica a partir do momento em que enveredaram de forma consequente pelo imperativo da descrição. ("Deixem-nos pôr de lado todos os fatos", escrevia Rousseau em Le contrat social, conjugando uma inclinação especulativa e antiempírica com filosofia política clássica.) As ciências sociais clássicas subscreveram a todos os cinco imperativos, considerando-os irredutíveis e complementares. Marx, Durkheim, Simmel, Mauss, e mesmo Weber, sabiam que não seria possível limitar a si mesmos à perspectiva neutra do observador que descreve e explica a realidade social a partir de fora. Em suas teorias e pesquisas, eles sistematicamente alternaram entre a perspectiva objetivante do observador (perspectiva em terceira pessoa) e a do participante que interpreta (perspectiva da segunda pessoa) e julga (perspectiva da primeira pessoa). Ao contrário, a atual sociologia ora pende a confinar-se unilateralmente sob um registro descritivista, ou explanatório-empiricista, todas as vezes em que assume a pretensão de cientificidade; ora a se acomodar perante as consequências e efeitos colaterais de uma tradição marxista que tem sido insuficientemente reexaminada todas as vezes em que se propõe a encarnar seu sentido e suas orientações normativas. Até agora o que fizemos foi oferecer um diagnóstico do atual estado da teoria social, sugerindo algumas correções metateóricas de rumo. Na linha de nossa abordagem reconstrutiva da teoria social (VANDENBERGHE, 2017: 135-158), desejamos agora deslocar o olhar diagnóstico para o prospectivo. Em momentos de crise, o doutor não se limita a descrever as patologias, conduzindo-se também à prescrição de uma terapêutica. O que temos o propósito de oferecer aqui não é uma cura total, e sim, mais lucidamente, um tratamento homeopático.

---

36. Em uma versão pragmática da verdade perene, Francis Chateauraynaud (2011) defende uma visão mais cíclica dos atos de pesquisa: formalização (axiomatização, modelização, sistematização etc.), descrição (observação, produção de dados etc.), julgamento (reconhecimento de normas e valores, avaliação das consequências de um ponto de vista normativo etc.), interpretação (exercícios interpretativos e formas de vida). Pode-se partir de qualquer ponto. No entanto, caso a pesquisadora ou o pesquisador absolutize uma das fases do ciclo, ela/e deixa o campo para se tornar um acadêmico mainstream (copista profissional), um parafraseador (nativo), um ativista (juiz e crítico) ou um mestre-pensador (grande teoricista).

4
O destino do marxismo

Um olhar mais atento sobre os desdobramentos contemporâneos da teoria social, dos *Studies* e das filosofias política e moral revelam uma certa forma de unidade. Ela decorre do fato de que todas essas abordagens são "críticas", podendo ser consideradas transformações, extensões e recombinações oriundas de uma matriz marxista comum. Todas elas, cada uma da maneira que lhe é própria, buscam, por um lado, identificar estruturas de dominação e opressão, e, por outro, um sujeito alienado, dominado ou explorado. A análise e a diagnose do presente assumem a forma de uma investigação circular das condições de possibilidade e impossibilidade de libertação e emancipação do sujeito daquelas estruturas de dominação e opressão. Essa é a razão pela qual consideramos que uma clarificação dessa relação (assim como a nossa) com o marxismo desponta como essencial.

De todas as tradições que conformam as ciências sociais, o marxismo é aquela que mais evoluiu, conquanto também a que mais estagnou, no decorrer dos últimos 150 anos. Através da fusão e rearticulação com as outras duas tradições principais, a durkheimiana e a weberiana, ele se desenvolveu conforme duas linhas principais: uma hegeliana, que percorre Habermas, Honneth e Žižek, e outra espinozista, que perpassa Gramsci e conecta Althusser ao pós-estruturalismo e aos *Studies*[37].

A primeira linha é sobretudo germânica e coalesce o ímpeto hegeliano-marxista de uma filosofia da história dialética e totalizante com uma análise weberiana das patologias da razão. Sem dúvida, *História e consciência de classe*, de Georg Lukács (1968), outrora alçado à "bíblia do marxismo ocidental", forma o núcleo paradigmático do programa de pesquisa interdisciplinar da Escola de Frankfurt (BRUNKHORST, 1983). Em sua teoria da reificação, Lukács, que estudou com Simmel em Berlim e com Weber em Heidelberg, oferece uma síntese clássica da teoria marxista-weberiana da alienação com a teoria hegeliano-mar-

---

37. Espinoza ou Hegel? Obviamente que se trata de uma simplificação didática que ignora as interpretações filosóficas de Marx como fichteano, kantiano, aristotélico, epicurista, helvetiano, saint-simoniano, bergsoniano ou mesmo deleuziano. A escolha entre Lukács e Gramsci é igualmente artificial, ainda que possamos nos perguntar: Quantos autores realmente tentaram combiná-los? Quem (à parte Roy Bhaskar) efetivamente enveredou por uma tentativa de síntese entre as vias francesa e germânica no marxismo continental?

xista da consciência de classe. Compelida pelas circunstâncias históricas (fascismo na Europa, estalinismo na URSS, capitalismo consumista nos Estados Unidos), a Escola de Frankfurt iria, mais tarde, decompor a síntese. Em seu lugar, viria a radicalizar a análise weberiano-marxista da reificação-racionalização em uma filosofia negativa da história enquanto dominação, ao mesmo tempo substituindo a teoria hegeliano-marxista da consciência por uma teoria freudiano-marxista da repressão e da falsa consciência.

Enquanto a linhagem alemã do marxismo contemporâneo remonta a Hegel e Lukács, a vertente francesa é tão devedora de Espinoza como de Gramsci. Gramsci é figura central, não só como fruto de sua influência nos estudos culturais britânicos (Stuart Hall e a Escola de Birmingham) e nos estudos pós-coloniais indianos (Ranajit Guha e seu grupo de estudos da subalternidade), como também por seu impacto no estruturalismo de Althusser e na ulterior difração do pós-estruturalismo pós-althusseriano (Badiou, Balibar, Rancière, Laclau)[38]. Se a teoria crítica alemã representa um desenvolvimento weberiano-marxista, o estruturalismo francês como que representa sua contraparte durkheimiano--marxista. Na medida em que a vertente francesa começa a se distanciar do estruturalismo como do marxismo na década de 1970, ela vai ao encontro das genealogias de Foucault (Said, Rose, Butler), da esquizoanálise de Deleuze (Negri e Hardt) e das desconstruções de Derrida (Laclau e Mouffe). Assim, os *Studies* consistem na prole do matrimônio entre Marx e Foucault, Gramsci e Derrida, Althusser e Deleuze.

Não apresentamos esse panorama esquemático das derivações do marxismo à guisa de meros colecionadores de antiquário a contemplar a história das ideias. Acreditamos que, recolocando Marcel Mauss como interlocutor e mediador privilegiado, estaremos bem posicionados para realizar duas tarefas: reconectar as ramificações contemporâneas oriundas daquelas duas vertentes do marxismo ocidental (teoria do reconhecimento e *Studies*) e, ao mesmo tempo, superar o marxismo por meio de um tipo de socialismo mais democrático, não autoritário, associativista e convivialista[39]. Se damos um passo de volta de Marx

---

38. Pode haver uma *coupure* na vida de Althusser, mas não em sua obra. Mesmo nos primórdios de seu trabalho estruturalista (como no texto sobre "contradição e sobredeterminação"), o pós-estruturalismo já se encontrava presente sob o estado de fluxo subterrâneo. Somente veio à superfície, contudo, em seu trabalho tardio, especialmente em seu "materialismo do encontro" (ALTHUSSER, 1994) e no trabalho de seus ilustres amigos e colaboradores (Derrida, Balibar, Rancière, Badiou, Laclau).

39. Cf. *Revue du Mauss*, 1998/1; 2000/2. No mesmo espírito, juntamente com Edgar Morin, Chantal Mouffe, Jean-Pierre Dupuy e outros, publicamos recentemente *O manifesto convivialista* (CAILLÉ; VÉRAN & VANDENBERGHE, 2016). Concebemos o convivialismo como uma nova ideologia sintética que incorpora o melhor do anarquismo, liberalismo, socialismo e marxismo, fornecendo uma resposta construtiva à questão de Mauss: "Como podemos viver juntos, com nossas diferenças, sem nos massacrarmos uns aos outros?"

a Hegel não é senão para reinstaurar o programa de Hegel a Mauss[40]. De fato, com nossa leitura maussiana de Marx, buscamos reavivar outra teoria crítica assim como reatualizar outro socialismo associado a pensadores heterodoxos como Karl Polanyi, Cornelius Castoriadis e André Gorz. É evidente que criticamos o capitalismo como uma forma entranhada de utilitarismo que corrói os laços de solidariedade através da mercantilização e da exploração; não pensamos, entretanto, que a solução para o fundamentalismo de mercado possa ser encontrada no Estado. Com Polanyi, defendemos uma economia plural pela qual ambos, mercado e Estado, preservem suas funções sem jamais deixar de se submeter a, e de se enraizar em, círculos cooperativos da sociedade civil (CAILLÉ, 2005b)[41]. Como alternativa ao pacto "lib/lab" (liberal-trabalhista) do modelo clássico de social-democracia enquanto sustentáculo ao duopólio do Estado e do mercado, preconizamos uma cidadania mais ativa, uma economia mais solidária e um Estado mais responsivo aos movimentos sociais. Não dispomos de uma solução simples para os retrocessos da conjuntura atual (e alguém possui?), mas sabemos que, agora mais do que nunca, precisamos promover a criação e a exploração de brechas no sistema, revigorando espaços autônomos onde a solidariedade possa ser vivida e construída no dia a dia.

Vale a pena insistir no fato de que a unidade tacitamente subjacente aos diferentes discursos ou escolas de pensamento percorridas neste capítulo – estudos pós-coloniais, da subalternidade, de gênero, as teorias do *care* e do reconhecimento – se encontra precisamente em suas relações (nem sempre explícita ou totalmente elucidadas, porém sempre complexas) com a tradição marxista. Mas na medida em que essa presença sobrevém de forma difratada, transubstanciada, transfigurada e recalcada, identificá-la não é sempre tarefa simples.

Com efeito, no que diz respeito ao legado do marxismo e sua progênie, gostaríamos de sublinhar cinco características, três que o prolongam, e duas outras que o revertem.

1. Na crítica marxista da economia política, o capitalismo é investigado enquanto sistema de produção de mercadorias que se baseia na exploração do trabalho e que resulta na alienação do trabalhador. O sistema é capaz de se autorreproduzir em escala ampliada graças a uma mistificação ideológica que representa o capitalismo como um sistema de trocas de aparência mais ou menos justa, obscurecendo assim o mecanismo de produção e extração de sobretrabalho, a mais-valia, que catalisa o sistema. Enquanto os marxistas tendem a considerar outras formas de dominação, para além da classe, como deriva-

---

40. Cf. a sinopse de Habermas na orelha do livro de Honneth (2011), *Das Recht der Freiheit*: "Honneth dá o passo histórico de retornar de Marx a Hegel no intento de reinstaurar o programa de Hegel a Marx".

41. Cf. *Revue du Mauss*, 2007/1.

ções do capitalismo, as teorias críticas contemporâneas explicam a injustiça e a desigualdade ao referi-las a estruturas de opressão e representação ideológica que são análogas ao capitalismo (colonialismo, escravagismo, regime de castas, racismo, patriarcalismo, homofobia, transfobia etc.) na medida em que se configuram como estruturas hierárquicas que negam reconhecimento e respeito a certas categorias de pessoas. Em cada um dos casos, elas remetem a um poderoso mecanismo causal que conduz à exploração, exclusão, discriminação, estigmatização e humilhação de populações na base da sociedade e a uma hierarquia correspondente que legitima e naturaliza as desigualdades por meio de um feixe de distorções e preconceitos. Quando múltiplos mecanismos de dominação se entrecruzam, por exemplo quando grupos são não só explorados pelas classes superiores como, ademais, discriminados em termos de etnicidade e de gênero, as interseccionalidades estruturais e as inter-relações entre múltiplas desigualdades conformam um eixo de dominação que amplifica a negação do reconhecimento e o desrespeito, passando a aliar, à injúria, o insulto[42].

2. Essas distintas teorias da dominação diferem e se opõem entre si não apenas segundo os mecanismos de dominação desvelados e perfilados, mas também conforme o sujeito coletivo a que abraçam como substituto e adido ao proletariado do marxismo clássico: um sujeito que, uma vez alienado, reificado e explorado, irá, apesar de tudo, emancipar a si mesmo das correntes que o agrilhoam, libertando, na mesma batalha épica, toda a humanidade. Esse, claro, é um tópico clássico das chamadas *standpoint theories*, de Georg Lukács e Karl Mannheim a Sandra Harding e Donna Haraway. Descrevendo-as da maneira mais simples, elas defendem que as posições situadas marginalmente aos sistemas oferecem uma perspectiva privilegiada em seu âmago (e assim, sub-repticiamente transformam o cerne epistêmico em verve social capaz de sublevar o mundo). Dependendo da localização social e da identificação com os sujeitos/objetos excluídos, as diferentes escolas propõem distintas posições de sujeito como perspectivas epistêmicas privilegiadas: mulheres para estudos de mulheres, homossexuais para os estudos de *gays* e lésbicas, sexualidades

---

42. A interseccionalidade concernente às desigualdades em populações marginalizadas desencadeia uma competição entre os críticos do sistema, o que leva a uma espécie de corrida da desgraça, a então chamada "olimpíada da opressão" (WALBY; ARMSTRONG & STRID, 2012). Se de um lado a multiplicação dos registros de opressão pode, de fato, fortalecer a agenda crítica, ela pode, ainda que como efeito perverso, levar a uma dissipação das forças, como ocorre todas as vezes em que grupos sociais que se mostram alinhados diante de certos temas, confrontando-se com outros, assumem atitudes antagônicas (i. é, quando mulheres negras trazem a questão da violência doméstica à agenda feminista, elas correm o risco de serem ignoradas tanto por ativistas negros que temem o estereótipo racial como por feministas brancas que desconhecem a realidade das comunidades negras. O mesmo ocorre quando movimentos acolhendo *gays* e lésbicas que defendem uma agenda sexual progressista, deparando-se com questões envolvendo classe e raça, assumem posições conservadoras).

reprimidas para os estudos de gênero; pessoas com necessidades especiais para estudos voltados às deficiências; camadas populares para estudos da subalternidade; colonizados, ex-escravos ou imigrantes para os estudos pós-coloniais; a totalidade dos que são invisibilizados, humilhados, ou não reconhecidos de diversas formas para teorias do reconhecimento; profissionais voltados ao cuidado pessoal, mulheres ou imigrantes para a teoria do *care* etc.

3. Esses discursos descendem da teoria crítica em sua radicalização e generalização da "crítica desfetichizante" de Marx (BENHABIB, 1986: 44-69). Através de uma combinação com outras áreas da filosofia (desconstrução), história (genealogia) e psicologia social (construtivismo social), eles impulsionam a desessencialização, desnaturalização, desfetichização, relativização e historicização de todas as categorias socialmente instituídas ao extremo. Hodiernamente, a metáfora da construção social se tornou, como afirma Lahire (1995: 95), uma "metástase"[43]. A ideia básica por trás da sugestiva metáfora da construção consiste em que tudo aquilo que existe na, e pela, sociedade é, de uma forma ou de outra, "construído" – representado, fabricado, coinstituído e constituído pelo intermédio do poder de tal forma que algumas possibilidades são reveladas, enquanto outras proscritas. Pela demonstração da natureza arbitrária e convencional da "realidade" (o que é tomado pelo real), a desconstrução continua a crítica marxista da ideologia, se bem que, como Foucault, Deleuze ou Lyotard, ela inclui agora o próprio marxismo como discurso de poder e sobreleva as determinações sociais para além da classe. A demonstração de como poder, classe, casta, raça, idade ou sexo operam pelo discurso e pelas práticas tem o propósito de liberar outros constructos, não de uma vez por todas, e sim pela contestação contínua das representações, pelo deslocamento das fronteiras e pela rearticulação dos grupos sociais que se opõem aos poderes existentes e suas estruturas simbólicas. Se, algumas vezes, a desconstrução parece se tornar um fim em, e para, si mesma, isso decorre de que, tendo mobilizado Nietzsche, Freud e Heidegger, ela termina por transformar a hermenêutica da suspeição em uma "hipercrítica" radical da dominação que se abstém de toda e qualquer possibilidade de afirmação ou forma de reconciliação.

4. A negatividade das críticas marxista e pós-marxista não é somente um sinal dos tempos; ela aponta para uma posição de entrincheiramento. Seguindo-se ao colapso e autorrefutação dos sistemas comunistas, o capitalismo se tornou implacável e revestiu-se de um neoliberalismo predatório que desconhece limites espaciais, sociais ou morais. A integração das denúncias da "velha guarda"

---

43. Para uma crítica da metástase da metáfora da construção social, cf. Hacking, 1999; Lahire, 2005, p. 94-111.

do capitalismo global (Escola de Frankfurt, Bourdieu, Wallerstein, Harvey) com as investigações da "nova guarda" da microfísica do poder (Agamben, Negri, Rancière, Butler) totaliza a dominação e a crítica: paradoxalmente, a hipercrítica que denuncia o sistema é a mesma que o fecha e, dessa maneira, acaba por reafirmá-lo. Da mesma forma que a Escola de Frankfurt sucumbiu em sua própria dialética negativa, a crítica contemporânea transborda os próprios diques que a sustentam, tornando-se contraditória e patinando para a indignação autoindulgente. Sem a crença em utopias concretas, a crítica assume uma fisionomia totalizante, abstrata e indiscriminada. Isso explica boa parte do tom desesperançado e niilístico presente em muitas dessas perspectivas cuja única fruição parece o conflito em si, e não mais a perspectiva da vitória[44]. É claro que não ignoramos o espectro messiânico de que se reveste a crítica radical. Mas em seu messianismo não existe Messias, nem terra prometida.

5. Esses conflitos consistem, apesar de tudo, em lutas pelo reconhecimento (ou ainda, como coloca Tully (2009), *acerca do* reconhecimento), e é nessa arena que a subversão realizada em referência ao marxismo ortodoxo se mostra mais marcante[45]. O que conferiu ao conceito de proletariado sua homogeneidade de princípio e sua habilidade em simbolizar, galvanizar e hegemonizar conflitos sociais foi haver subsumido, numa luta por recursos, todos aqueles que buscavam melhorar suas condições materiais. Diferentemente do antigo movimento operário, os já não tão novos, os seminovos, e os novíssimos movimentos sociais não se encontram numa luta voltada primeira e primariamente à redistribuição, mas ao reconhecimento (FRASER & HONNETH, 2003)[46]. Eles lutam para ser,

---

44. Quer a luta de classes no interior da teoria seja travada sob a contenção dos muros da academia (como as agitações envolvendo bourdieusianos e foucaultianos ortodoxos nas universidades francesas), quer nas ruas das cidades metropolitanas (cf. Negri e as provocações dos *black blocks* nos protestos), é difícil deixar escapar a impressão de que os radicais cortejam e bem recebem a derrota – como reivindicação de seu direito e instigação à continuidade da luta.

45. No âmbito da teoria do reconhecimento, as duas ramificações do marxismo ocidental (Lukács *vs.* Gramsci) reaparecem na distinção entre uma luta pelo (*for*) e uma luta acerca do (*over*) reconhecimento. Diferente das lutas *pelo* reconhecimento encontradas em Honneth (1992), que tendem a ser binárias (senhor *vs.* escravo, burguês *vs.* proletário, minoria *vs.* maioria), as lutas *acerca do* reconhecimento em Tully (2009, I: 291-316) são relacionais, múltiplas e reciprocamente sobredeterminadas. Ademais, elas não se caracterizam como lutas pela inclusão de categorias sociais no seio de uma comunidade societária, e sim acerca das próprias normas e regras de reconhecimento enquanto normas e regras de poder sob negociação e em disputa pelas quais os sujeitos são governados.

46. Enquanto os (já não tão) "novos movimentos sociais" (pelos direitos civis, feministas, ecopacifistas etc.) dos anos de 1970 substituíram os conflitos de classe pela *life politics*, os "novíssimos movimentos sociais" de hoje mergulham na política da identidade e da diferença. Não são somente as técnicas de mobilização que são diferentes; com uma inflexão da igualdade para a diferença, as filosofias de base também não são as mesmas. Não deixa de ser irônico que a teoria do reconhecimento de Honneth tenha sido lida e reapropriada pela esquerda cultural norte-ameri-

transparecer, e serem reconhecidos pelo que são, mais do que pelo que têm ou pelo que fazem. Retrospectivamente, os embates socioeconômicos do passado se revelam, eles também, como lutas pelo reconhecimento da dignidade do explorado. De modo similar, agora porém prospectivamente, lutas pelo reconhecimento que não resultem em quaisquer ganhos materiais levarão tão somente a vitórias ilusórias. Com efeito, a relação entre reconhecimento e redistribuição é dialética e, como veremos mais tarde, é intermediada pela luta maussiana por re-presentação simbólica no sentido de luta pelo justo reconhecimento pelas próprias dádivas e contribuições realizadas.

Essas observações nos guiam uma vez mais à questão que levantamos ao início: como, e sobre quais fundamentos, podemos definir um paradigma alternativo, nas ciências sociais como na filosofia social, ao paradigma utilitarista do *homo oeconomicus*? Qual a alternativa ao modelo de ser humano enquanto "máquina equipada com calculadora" (MAUSS, 1950: 272) que se encontra na raiz da ciência econômica e contribui ele mesmo com a hipermercantilização do mundo ao revestir-lhe de legitimidade científica? Seria o marxismo uma resposta ou seria, ele também, marcado pelo utilitarismo contra o qual se erige? Para respondermos a essas indagações se nos impõe uma reflexão racional, e uma avaliação crítica, das forças e fraquezas do marxismo sob suas diferentes manifestações, suas contribuições e seus impasses incontornáveis. Instrumento sem igual de crítica social, ele dá sinais de se haver desvirtuado pela dimensão messiânica que o conduz com frequência a uma depreciação radical de toda e qualquer forma possível de presente, conjuntamente a uma superestimação fantasmagórica de um passado (o Éden do comunismo primitivo) ou de um futuro (o paraíso do comunismo definitivo) hipotéticos e distantes. Essa combinação explosiva de pessimismo e otimismo radicais conformam a matriz de tensões contraditórias que polarizam todo o espectro em que habita a variedade de marxismos. De todos os discursos possíveis direcionados à sociedade, à história e à Modernidade, o marxismo é, com efeito, o mais economicista e antieconomicista, o mais utilitarista e antiutilitarista, o mais materialista como o mais antimaterialista, o mais individualista assim como o mais anti-individualista, tanto o mais cientificista como o mais anticientificista, o mais libertário e ditatorial.

Estamos agora em melhores condições de compreender a persistência do marxismo na academia. Desde o colapso da filosofia da história por volta da década de 1970, o marxismo deixou de constituir o "horizonte inultrapassável de

---

cana como uma teoria de política identitária (raça, gênero e sexualidade LGBT). Escrita enquanto tentativa pós-marxista de redefinição de questões concernentes ao respeito e à dignidade, por isso vinculadas ao trabalho e à solidariedade, com efeito, de início, ela pouco teve a dizer no que diz respeito a minorias étnicas e sexuais. Quando se trata de questões de identidade e diferença, Honneth adota uma perspectiva universalista bem próxima à defesa liberal de Habermas do Estado de direito: a identidade não é senão sobre o reconhecimento legal das categorias e dos direitos que daí emanam.

nosso tempo", para citarmos uma das memoráveis frases de Sartre (1960: 17)[47]. Todavia, na medida em que este horizonte mobiliza e conjuga todos os polos extremos e antagônicos numa filosofia englobante que é, simultaneamente, uma antropologia, uma sociologia, uma história, e tanto uma economia como uma ciência política das, e para as, sociedades capitalistas, ele permanece uma referência inevitável e necessária de qualquer discurso possível nas ciências sociais. Esses polos não se afiguram apenas insustentáveis em seu radicalismo; eles são, *a fortiori*, irreconciliáveis. Não por acaso as maiores obras nas ciências sociais podem ser consideradas como tentativas em se explorar e delinear posições realistas e plausíveis no campo das extremidades teóricas, éticas e políticas do marxismo.

Nesse sentido, somos todos inevitavelmente pós-marxistas não por sermos pós-estruturalistas (como Laclau e Mouffe), pós-modernistas (como Baudrillard ou Žižek) ou pós-humanistas (como Deleuze e Latour), tampouco por havermos nos tornado antimarxistas (como Lefort e Gauchet), a razão sendo antes porque nos tornamos pluralistas e não acreditamos mais que uma única posição deva ocupar a totalidade do espaço teórico. Quando o materialismo histórico alinha metateoria, teoria social e teoria sociológica numa mesma bagagem, incorporando a sociologia, os *Studies* e as filosofias política e moral numa doutrina englobante, o marxismo torna-se então dogmático e degenera em um – ousemos dizer? – "materialismo pré-histórico". A despeito de todas as suas atualizações e remodelagens, trata-se ainda da mesma grande e velha narrativa que se insinua, agrilhoando a imaginação numa infindável corrente de repetições.

---

47. A formulação exata é a seguinte: "o marxismo permanece a filosofia de nosso tempo. Não podemos ir além dele porque ainda não superamos as circunstâncias que o engendraram" (SARTRE, 1960: 29). Enquanto isso, as circunstâncias mudaram, não porque o capitalismo esvaiu-se, mas porque com a queda do socialismo e o declínio da classe trabalhadora nós não mais acreditamos que a história possa ser conduzida adiante por meios autoritários. Contra Sartre, mas com Marcel Gauchet (2007, I: 16), propomos então que a democracia tornou-se o horizonte inultrapassável de nosso tempo. A ascensão populista, a ruptura entre a população e seus representantes, a agonia da democracia parlamentarista podem assinalar o fim da democracia liberal-representativa, mas não da democracia propriamente dita.

5
Constelações de intersubjetividade e interdependência

Para suprassumir o marxismo precisamos, outrossim, superar o utilitarismo que ele compartilha com o liberalismo, atando-lhe a seu outro. Visando desenvolver uma teoria geral da mudança social que nada deve ao paradigma do interesse, é necessário que amparemos as ciências sociais numa teoria normativa da ação e da interação simbólicas responsáveis pelo ser, e vir a ser, das instituições da sociedade e que animam suas formas de vida. Embora acreditemos que a teoria da dádiva ofereça, *in fine*, a melhor alternativa ao utilitarismo, às concepções instrumental e estratégica da ação, da interação e das instituições, por questão de princípio reconhecemos a existência de outras abordagens (teorias da comunicação, do *care*, do reconhecimento) que vinculam suas concepções de ação e mudança sociais em uma teoria social geral. Aliás, não apenas as reconhecemos. Visto que as consideramos como parceiras privilegiadas e interlocutoras em nossa busca por uma teoria geral antiutilitarista das, e para as, sociedades, elas serão nosso próximo foco de atenção.

Temos sugerido que as ciências sociais encontram seu solo comum em sua oposição ao utilitarismo, à racionalidade instrumental e às teorias da ação racional. De forma diferente da ciência econômica, que encontra sua *rationale* nos cálculos interessados, as ciências sociais se ancoram nos símbolos e expressões, nas ideias e ideais, nas normas e nos sentimentos morais que motivam a ação, tornam a interação possível e sustentam as instituições, desencadeando a mudança social. Com sua insistência nas fontes de sociabilidade e nas lógicas de reciprocidade, a sociologia honra sua etimologia ao privilegiar as interações no seio do *socius*, investigando o *logos* que as anima, coordena e integra num corpo societário. Se generalizarmos os *insights* da sociologia para além de si em direção a todas as ciências do social, seremos capazes de circunscrever sua base comum, que situa-se em oposição ao utilitarismo.

O antiutilitarismo não é uma doutrina negativa, mas eminentemente positiva. Como alternativa explícita e contrária à visão desoladora do homem encontrada em Maquiavel, Hobbes e Bourdieu, ele se fundamenta numa antropologia filosófica que destaca os princípios da comum humanidade, sociabilidade e reciprocidade. Além disso, deve-se ter sempre em conta que a assertiva de que as ciências sociais são inerentemente antiutilitaristas não significa que, na prática, elas devam subscrever a um mesmo e único paradigma. Há, na verdade, várias abordagens que propõem uma teoria social geral compatível com a nossa. Consideramos, no entanto, que o paradigma da dádiva é mais geral e abrangente do que seus congêneres. A dádiva é realmente um "fato social total" que atravessa todas as grandes instituições da sociedade (economia, política, religião, moralidade, direito, arte). Ela unifica estrutura, cultura e as práticas sociais no interior de uma trama social que apenas pela via analítica pode ser decomposta em partes[48]. Na verdade, graças a esse fato social, todas as pessoas e coisas se misturam, inter-relacionam e integram num movimento contínuo. Seu caráter total, sua multidimensionalidade e o dinamismo presente em sua natureza a emprestam um poder sintético formidável. Na medida em que todas as outras teorias sociais possam ser traduzidas nos termos do paradigma do dom, ele oferece as melhores e mais amplas possibilidades de articulação interteórica.

Nossa antropologia positiva, que se baseia no ensaio clássico (1950) de Marcel Mauss sobre a dádiva e considera o ator como *homo donator reciprocans*, é compatível com diferentes abordagens relacionadas à alteridade, à intersubjetividade e à sociabilidade[49]. Pensamos aqui, primeiramente, em toda uma gama que envolve as teorias da comunicação, do *care*, do reconhecimento e da ressonância[50]. Assim como a teoria do dom, em si mesma múltipla e contendo diversas ramificações (FROW, 1997: 102-130), essas outras teorias remetem a paradigmas completos, se bem que frouxamente articulados, e que confluem numa série de aspectos. Para sobressaltar sua pluralidade interna, os descreveremos

---

48. Isso é ainda mais importante quando a dádiva se torna tão geral e fundacional que coincide com o político. Nas sociedades primitivas, o dom e o político se identificam. Nas sociedades complexas, eles parecem divorciados pela hiperdiferenciação que as perfaz, operando então em escalas díspares (micro para a dádiva, macro para o político). Contudo, eles permanecem inextricáveis. No nível micro, o dom continua a entrelaçar amizades e alianças. No nível macro, o político precisa ser entendido como a integral de todas as dádivas que se operam e circulam na comunidade política, unificando seus membros. E no entremeio, no nível meso, a dádiva estrutura cada uma das instituições e organizações que constituem o tecido societário. A economia, o direito, a educação, os esportes etc. simplesmente não seriam possíveis sem as relações de reciprocidade e solidariedade que os sustentam e motivam as pessoas a neles se engajarem com, para, e contra os outros.

49. Sabemos o quanto é difícil defender a antropologia filosófica após Elias, Foucault e Derrida. No entanto, ainda que o esforço seja irremediavelmente problemático, é tão necessário quanto incontornável. Porém, antes que se inicie a ladainha acusatória de essencialismo, antropocentrismo, especismo e outros crimes de lesa-humanidade, recomendamos o maravilhoso trabalho de Frans de Waal (2005) sobre os sentimentos morais entre primatas como preâmbulo a uma zoologia filosófica compatível com nossa antropologia filosófica.

50. A teoria hermenêutico-fenomenológica da ressonância de Harmut Rosa poderá vir a constituir uma quinta constelação num futuro próximo. Embora Rosa possa ser considerado o mais importante representante na sociologia da quarta geração da Escola de Frankfurt, o impacto de sua filosofia das relações com o mundo assim como sua sociologia da boa vida é demasiado recente para figurar como constelação de pleno direito.

como constelações sob o firmamento. Se a imagem de constelações evoca uma certa dispersão no entorno de um determinado asterismo (diálogo, *care*, dádiva, reconhecimento e ressonância) e um agrupamento em volta de um astro-rei que arrebata a vista (Habermas, Tronto, Mauss, Honneth, Rosa), gostaríamos de precisar que as constelações também podem ser interconectadas e interarticuladas. A projeção da diversidade num mapa celeste se direciona precisamente à exploração intra e intergaláctica. Não há motivo por que teóricos do reconhecimento não devam se importar sobre a dádiva, ou porque esta não possa se comunicar com as teorias do *care*. Sopesamos que essas articulações possuem tanto mais chances de ser bem-sucedidas quanto mais se enredem no seio de suas cercanias, *de proche en proche*. Através de sua ênfase comum na diferença e na singularidade, as interpretações pós-estruturalistas do reconhecimento podem, assim, ser facilmente compatibilizadas com as interpretações pós-estruturalistas do *care*. De modo semelhante, graças à proeminência conferida ao simbolismo, as teorias comunicativas do diálogo podem se articular, com bastante naturalidade, à teoria do dom. Com sua ênfase nas profundas conexões e relações envolvendo o corpo, o *self* e o mundo, as teorias fenomenológicas da afetividade são suscetíveis de reverberar nas teorias existenciais da ressonância, e assim por diante. Em razão da falta de espaço, não podemos explorar todas essas possibilidades aqui. Por meio da reformulação das teorias hegelianas do reconhecimento nos termos do paradigma maussiano da dádiva, tentaremos, ao invés, desenvolver uma plataforma que permite a integração entre sociologia, antropologia, filosofia política e filosofia moral, além da diáspora dos *Studies*, no interior de um quadro coerente para a análise das problemáticas e conflitos contemporâneos.

Mas comecemos com um rápido vislumbre comparativo envolvendo as constelações. Todas elas compartilham uma insistência na intersubjetividade, na interação e na sociabilidade, ou, numa palavra: na interdependência. O que lhes importa é o entre, o inter-humano, a interconexão, a relação como ontologicamente primeira em face dos elementos que ela enreda e constitui como elementos distintivos que são o que são na, e em razão da, relação. Mais, todos eles se nutrem de uma certa atmosfera de benevolência onde é possível identificar uma certa aura simpática. Nenhuma das constelações contém teorias monádicas (ainda que teorias fenomenológicas da intersubjetividade nem sempre evitem o solipsismo). São todas intersubjetivas e pressupõem uma abertura em relação ao outro e uma alterdirecionalidade que é diametralmente oposta aos modelos egocentrados do *self* que não consideram o outro senão como ameaça imediata a si. Além disso, todos se concentram na sociabilidade primária, pelo que apreendem o encontro com o outro concreto como cenário privilegiado da ética. O outro não é distante, abstrato, mas um ser humano incorporado e senciente como eu, de quem posso me aperceber, entrar em contato e a ela/e me dirigir. O outro não é um Ele, Ela ou um Isso; ora, para falar como Buber, é antes um Tu. É minha irmã, meu vizinho, meu amigo. Juntos, Eu (*I*) e Tu (*Thou*) formamos um Nós (*We*). Encontramo-nos juntos engajados numa busca pela boa vida em sociedades virtuosas. No que tange às transições entre o normativo e o empírico, o filosófico e o social, elas são bastante fluidas. Por intermédio da aplicação de princípios éticos a práticas concretas em instituições sociais que, agonizando, clamam por reparação e retificação, o social e o normativo, o descritivo como o diagnóstico, se encontram, todos eles, naturalmente imbrincados. Como uma forma de ética aplicada, as descrições críticas de situações concretas de injustiça (exploração, humilhação, desrespeito) desdobram-se sem dificuldade em apelos a políticas sociais e políticas públicas ao nível societário. Por fim, não pode deixar de ser observado que as constelações advêm em duas versões, sendo uma delas secular (simbólica) e outra epifânica (hiperbólica). A segunda é comumente influenciada pela "virada teológica" no interior da fenomenologia pós-husserliana e heideggeriana (JANICAUD, 1991), enfocando algo primordial, coinerente, para além da dualidade, e que assim precede, funda e transcende a intersubjetividade convencional. Pensemos na reversão da conversação (Gadamer) em conversão (MacIntyre), da comunicação (Habermas) em comunhão (Derrida), da dádiva em doação (Marion), do *care* (Tronto) em solicitude (Lévinas), da ressonância (Rosa) em êxtase (Lingis), do reconhecimento (Honneth) em renascimento[51].

Agora que fomos capazes de reconhecer certo "ar de família" entre as constelações intersubjetivas, perscrutemos a pluralidade interna a cada uma das quatro que delineamos: comunicação e *care*, dom e reconhecimento (as duas primeiras privilegiando o consenso; as outras, o conflito). A constelação dialógica contém uma multiplicidade de teorias de encontros simbolicamente mediados com a alteridade (THEUNISSEN, 1965). A filosofia de Buber acerca do inter-humano, a hermenêutica gadameriana, a comunicação existencial de Jaspers, os conceitos de ação enquanto *praxis* e *lexis* de Arendt, o interacionismo simbólico precursionado por Mead – todas essas abordagens dialógicas desvaneceram em alguma medida após a publicação da *Teoria do agir comunicativo*, por Habermas, em 1981. Não que Habermas as tenha escanteado, mas sua síntese magistral se revelou tão poderosa que, por assim dizer, as hegemonizou por assimilação e incorporação. Não obstante, as distintas abordagens que desde então vieram à luz e tentaram corrigir os excessos do racionalismo iluminista habermasiano por meio da insistência no outro concreto (Benhabib), no reconhecimento (Honneth), na solidariedade (Brunkhorst), na reflexividade (Ferrara), na dialogicidade (Kögler) etc. pertencem à constelação dialógica, ainda que reverberem nas constelações vizinhas.

---

51. Para uma exploração das afinidades e diferenças entre as versões mundana e epifânica da dádiva, cf. Vandenberghe, 2008. Através de um giro heideggeriano, que infelizmente apenas funciona em francês, podemos transformar reconhecimento (*reconnaissance*) em conascimento (*co-naissance*), nascimento em gratidão (*reconnaissance*), gratidão em renascimento (*re-naissance*) com, através do, e graças ao amor do outro (*re-co-naissance*: re-nascer-com o outro).

No interior da constelação do *care* nos deparamos com ao menos três vertentes (VANSEVENANT, 2001): teorias do "cuidado de si" (Foucault, Hadot, W. Schmidt), filosofias existenciais do "cuidado em si" (Heidegger, Lévinas, Derrida) e do "cuidado pelo outro", associado ao feminismo e à ética do cuidado (Tronto, Gilligan, Held, Noddings)[52]. O que todas essas teorias e filosofias do *care*, da solicitude e da compaixão têm em comum é uma conjunção entre uma disposição moral para superar a indiferença (cuidado de si), para o descentramento de si envolvido na despessoalização da relação de si com o mundo (cuidado em si), e, enfim, para a assunção da responsabilidade pelo sofrimento e bem-estar do outro (cuidado pelo outro). Diferentemente das visões masculino-liberais do *self* que acentuam a autonomia, a ética feminista do *care* valoriza e cultiva as relações de interdependência que vinculam as pessoas entre si.

A ênfase no vínculo, como na reciprocidade, está no cerne das diversas teorias que conformam a constelação da dádiva, as quais, todas elas, inspiram-se no fabuloso ensaio de Marcel Mauss sobre o assunto[53]. Leitores de Mauss certamente se recordarão que apenas na aparência o dom é coisa simples. Primeiramente, não é coisa. Trata-se de um tríplice processo de obrigações (dar, receber e retribuir) que amalgama pessoas e coletividades no seio de comunidades de troca. Segundo, não é simples, mas complexo. Ele mistura motivações contraditórias (obrigação e espontaneidade, interesse e generosidade, paz e conflito) em um sistema de ações e interações que se enastram na raiz da sociabilidade e da comunidade (CAILLÉ, 2000; 2009). Consequentemente, não nos surpreende que a recepção de Mauss tenha sido complicada, suscetível de variadas interpretações, de Lévi-Strauss a Bourdieu, de Bataille a Baudrillard, de Derrida a Marion, de Sahlins a Strathern, de Lefort a Caillé, que destoam entre si. Onde alguns (como Bourdieu) não veem nada além de hipocrisia a obscurecer o intercâmbio do isso-por-aquilo, outros (como Derrida) se situam no outro extremo interpretativo, considerando o dom assimétrico, unilateral, hiperbólico e sem retribuição possível como a única dádiva verdadeira (pelo que, ao fim e ao cabo, os extremos acabam se encontrando). Analogamente, enquanto alguns (como Lévi-Strauss) concebem a dádiva como sistema, outros (como Lefort) a veem como ação. Alguns (como Ricoeur) a identificam à paz, outros (como Bataille) ao agonismo etc.

A essa altura a teoria do reconhecimento já se consolidou em uma espécie de indústria acadêmico-artesanal (GUÉGUEN & MALOCHET, 2012). Filóso-

---

52. Para uma exploração da *ethics of care* e sua relação com o paradigma da dádiva, cf. *Revue du Mauss*, 2008/2.

53. Enquanto jornal especializado direcionado a um público geral, a *Revue du Mauss* é uma publicação inteiramente dedicada à investigação e discussão do dom em todas as suas facetas e em todas as disciplinas. Enquanto cada número privilegia um tema ou aspecto particulares relacionados à dádiva, algumas edições especiais (1993/1; 1996/2; 2010/2) são integralmente devotadas à antropologia maussiana da dádiva.

fos já ofereceram novas interpretações do papel da *Anerkennung* nos escritos de Hegel (da *Realphilosophie* inicial à *Phenomenologie des Geistes*), se bem que Fichte, Adam Smith e Rousseau já tenham sido saldados como precursores. Sem remontarmos à noção de *anagnôrisis* em Aristóteles e Sófocles, é marcante como várias correntes das filosofias moral e política contemporâneas (teoria crítica com Honneth e Fraser, hermenêutica com Taylor e Ricoeur, desconstrução com J. Butler e J. Tully), psicanálise e psicologia social (teoria das relações objetais com J. Benjamin e Todorov) foram hábeis em densificar o conceito de reconhecimento, tornando-o um asterismo proeminente. Sua força de atração é tamanha que jovens antropólogos e sociólogos que, pela primeira vez, apresentam seu trabalho de campo em conferências acadêmicas, sentem-se agora compelidos a analisar qualquer forma de resistência apresentada por seus "sujeitos menos privilegiados" favoritos (comunidades indígenas, minorias étnicas, *gays* e lésbicas, trabalhadores, camponesas e populações ribeirinhas, desempregados e sem-teto) nos termos de uma luta pelo reconhecimento. As repercussões do trabalho de Axel Honneth (1992) e seu debate com Nancy Fraser (FRASER & HONNETH, 2003) sugerem que a categoria de reconhecimento (e sua negação: invisibilidade, humilhação, alienação) desaguou num reservatório de difícil classificação, repleto de sofrimento difuso no seio da população cujas atenção e reparação são essenciais para a preservação da solidariedade.

Embora tenhamos esquematizado a galáxia teórica de constelações tendo a sociabilidade primária como parâmetro, as teorias em questão não se restringem ao âmbito da família, dos amigos ou de grupos de pares. Elas são facilmente prolongáveis a partir dos círculos de sociabilidade primária, que se encontram em todas as sociedades, para a "sociabilidade secundária" das instituições constitutivas das sociedades modernas e até mesmo para a "sociabilidade terciária" da sociedade global (CAILLÉ, 2014: 69-75). As teorias da ação e da interação que elas propõem se apresentam, desde sempre, como teorias da mudança social. Seu ímpeto decorre da ideia de que as sociedades sempre enraízam suas fontes morais nas relações interpessoais e que, por conseguinte, é premente que as instituições do Estado-nação e a sociedade global se reincrustem no mundo da vida. Certo, essa concepção de uma dialética viva entre mundo da vida e sistema, Estado e comunidade societária, mercado e sociedade civil, de fato não é nova. Já se encontra nos clássicos da sociologia e na filosofia política moderna. É o que anima a interpretação corporativista de Durkheim no que se refere ao Estado e o apelo de Marx a uma *Gemeinwesen*. Entretanto, para além dos apelos a uma unidade primordial, há também um reconhecimento da inevitabilidade do conflito social, o que nos traz de volta a Marx.

No momento em que as várias heranças do marxismo conduzem à concepção de que na origem dos conflitos sociais subjaz uma luta pelo reconhecimento, a fisionomia antes estritamente econômica passa a se mostrar como uma modalidade de um embate mais amplo envolvendo a representação simbólica.

A luta de classes, a clivagem entre interesses materiais e pela redistribuição de recursos materiais revela-se um caso particular, de considerável e crescente importância é verdade, mas ainda assim uma instanciação de uma luta mais ampla concernente ao reconhecimento das dádivas realizadas e pela sua valorização enquanto contribuição[54]. Tentamos sugerir em outro lugar (CAILLÉ, 2007: 185-208) que é precisamente daí que sobrevém a convergência entre os autores do cânone sociológico (Marx, Weber, Durkheim, como também Tocqueville, Parsons e Bourdieu). Aquilo sobre o que eles se debruçam, cada um conforme o percurso e os termos próprios a si, é a luta que os sujeitos sociais empreendem, sejam eles individuais ou coletivos, para conquistar o reconhecimento de seu próprio valor[55]. A questão da avaliação e da valorização se situa no coração dos discursos que estruturam as disputas sociais e os debates contemporâneos e, claro, também as teorias do reconhecimento. Mas a estruturam porque perfazem o núcleo de todas as outras teorias. O que as teorias do *care* problematizam é o não reconhecimento da dádiva do *care* enquanto dádiva. De alguma forma, o *care*, que lida com a fragilidade humana, torna-se invisibilizado quando os subalternos, as mulheres, os trabalhadores imigrantes do Hemisfério Sul são os responsáveis pela sua realização. De maneira similar, contrapondo-se às histórias elitecêntricas, oficiais e modernas dos conflitos anticoloniais, os estudos da subalternidade se propõem a exumar a história das contribuições não reconhecidas e das dádivas invisibilizadas oriundas das massas dominadas. Os estudos pós-coloniais buscam iluminar não apenas o que foi extorquido à periferia pelos poderes coloniais pelo uso da força. Buscam resgatar o reconhecimento pelos, e a valorização dos, dons e contribuições das antigas colônias por parte de suas metrópoles.

Entretanto, essas convergências entre sociologia, filosofias política e moral e *Studies* devem nos incitar a, indo além, indagarmos o seguinte: O que exatamente os diversos grupos sociais almejam ter reconhecido em seus embates? A resposta não é tão inesperada assim: aquilo que almejam consiste no reco-

---

54. Na esteira de algumas intuições presentes no ensaio seminal de Alvin Gouldner sobre o tema da reciprocidade (GOULDNER, 1973: 190-299), reformulamos a teoria da exploração sob o prisma de uma teoria da reciprocidade desigual. Ao passo que os dominantes obtêm sistematicamente mais do que lhes é devido, os dominados dão mais do que recebem. A conexão entre reconhecimento e dom nos é facilitada pela sobrecarga semântica do reconhecimento. Em *Parcours de la reconnaissance*, Ricoeur (2004: 327-355) identifica a gratidão como o significado suplementar do reconhecimento, explorando a relação entre Hegel e Mauss. Nossa leitura da luta pelo reconhecimento como luta pela gratidão prolonga a interpretação de Ricoeur, embora não compartilhemos de sua leitura "pacificada" de Mauss.

55. Na França, o debate sobre a teoria do reconhecimento não se restringiu aos discípulos de Honneth (Renault, Voirol, Haber). Boa parte de seu impacto resulta do Mauss. Cf. *Revue du Mauss*, 2004/1; Caillé, 2007; Caillé e Lazzeri, 2009. As contribuições em Caillé, 2007, merecem menção especial. O debate não se limita a questões conceituais, implicando investigações empíricas por alguns dos expoentes da sociologia francesa (Dubet, Thévenot, Dejours, Heinich).

nhecimento de seu valor humano e social. Amor, respeito e autoestima (para utilizarmos as categorias empregadas por Axel Honneth (1992), na sequência de Hegel) não são senão aspectos diferentes do valor atribuído ao sujeito assim reconhecido. Como resultado, vemos que nas ciências humanas e sociais a grande linha divisória que se estabelece é aquela que cinde a economia de um lado e a sociologia (em sentido amplo) de outro. A ciência econômica investiga o que determina o valor dos bens e, correlativamente, o valor dos sujeitos, seja como proprietários ou como produtores de bens aos quais se imputa determinado valor. A sociologia pergunta – embora frequentemente sem saber que o faz – o que determina o valor relativo dos vários grupos sociais, independentemente de sua maior ou menor habilidade na produção ou apropriação dos bens.

Quando perguntada sobre o que determina o valor econômico dos bens ou mercadorias, a tradição econômica tem provido duas respostas principais: sua utilidade (i. é, sua escassez relativa) ou o tempo médio de trabalho necessário à sua produção. O que determina o valor dos grupos sociais e dos indivíduos? A própria linguagem que empregamos para descrever os temas nucleares das maiores escolas do pensamento contemporâneo já indica suficientemente bem a direção em que devemos procurar pela resposta. Aquilo pelo que os grupos sociais em litígio (mulheres, ex-colônias, subalternos, trabalhadoras e provedoras de cuidado etc.) demandam reconhecimento é o valor do dom que realizaram (ou dos que lhes foram expropriados). Generalizemos: o valor dos indivíduos e dos grupos sociais advém do reconhecimento das dádivas que efetivamente realizaram, ou potencialmente realizariam e/ou da relação que eles mantêm com algo mais primordial e sagrado (doação (*Ergebnis/Gegebenheit*), graça (*charisma*) e super-rogação que explicam por que existe algo em lugar do nada).

Para a articulação entre teoria da dádiva, teoria do *care* e o conjunto dos *Studies*, é necessário que ultrapassemos a reciprocidade simples (A dá a B que dá a A) em prol de uma reciprocidade complexa (A dá a B que dá a C que dá a D que dá, poderá ou poderia ter dado a A etc.). Ao imbricarmos o momento ontológico da doação (*Ergebnis* como dádiva integral, sublinhando antes de qualquer coisa o fato de que as entidades como o mundo, a natureza, a vida etc. existem e foram doadas a todos mas a ninguém em particular) com o momento transitivo do "doar a si mesmo para e pelo outro" (*addonnement*) a partir do amor, compaixão, sacrifício ou gratidão, o paradigma da dádiva alcança um nível de generalidade que até mesmo Mauss não chegaria a imaginar.

Conclusão

Entendemos assim que, *mutatis mutandis*, as modernas contendas por reconhecimento consistem em manifestações contemporâneas das lutas concernentes ao dom – o dom "agonístico" pelo reconhecimento – como propriamente exumado por Marcel Mauss (1950) em seus estudos voltados às formações sociais arcaicas. Entendemos, ademais, que história, sociologia e antropologia são inerentemente relacionadas na medida em que o passado informa o presente, e o centro informa a periferia. E vice-versa. A lição para a sociologia é que ela deve não somente desenvolver *experts* em sociologia, mas também tornar-se, tão rapidamente quanto possível, uma sociologia pública e cosmopolita (BURAWOY, 2005). À sociologia urge retomar seu papel de ciência social geral, mas dessa vez liberta de antolhos provinciais. Para ser digna de sua herança, ela precisa se reconectar organicamente à filosofia, história, etnologia e economia e extrair desse reencontro todas as consequências institucionais para a organização da educação e da pesquisa.

Para concluirmos, podemos agora indicar os contornos da sociologia neoclássica como buscamos desenvolver nesse texto de discussão. Como seus ilustres antecessores, de Weimar a Paris e de Londres a Chicago, a teoria social neoclássica concilia num mesmo acontecer a construção teórica e a diagnose do presente (HABERMAS, 1993). Essa fusão explica: a continuidade com outras tradições de pensamento (direito natural, economia política, filosofia da história, filosofia política, filosofia moral) para as quais a Modernidade, ela própria, se tornou uma questão; seu interesse pelos paradoxos, crises, patologias do desenvolvimento social, assim como pelos movimentos sociais e pela mudança social; a unidade da sociologia e da teoria social em uma teoria geral da sociedade que fornece uma resposta coerente à questão acerca da ação, da ordem e da mudança sociais; a busca em reelaborar a sociologia como uma ciência da sociedade que sistematiza reflexões sobre a política e a economia, o direito e a cultura, a ética e a psicologia, e anseia por um diálogo com as filosofias moral, social e política, além dos *Studies*; a tentativa em esboçar uma teoria sociológica que é tão sistemática quanto historicamente informada, e capaz de desvelar a ontologia do presente; a defesa do pluralismo metodológico e dos imperativos investigativos; e, finalmente, a unidade entre teoria e metateoria, para não mencionarmos a permanente autorreflexão filosófica, teórica e metodológica de todas as propostas aqui levantadas. Tudo isso, claro, na esperança de que a coelaboração da sociologia neoclássica como alternativa à economia neoclássica alce as ciências sociais, mais do que à mera sobrevivência como disciplinas do passado – "a sociologia foi uma forma de apreender aquela realidade [Modernidade] no seio de um período histórico que chegou a seu termo" (WAGNER, 2009: 9) –, à altura do porvir.

Referências

ALEXANDER, J.C. (1987). "O novo movimento teórico". In: *Revista Brasileira de Ciências Sociais*, 2 (4), p. 5-28.

_____ (1982-1983). *Theoretical Logic in Sociology*. 4 vols. Berkeley: University of California Press.

ALEXANDER, J.C. & SEIDMAN, S. (orgs.) (2001). *The New Social Theory Reader* – Contemporary Debates. Londres: Routledge.

ALTHUSSER, L. (1994). "Le courant souterrain du matérialisme de la rencontre". In: *Écrits philosophiques et politiques*. Vol. 1. Paris: Stock/Imec, p. 539-579.

ARCHER, M. & TRITTER, J. (orgs.) (2000). *Rational Choice Theory*: Resisting Colonisation. Londres: Routledge.

BACHMANN-MEDICK, D. (2016). *Cultural Turns*: New Orientations in the Study of Culture. Berlim: De Gruyter.

BECK, U. (2016). *The Metamorphosis of the World*: How Climate Change is Transforming Our Concept of the World. Cambridge: Polity Press.

BENHABIB, S. (1986). *Critique, Norm, and Utopia* – A Study of the Foundations of Critical Theory. Nova York: Columbia University Press.

BENZECRY, C.; KRAUSE, M. & REED, I. (orgs.) (2017). *Social Theory Now*. Chicago: Chicago University Press.

BERTHELOT, J. (2000). "Sociologie et ontologie". In: LIVET, P. & OGIEN, R. (orgs.). *L'enquête ontologique* – Du mode d'existence des objets sociaux. Paris: Ehess [Raisons Pratiques, n. 11].

BHASKAR, R. (1979). *The Possibility of Naturalism*. Brighton: Harvester.

BRUNKHORST, H. (1983). "Paradigmenkern und Theoriendynamik der kritischen Theorie der Gesellschaft". In: *Soziale Welt*, 34 (2), p. 22-56.

BURAWOY, M. (2005). "Presidential Address: For Public Sociology". In: *American Sociological Review*, 70 (1), p. 4-28.

CAILLÉ, A. [no prelo]. "Elements for an Ethics of Convivialist Discussion". In: *Canadian Review of Sociology*.

_____ (2015). *La sociologie malgré tout* – Autres fragments d'une sociologie générale. Paris: Presses Universitaires de Paris-Ouest.

_____ (2014). *Anti-utilitarisme et paradigme du don* – Pour quoi? Lormont: Le Bord de l'Eau.

_____ (2009). *Théorie anti-utilitariste du don* – Fragments d'une sociologie générale. Paris: La Découverte.

_____ (2005a). *Anthropologie du don* – Le tiers paradigme. Paris: Desclée de Brouwer.

_____ (2005b). *Dé-penser l'économique* – Contre le fatalisme. Paris: La Découverte.

_____ (1993). *La démission des clercs, la crise des sciences sociales et l'oubli du politique*. Paris: La Découverte.

_____ (1988). *Critique de la raison utilitaire* – Manifeste du Mauss. Paris: La Découverte.

_____ (1986). *Splendeurs et misères des sciences sociales*. Genebra: Droz.

CAILLÉ, A. (org.) (2007). *La quête de reconnaissance, nouveau phénomène social total*. Paris: La Découverte.

CAILLÉ, A.; CHANIAL, P.; DUFOIX, S. & VANDENBERGHE, F. (orgs.) (2018). *Des sciences sociales à la science sociale* – Sur des fondements non utilitaristes. Lormont: Le Bord de l'Eau.

CAILLÉ, A. & LAZZERI, C. (eds.) (2009). *La reconnaissance aujourd'hui*. Paris: CNRS.

CAILLÉ, A.; LAZZERI, C. & SENELLART, M. (orgs.) (2001). *Histoire raisonnée de la philosophie morale et politique* – Le Bonheur et l'utile. Paris: La Découverte.

CAILLÉ, A.; VÉRAN, J.-F. & VANDENBERGHE, F. (orgs.) (2016). *Manifesto convivialista* – Declaração de Interdependência. São Paulo: Annablume [edição comentada].

CALHOUN, C. & DERLUGUIAN, G. (orgs.) (2011a). *Business as Usual*: The Roots of the Global Financial Meltdown. Nova York: NYU.

_____ (2011b). *The Deepening Crisis* – Governance Challenges after Neoliberalism. Nova York: NYU.

_____ (2011c). *Aftermath*: A New Global Economic Order? Nova York: NYU.

CHANIAL, P. (2011). *La sociologie comme philosophie politique* – Et réciproquement. Paris: La Découverte.

CHATEAURAYNAUD, F. (2011). *Argumenter dans un champ de forces* – Essai de ballistique sociologique. Paris: Petra.

CHATEAURAYNAUD, F. & DEBAZ, J. (2017). *Aux bords de l'irréversible* – Sociologie pragmatique des transformations. Paris: Petra.

COMTE, A. (1949). *Cours de philosophie positive* – Première et deuxième leçons. Paris: Garnier.

CUSSET, F. (2005). *French Theory*: Foucault, Derrida, Deleuze et cie, et les mutations de la vie intellectuelle aux Etats-Unis. Paris: La Découverte.

DANOWSKI, D. & VIVEIROS DE CASTRO, E. (2014). *Há mundo por vir?* – Ensaio sobre os medos e os fins. São Paulo: Cultura e Barbárie.

DÉPELTEAU, F. (org.) (2018). *The Palgrave Handbook of Relational Sociology*. Nova York: Palgrave.

DÉPELTEAU, F. & VANDENBERGHE, F. (org.) (2019). *Sociologia relacional* – Uma DR teórica. São Paulo: Annablume.

DE WAAL, F. (2005). *Our Inner Ape*. Nova York: Riverhead Books.

DURKHEIM, É. (1970). *La science sociale et l'action*. Paris: PUF.

ELIAS, N. (2006). "Zur Soziogenese der Soziologie". In: *Aufsätze und andere Schriften II*. Frankfurt am Main: Suhrkamp, p. 451-500 [*Gesammelte Schriften*, vol. 15].

EYAL, G.; SZELENYI, I. & TOWNSLEY, E. (2003). "On Irony – An Invitation to Neoclassical Sociology". In: *Thesis Eleven*, 73, p. 5-41.

FISCHBACH, F. (2009). *Manifeste pour une philosophie sociale*. Paris: La Découverte.

FRASER, N. & HONNETH, A. (2003). *Redistribution or Recognition?* – Political-Philosophical Exchange. Londres: Verso.

FREITAG, M. (1986). *Dialectique et société* – Tome I: Introduction à une théorie générale du symbolique; Tome II: Culture, pouvoir, contrôle: Les modes formels de reproduction de la société. Montréal: Saint-Martin.

FROW, J. (1997). *Time and Commodity Culture* – Essays in Cultural Theory and Postmodernity. Oxford: Oxford University Press.

GALLISON, P. (1999). "Trading Zone – Coordinating Action and Belief". In: BIAGIOLI, M. (org.). *The Science Studies Reader*. Londres: Routledge, p. 137-160.

GANDHI, L. (1998). *Postcolonial Theory* – A Critical Introduction. Nova Delhi: Oxford University Press.

GAUCHET, M. (2007). *L'avènement de la démocratie* – Vol. I: *La révolution moderne*. Paris: Gallimard.

GIDDENS, A. (2009). *The Politics of Climate Change*. Cambridge: Polity Press.

_____ (1979). *Central Problems in Social Theory* – Action, Structure and Contradictions in Social Analysis. Londres: Macmillan.

GO, J. (2016). *Postcolonial Thought and Social Theory.* Oxford: Oxford University Press.

GOULDNER, A. (1973). *For Sociology* – Renewal and Critique in Sociology Today. Londres: Allen Lane.

_____ (1970). *The Coming Crisis of Western Sociology.* Nova York: Basic Books.

GUEGUEN, H. & MALOCHET, G. (2012). *Les théories de la reconnaissance.* Paris: La Découverte.

HABERMAS, J. (1991). "Soziologie in der Weimarer Republik". In: *Texte und Kontexte.* Frankfurt am Main: Suhrkamp, p. 184-204.

_____ (1981). *Theorie des kommunikativen Handelns.* 2 vols. Frankfurt am Main: Suhrkamp.

HACKING, I. (1999). *The Social Construction of What?* Cambridge: Harvard University Press.

HALEVY, E. (1995). *La formation du radicalisme philosophique.* 3 vols. Paris: PUF.

HAYEK, F. (1979). *Law, Legislation and liberty.* 3 vols. Chicago: Chicago University Press.

HONNETH, A. (2011). *Das Recht der Freiheit* – Grundriss einer demokratischen Sittlichkeit. Frankfurt am Main: Suhrkamp.

_____ (2000). "Pathologien des Sozialen – Tradition und Aktualität der Sozialphilosophie". In: *Das Andere der Gerechtigkeit* – Aufsätze zur praktischen Philosophie. Frankfurt am Main: Suhrkamp, p. 11-69.

_____ (1992). *Kampf um Anerkennung* – Zur moralischen Grammatik sozialer Konflikte. Frankfurt am Main: Suhrkamp.

JANICAUD, D. (1991). *Le tournant théologique de la phénoménologie française.* Combas: De l'Éclat.

JOAS, H. & KNÖBLE, W. (2004). *Sozialtheorie* – Zwanzig einführende Vorlesungen. Frankfurt am Main: Suhrkamp.

KEANE, W. (2016). *Ethical Life* – Its Natural and Social Histories. Princeton: Princeton University Press.

KNEER, G. & SCHROER, M. (orgs.) (2009). *Handbuch soziologische Theorien.* Wiesbaden: Springer.

KEUCHEYAN, R. & BRONNER, G. (org.) (2012). *La théorie sociale contemporaine.* Paris: PUF.

LAHIRE, B. (2005). *L'esprit sociologique.* Paris: La Découverte.

_____ (2002). *Portraits sociologiques* – Dispositions et variations individuèlles. Paris: Nathan.

LANDER, E. (2000). *La colonialidad del saber: Eurocentrismo y ciencias sociales* – Perspectivas Latinoamericanas. Buenos Aires: Clacso.

LAVAL, C. (2002). *L'ambition sociologique* – Saint-Simon, Comte, Tocqueville, Marx, Durkheim, Weber. Paris: La Découverte.

LEFORT, C. (1986). *Essais sur le politique*: XIXe-XXe siècles. Paris: Seuil.

LUHMANN, N. (1997). *Die Gesellschaft der Gesellschaft*. Frankfurt am Main: Suhrkamp.

LUKÁCS, G. (1968). *Geschichte und Klassenbewusstsein* – Studien über marxistische Dialektik. Neuwied: Luchterhand.

MARCHART, O. (2007). *Post-Foundational Political Thought*: Political Difference in Nancy, Lefort, Badiou and Laclau. Edinburgo: Edinburgh University Press.

MAUSS, M. (1969). *Oeuvres 3* – Cohésion sociale et divisions de la sociologie. Paris: Minuit.

_____ (1950). "Essai sur le don – Forme et raison de l'échange dans les sociétés archaïques". In: *Sociologie et anthropologie*. Paris: PUF, p. 145-284.

PARK, R. & BURGESS, E. (1921). *Introduction to the Science of Society*. Chicago: Chicago University Press.

PARSONS, T. (1937). *The Structure of Social Action*. Glencoe: Free Press.

POLANYI, K. (1977). *The Livelihood of Man*. Nova York: Academic Press.

RAWLS, J. (1996). *Political Liberalism*. Nova York: Columbia University Press.

_____ (1971). *A Theory of Justice*. Cambridge: Harvard University Press.

RENAULT, E. (2018). "Théorie sociologique, théorie sociale, philosophie sociale: une cartographie critique". In: *Sociologie*, 1 (9), p. 43-60.

Revue du Mauss (2018). "Le bon, le juste et le beau – Pour en finir avec la critique critique", n. 51.

_____ (2016). "Au commencement était la relation... Mais après?", n. 47.

_____ (2010). "Marcel Mauss vivant", n. 36.

_____ (2009a). "L'université en crise – Mort ou résurrection?", n. 33.

_____ (2009b). "Que faire, que penser de Marx aujourd'hui?", n. 34.

_____ (2008a). "L'homme est-il un animal sympathique – Le contr'Hobbes, n. 31.

_____ (2008b). "L'amour des autres – Care, compassion et humanitarisme", n. 32.

_____ (2007a). "Avec Karl Polanyi, contre la société du tout-marchand", n. 29.

_____ (2007b). "Vers une autre science économique (et donc un autre monde)?", n. 30.

_____ (2004a). "De la reconnaissance – Don, identité et estime de soi", n. 23.

_____ (2004b). "Une théorie sociologique générale est-elle encore pensable?", n. 24.

_____ (2000). "L'autre socialisme – Entre utilitarisme et totalitarisme", n. 16.

_____ (1998a). "Une seule solution, l'association? – Socio-économie du fait associatif", n. 11.

_____ (1998b). "Plus réel que le réel, le symbolisme", n. 12.

_____ (1996). "L'obligation de donner, la découverte capitale de Marcel Mauss", n. 8.

_____ (1993). "Ce que donner veut dire", n. 1.

RICOEUR, P. (2004). *Parcours de la reconnaissance*. Paris: Stock.

ROSA, H. (2016). *Resonanz* – Eine Soziologie der Weltbeziehung. Berlim: Suhrkamp.

SARTRE, J.-P. (1960). *Critique de la raison dialectique*. Paris: Gallimard.

SAVAGE, M. & BURROWS, R. (2009). "Some Further Reflections on the Coming Crisis of Empirical Sociology". In: *Sociology*, 43 (4), p. 762-772.

_____ (2007). "The Coming Crisis of Empirical Sociology". In: *Sociology*, 41 (5), p. 885-899.

SAYER, A. (2011). *Why Things Matter to People* – Social Sciences, Values and Ethical Life. Cambridge: Cambridge University Press.

SELL, C.E. & MARTINS, C.B. (orgs.) (2017). *Teoria sociológica contemporânea*. São Paulo: Annablume.

SHILLING, C. & MELLOR, P. (2001). *The Sociological Ambition* – Elementary Forms of Social and Moral Life. Londres: Sage.

STEINMETZ, G. (2014). "The Sociology of Empires, Colonies, and Postcolonialism". In: *Annual Review of Sociology*, 40, p. 77-103.

STIHWEH, R. (2000). *Die Weltgesellschaft* – Soziologische Analysen. Frankfurt am Main: Suhrkamp.

STREECK, W. (2016). *How will capitalism end?* – Reflections on a Failing System. Londres: Verso.

THEUNISSEN, M. (1965). *Der Andere*: Studien zur Sozialontologie der Gegenwart. Berlim: De Gruyter.

THOMPSON, J. (2010). *Merchants of Culture*. Cambridge: Polity Press.

TRONTO, J. (1994). *Moral Boundaries*: A Political Argument for an Ethic of Care. Nova York: Routledge.

TULLY, J. (2009). *Public Philosophy in a New Key* – Vol. 1: Democracy and Civic Freedom. Cambridge: Cambridge University Press.

TURNER, B. (2001). "Introduction – The Fragmentation of Sociology". In: *Journal of Classical Sociology*, 1 (1), p. 5-12.

URRY, J. (2011). *Climate Change and Society*. Cambridge: Polity Press.

VANDENBERGHE, F. (2017). *Pós-humanismo ou a lógica cultural do neocapitalismo global*. São Paulo: Annablume.

_____ (2015). "A sociologia como filosofia prática e moral (e vice-versa)". In: *Sociologias*, 17 (39), p. 60-109.

_____ (2014). *What's Critical about Critical Realism?* – Essays in Reconstructive Social Theory. Londres: Routledge.

_____ (2012). *Uma história filosófica da sociologia alemã: alienação e reificação* – Vol. 1: Marx, Simmel, Weber e Lukács. São Paulo: Annablume.

_____ (2008). "Entre la voix et la croix, le don et la donation". In: ARCHER, M. & DONATI, P. (orgs.). *Pursuing the Common Good*: How Solidarity and Subsidiarity Can Work Together. Vaticano: The Pontifical Academy of the Social Sciences, p. 213-246.

VANDENBERGHE, F. & VÉRAN, J.-F. (orgs.) (2016). *Além do* habitus – Teoria social pós-bourdieusiana. Rio de Janeiro: 7 Letras.

VAN SEVENANT, A. (2001). *Philosophie de la sollitude*. Paris: Vrin.

WAGNER, P. (2009). *The Future of Sociology* – Understanding the Transformations of the Social. Trento: Quaderni del Dipartimento di Sociologia e Ricerca Sociale [Quaderno 43].

WALBY, S.; ARMSTRONG, J. & STRID, S. (2012). "Intersectionality: Multiple Inequalities in Social Theory". In: *Sociology*, 46 (2), p. 224-240.

WALLERSTEIN, I. (2011). *The Modern World-System IV* – Centrist Liberalism Triumphant, 1789-1914. Berkeley: University of California Press.

WALLERSTEIN, I.; COLLINS, R.; MANN, M.; DERLUGUIAN, G. & CALHOUN, C. (2013). *Does Capitalism have a Future?* Oxford: Oxford University Press.

WRIGHT, E.O. (2010). *Envisioning Real Utopias*. Londres: Verso.

Segunda parte
O debate

Comentários e críticas

Tradução de Bruno Gambarotto

Incluindo todos aqueles que contam e se importam

Frank Adloff (Universidade de Hamburgo)

Alain Caillé e Frédéric Vandenberghe apresentam uma importante proposta para o futuro da sociologia – proposta muito inspiradora e inovadora e com a qual concordo em grande medida. Minha concordância se refere à preocupação dos autores em tornar a sociologia mais relevante, trazendo-a ao diálogo com os *Studies* e com a filosofia social e política e distanciando-nos mais claramente do modelo utilitarista de ação social. Caillé e Vandenberghe sustentam que, em vez de limitar-se a algum núcleo específico de conceitos e métodos genuinamente sociológicos, a sociologia deve entrar em diálogo com outras disciplinas – desde que estas sigam paradigmas dos estudos da cultura, não das ciências naturais. Dessa forma, eles esperam engendrar uma "nova federação", para a qual a sociologia contribui com sua *expertise* teórica e metodológica particular. Essa abordagem "neoclássica" almeja ser antiutilitarista em dois sentidos: num primeiro negativo, porque rejeita o modelo de escolha racional com seus modos expansivos e mesmo hegemônicos de reivindicação à verdade; e num segundo positivo, pois voltado a uma teoria da ação social e da ordem social que não apenas dá conta de dimensões que não a da ação instrumental-estratégica – *care*, criatividade e empatia, por exemplo –, como, na verdade, trazem essas dimensões ao primeiro plano.

Diálogo com quem?

Caillé e Vandenberghe defendem a criação de "zonas de negociação" nas quais pode se dar a cooperação com outras disciplinas e certas partes da sociologia. Mas com quem eles, por extensão, não querem (ou acreditam que não podem) cooperar? Não são feitas menções às ciências naturais, assim como a disciplinas intersticiais, como a geografia; no mesmo sentido, aparentemente não devem ser incluídas todas aquelas que seguem uma abordagem utilitarista. Com isso, é preciso fazer um aparte: por mais importante que seja (r)estabelecer um núcleo antiutilitarista para a sociologia, precisamos ter em mente o que estamos perdendo quando excluímos aqueles que representam um individualismo e utilitarismo metodológico moderado, ou seja, que operam não em termos hegemônicos, mas plurais. Excluir tais sociólogos de nossos diálogos poderia ter o efeito desastroso de sua migração para o campo fundamentalista.

Um caso em questão é a constelação especial que se desenvolveu nos últimos dois anos na sociologia alemã. Durante décadas, a Deutsche Gesellschaft für Soziologie (DGS) foi o lar institucional para sociólogos de todas as orientações teóricas e metodológicas. No entanto, em 2017, uma nova sociedade chamada Akademie für Soziologie foi fundada. Em oposição à DGS, a Akademie afirma representar e promover uma sociologia "empírico-analítica" que visa análises "claras e precisas". Está empenhada em obter resultados empíricos através de métodos controlados – tanto na investigação utilitarista como na interpretativa/institucionalista – com o objetivo de se envolver na "construção cumulativa do conhecimento". Esse renascimento dos debates em torno do positivismo que tiveram lugar nos anos de 1960 mostra que uma nova reivindicação hegemônica está emergindo na sociologia, com outras variantes sociológicas tendo seu caráter científico negado, ao menos implicitamente. Concomitantemente, é importante notar que essas novas (aspirantes a) hegemonias não se restringem de fato a abordagens utilitaristas.

Um debate sobre paradigmas transformou-se, portanto, em uma divisão institucional dentro da sociologia alemã e, claro, a fundação da Akademie levou a discussões acaloradas e reprovações mútuas. No cerne do debate está mais uma vez a questão do papel da ciência de, antes de mais nada, explicar ou não os fenômenos em termos causais. Por exemplo, Hartmut Esser (2018), um dos mais proeminentes expoentes alemães de uma abordagem de escolha racional que leve em conta algo da percepção da fenomenologia social, sublinha que o sentido ou intenção da ação é igual a sua causa. De acordo com Esser, *frames*, disposições e motivos são causas internas às quais se podem aplicar modelos explicativos causais como o modelo dedutivo-nomológico. O objetivo de Esser, portanto, não é descartar abordagens culturalistas (interessadas em valores, normas, interpretações, disposições etc.) ou restringir a sociologia a uma consideração do interesse próprio como o único motor da ação social; em vez disso, ele se preocupa com um esquema explicativo geral modelado a partir das ciências naturais. Como podemos reagir a tal afirmação hegemônica que não é, no entanto, principalmente baseada no utilitarismo? Essas abordagens deveriam fazer parte da sociologia neoclássica ou não? Eu acredito que não deveriam – uma vez que não apresentam conceitos pluralistas de explicação e interpretação (cf. ADLOFF & BÜTTNER, 2013).

As tentativas de limitar o pensamento científico a um modelo explicativo redutor são mais um sintoma do amplo e violento ataque cientificista aos Estudos Culturais, e ao Pós-estruturalismo em particular, que estamos testemunhando atualmente. O fato de Judith Butler, por exemplo, ter-se tornado um grande bode expiatório para os populistas de direita deve nos preocupar. Os expoentes do utilitarismo não são nossos únicos adversários, portanto. Talvez ainda mais perigoso seja o cientificismo cru que se esforça para desconectar a sociologia dos *Studies* e da filosofia (a menos que seja "analítica"). Para esclarecer em termos um tanto polêmicos: além da questão do utilitarismo/antiutilitarismo, estão atualmente na ordem do dia esforços para alinhar a sociologia (e outras ciências sociais) à agenda positivista, para torná-la compatível com a economia, as ciências naturais e a psicologia aplicada – em outras palavras, para que se produza um *"sciencexit"*. Consequentemente, qualquer metateoria sociológica neoclássica deveria envolver não apenas o antiutilitarismo, mas também o anticientificismo.

Crítica da totalidade

Caillé e Vandenberghe corretamente apontam que o marxismo, a teoria crítica e partes dos *Studies* equivalem a formas de hipercrítica. Repetidas vezes, essas perspectivas expõem como o sistema fechado do capitalismo sutilmente se infiltra em cada área da sociedade, garantindo assim sua própria reprodução constante. Caillé e Vandenberghe são céticos em relação a uma hipercrítica hipostatizante do "sistema". Eles sugerem a necessidade de revisão dos conceitos marxistas de crítica e totalidade, longe de seu "messianismo sem um messias".

Em minha opinião, embora essa crítica seja acertada, ela não vai longe o bastante. Ela não consegue explicitar disposições reais contra suposições teóricas totalizantes em geral. Tais freios e contrapesos teriam de envolver o estabelecimento de um motivo de autocontenção teórica dentro da metateoria sociológica e da teoria social. Por mais que necessitemos de teoria para descrever, explicar e julgar apropriadamente os fenômenos sociais, uma sobrecarga de teoria é frequentemente prejudicial, como nos pode demonstrar o exemplo da antropologia. É exatamente por isso que Gibson-Graham (2014) defende uma "descrição densa e teoria fraca". Ele acusa nossos estudos culturais e ciências sociais atuais de serem "capitalocentristas" em sua tendência de assumir que práticas não capitalistas ou pós-capitalistas não têm qualquer possibilidade no capitalismo, contribuindo performativamente para um clima em que elas de fato não têm. Da mesma forma, Elder-Vass enfatiza: "Há uma forte tendência, tanto à esquerda quanto à direita, de se pensar a economia contemporânea como inteiramente capitalista; isso obscurece a existência de uma vasta gama de práticas econômicas não capitalistas na economia contemporânea; e isso nos desencoraja a pensar no desenvolvimento de tais práticas como uma plataforma central da política anticapitalista" (2014: 266).

Desenvolver um paradigma antiutilitarista forte com respostas pré-formadas para tudo simplesmente não é o bastante. A história da teoria social está cheia de "tendências mestras perigosas" (cf. JOAS, 2017), seja a racionalização em Weber, a diferenciação funcional em Luhmann ou a mercantilização no marxismo. Poderá a futura teoria social prescindir de novas grandes narrativas, como as de Parsons, Habermas ou Bourdieu? Com a historiografia, devemos aprender a ser céticos em relação a abstrações excessivas que deixam a "história" sem contingência histórica. A autocontenção teórica e a modéstia podem nos permitir examinar mais de perto os fenômenos que estamos pesquisando.

Isso também é enfatizado por Andrew Abbott, que acredita que a pesquisa sociológica deve assumir uma postura aberta e não dogmática em relação à sua própria orientação teórica e metodológica e focar totalmente em um assunto específico, uma questão, um enigma empírico. A reflexão teórica e a discussão, ele argumenta, nunca são um fim em si mesmas, mas meramente meios para a resolução de tais enigmas. Evidentemente, Abbott não duvida do valor geral e da necessidade de debates teóricos e interpretações baseadas em teorias. Ele ressalta, porém, que não basta permanecer nesse estágio: "Uma boa ideia [...] deve ter algum referente no mundo real. Isso não significa negar a utilidade da teoria social pura, mas a grande maioria da teoria social consiste em uma nova rotulagem. Toda teoria real surge no trabalho empírico, na tentativa de dar sentido ao mundo social, não importa o quão abstratamente construído" (2004: 218). Abbott se opõe principalmente, no caso, ao trabalho teórico que, dissociado de qualquer assunto empírico, apenas se vale de vinho velho para encher novas garrafas terminológicas. Embora a "nova rotulagem" seja um movimento heurístico extremamente popular entre os cientistas sociais, nada se ganha se, uma vez que dominemos certo registro teórico, nos permitamos ficar entrincheirados atrás dos muros de nosso próprio campo, excluindo sistematicamente, se não ignorando totalmente, todas as demais perspectivas e abordagens. De acordo com Abbott, a inovação científica surge principalmente quando diferentes escolas e posições se envolvem em diálogos e conflitos, gerando assim novas recombinações. Para que isso aconteça, porém, é necessária uma aptidão ao ecletismo: se queremos gerar ideias sociológicas significativas, precisamos estar familiarizados com os fundamentos de outras áreas ou disciplinas ou, pelo menos, dispostos a refletir seriamente sobre abordagens diferentes da nossa própria.

Uma nova divisão tripartida do mundo sociológico – sociologia antiutilitarista *vs.* utilitarista *vs.* abordagens multiparadigmáticas ou diversas – não é o que chamamos de opção desejável. Enquanto partes da sociologia insistirem em um conceito nomológico estrito de explicação, não poderá haver integração verdadeira entre os campos – não em condições de igualdade. Mas também não haverá integração se os antiutilitaristas insistirem na exclusividade e na exclusão. Na verdade, as (potenciais) conexões discursivas entre os campos ou paradigmas opostos são muito mais fortes do que seus expoentes gostariam de admitir. De acordo com Abbott, poderíamos falar em um ecletismo empiricamente necessário que até agora permaneceu amplamente não reconhecido – ou intencionalmente escondido. O ecletismo é inevitável; não é uma falha teórica. Os *Studies* já reconheceram isso há muito tempo. A teoria social também demonstraria bom-senso em abrir mão de seu pendor à pureza.

Levando a interdependência a sério

A quintessência da teoria social neoclássica integrativa, tal como Caillé e Vandenberghe a imaginam, está no foco em dimensões sociais como comunicação, *care*, dádiva, reciprocidade, reconhecimento – ou seja, em conceitos não individualistas, não baseados no interesse próprio (cf. ADLOFF, 2016). Um termo que eles particularmente defendem é interdependência, apontando a um potencial "terceiro paradigma" entre individualismo e holismo. Esse paradigma é comumente referido na sociologia como interacionismo, que trata das interações entre as pessoas e a intersubjetividade assim criada (Caillé e Vandenberghe falam de "o inter-humano, a interconexão" nesse contexto). No entanto, expoentes dos Estudos de Ciência e Tecnologia vêm criticando essa concepção de sociologia há algumas décadas. Para Bruno Latour et al., interações com atores não humanos e com objetos são de grande relevância para a compreensão não apenas da relação da sociedade com a natureza, mas também da própria sociedade. Essa forma de interdependência permanece principalmente não reconhecida no *Documento de posição* de Caillé e Vandenberghe, e nos perguntamos se há alguma razão teórica sólida para isso. Eles não citam essas razões, e não consigo pensar em nenhuma. A omissão é estranha, pois o que deveria estar em jogo aqui não é apenas uma sociologia das práticas antiutilitaristas (*care*, dádiva, reconhecimento etc.), mas uma sociologia que trata mais amplamente a sociedade no Antropoceno. Não podemos nos limitar a descobrir que valor é atribuído, relativamente, a certos grupos. Devemos também considerar os valores que nos são dados pela natureza. Em termos de metateoria e teoria social, incluindo a dimensão da natureza em nossos conceitos de antiutilitarismo, *care* e dádiva são absolutamente essenciais.

Em 2013, uma edição de *La Revue du Mauss* tratou precisamente dessas questões: em sua introdução a *What Nature Gives*, Caillé, Chanial e Flipo defendem "*un animisme méthodologique*", argumentando que devemos metodologicamente tratar a natureza como um quase-sujeito dotado de quase-subjetividade, como um doador dadivoso não humano que precisa ser incluído em nossa lógica de dar, receber e retribuir. Isso, afirmam eles, tornaria possível as reciprocidades e alianças com a vida não humana, pondo fim à nossa instrumentalização e exploração da natureza. Isso, ironicamente, soa um pouco como Latour em "Gaia".

As transformações que ocorrem nas ciências da vida podem ilustrar do que tratam essas alianças com a natureza. A pesquisa atual sobre simbiose (com base no trabalho de Lynn Margulis) enfatiza a coabitação e a interdependência de todas as formas de vida, e a biossemiótica destaca a existência de processos de significação que não podem ser reduzidos a simples mecanismos de causa-efeito. De modo geral, em lugar da substância as ciências priorizam cada vez mais a relação, revertendo a ontologia cartesiana (BOISVERT, 2010). Quando teóricos como Barad ou Braidotti falam da criatividade da vida ou mesmo da matéria, eles estão fundamentalmente desafiando o dualismo sujeito-objeto tradicional do Ocidente. Em suma, como explica o biólogo Andreas Weber (2016) (seguindo Varela e Maturana), somos interdependentes de outras formas de vida que autopoieticamente produzem auto-organização, abundância e subjetividade.

Minha intenção ao argumentar nesse sentido vai além de exigir uma orientação mais forte da teoria social neoclássica para a relação natureza-cultura. Sugiro que também devemos nos engajar em diálogos com aquelas frações dentro das ciências (da vida), da filosofia da natureza e da geografia que são não reducionistas em suas abordagens e não promovem o cientificismo. Um número maior de disciplinas do que as mencionadas por Caillé e Vandenberghe deve se unir a esse projeto, se quisermos mapear a ideia de interdependência em todo o seu âmbito. De fato, tal projeto deveria tomar as relações, não o sujeito individual, como seu ponto de partida e referência – já que isso o tornaria compatível com todas as outras abordagens não individualistas. Para resumir meu argumento muito brevemente: a criação de uma linguagem comum para uma futura sociologia neoclássica precisa implicar uma renúncia de todas as ontologias de substância, uma ênfase nas relações e interdependências, uma sensibilidade às contingências, autorrestrição teórica e ecletismo, bem como um conceito pluralista de explicação científica.

Referências

ABBOTT, A. (2004). *Methods of Discovery* – Heuristics for the Social Sciences. Nova York: Norton.

ADLOFF, F. (2016). *Gifts of Cooperation, Mauss and Pragmatism*. Londres: Routledge.

ADLOFF, F. & BÜTTNER, S. (2013). "Die Vielfalt soziologischen Erklärens – Andrew Abbotts fraktale Heuristiken und die Notwendigkeit des Eklektizismus". In: *Zeitschrift für Theoretische Soziologie*, 2, 2013, p. 66-80.

BOISVERT, R.D. (2010). "Convivialism: A Manifesto". In: *The Pluralist*, 2, p. 57-68.

CAILLÉ, A.; CHANIAL, P. & FLIPO, F. (2013). "Présentation". In: *La Revue du Mauss*, 42, p. 5-23.

ELDER-VASS, D. (2014). "Giving and Social Transformation". In: *Journal of Critical Realism*, 13 (3), p. 261-285.

ESSER, H. (2018). "Zwei Seelen wohnen, ach! in meiner Brust? – Nicht nur eine 'Stellungnahme' aus 'gegebenem Anlass'. Debattenbeitrag zur Gründung der Akademie für Soziologie". In: *Soziopolis*, 01/11/2018.

GIBSON-GRAHAM, J.K. (2014). "Rethinking the Economy with Thick Description and Weak Theory". In: *Current Anthropology*, 55, supl. 9, p. 147-153.

JOAS, H. (2017). *Die Macht des Heiligen* – Eine Alternative zur Geschichte der Entzauberung. Berlim: Suhrkamp.

WEBER, A. (2016). *Biology of Wonder*. Aliveness, Feeling, and the Metamorphosis of Science. Gabriola Island, B.C.: New Society.

Em defesa da teoria sociológica: da crise do capitalismo à crise da democracia

Jeffrey C. Alexander (Universidade de Yale)

Caillé e Vandenberghe levaram a cabo um esforço corajoso, de grande profundidade intelectual e não raro brilhante de exame do atual momento do pensamento teórico e empírico sobre a sociedade. No entanto, por mais abrangentes que tenham sido, não trabalharam de maneira suficientemente abrangente. Apesar do imenso campo que cobre, o ensaio ignora amplamente a teorização sociológica empírica sobre a vida contemporânea. Caillé e Vandenberghe produziram um ensaio metateórico sobre teoria social, deixando de lado a teoria sociológica.

A justificativa para o *Documento de posição* é que o pensamento atual sobre a sociedade se encontra em crise aguda, incapaz de compreender a própria crise da sociedade contemporânea, uma "catástrofe por vir" que nos coloca "à beira de seus limites". A teorização sociológica contemporânea que foi deixada de fora do *Documento de posição*, entretanto, lança dúvidas sobre essas duas ideias. Em minha opinião, a atual crise social precisa ser concebida de maneira radicalmente diferente. O que mais imediatamente ameaça a vida social contemporânea não é uma crise do capitalismo – iminente nos últimos 170 anos, segundo a lógica marxista –, tampouco uma crise ecológica. É, sim, o ataque populista à democracia.

Movimentos extremistas têm minado as instituições, os valores e os processos interacionais das sociedades democráticas capitalistas liberais, sobretudo, se não exclusivamente, a partir da direita política. Não é possível discernir tal crise em meio às posições teóricas trazidas à baila por Caillé e Vandenberghe. A razão é que quase nenhuma delas tematiza a democracia – que, seja como forma política, seja como esfera civil, é uma estrutura sociológica de significado e organização. Os modelos mais atuais demonstram preocupação com o cuidado (*care*) e o reconhecimento, mas deixam de dedicar atenção explicativa aos processos de reparação civil que a democracia pode proporcionar. Daí que o *Documento de posição* pouco ilumina as décadas de transformações sociais por vezes incrementais, por vezes radicais, que desafiaram e muitas vezes trouxeram melhorias às estruturas de raça, gênero, sexo e dominação religiosa. Se esse longo meio século de reparação civil não for tematizado, os movimentos antidemocráticos contra ele não podem ser problematizados. Pois é a reação contra a reparação civil que alimenta o extremismo populista hoje[1].

Celebro a busca de Caillé e Vandenberghe por uma sociologia crítica que se faça empírica, porém não de forma cega, e teórica, mas não de maneira demasiadamente abstrata, um esforço para tornar "as ciências sociais novamente relevantes enquanto o *medium* reflexivo de sociedades à beira de seus limites [sistêmicos]". Eles fazem alertas contra os perigos da teorização crítica contemporânea, descrevendo-a como uma "inebriante e controvertida fermentação de antiliberalismo radical" enraizada na filosofia pós-marxista e marxista tardia da esquerda cultural. Inspiradas por Foucault e Heidegger, as vertentes políticas da teoria crítica rejeitam formas representacionais de governo em nome de uma "democracia espontânea" não representacional. Caillé e Vandenberghe protestam veementemente contra o pessimismo de tal teorização, condenando as "posturas morais e posicionamentos ideológicos", as "denúncias direcionadas ao capitalismo global e simpatia com os oprimidos", a "litania de denunciações de dominação e a pletora de hipercríticas da exploração" que transformaram a teoria social crítica em uma "ciência melancólica". Eles querem uma alternativa à "hipercrítica [teórica] que denuncia o sistema [e] transborda os próprios diques que a sustentam [e] patina para a indignação autoindulgente", à "crítica [que] assume uma fisionomia [tão] totalizante, abstrata e indiscriminada" que dela deriva apenas um "tom desesperançado e niilístico".

Onde uma alternativa para tal teorização rebarbativa pode ser encontrada?

Em grande medida, não entre as correntes de pensamento destacadas por Caillé e Vandenberghe. A teorização sobretudo francesa e alemã que os autores dissecam é, em verdade, hipercrítica, constituída de sistemas intrincados, dada a abstrações excessivas e empírica e normativamente indiscriminada. Não admira que Caillé e Vandenberghe julguem tão difícil propor um modelo alternativo de teorizar sobre a sociedade contemporânea, produzindo em seu lugar uma defesa do que deveria ser.

A quinta seção do *Documento de posição* é dedicada à teorização social contemporânea acerca das noções de cuidado (*care*), reconhecimento, diálogo e ressonância, mas não é o bastante. Essas correntes menos determinadamente pessimistas do pensamento contemporâneo, não obstante sejam intelectualmente inspiradoras e bem-vindas, tem muito mais normativas do que explicativas[2]. O

---

1. ALEXANDER, J.C. "Frontlash/Backlash: The Crisis of Solidarity and the Threat to Civil Institutions". In: *Contemporary Sociology*, 48 (1), 2019 [Disponível em doi.org/10.1177% 2F0094306118815497].

2. Essa distinção entre teorização social e sociológica dá forma a minha resposta à crítica que Axel Honneth faz a *The Civil Sphere*. Cf. HONNETH, A. "Civil Society as a Democratic Battlefield: Comments on Alexander's *The Civil Sphere*", p. 81-95. • ALEXANDER, J.C. "Nine Theses on

Documento de posição distingue metateoria, teoria social e teoria sociológica. A primeira é o que o ensaio faz, a segunda é de que o ensaio trata, a terceira quase não é mencionada. Não apenas a sociologia empírica, como também sua teorização é rebaixada por ser "profissionalizada", rejeitada, aparentemente por princípio, por ser incapaz de enfrentar as "grandes questões". É exatamente o contrário. Relevância política, moral e social é precisamente o que caracteriza a sociologia contemporânea, como o revela até mesmo um exame superficial das sessões de conferência, dos artigos de periódicos e monografias produzidos por sociólogos norte-americanos, europeus, australasiáticos – relevância que também dá forma à "sociologia profissional" que desponta também em sociedades não "ocidentais". Essas competentes investigações empíricas acerca de desigualdade econômica, racismo, patriarcado e corrupção organizacional são rejeitadas por C&V como "sem número de investigações de problemas sociais locais" que ignoram o quadro mais amplo. Mas os problemas globais nada são se não forem locais. Além do mais, a sociologia "profissional" não é de forma alguma meramente empírica. Ela produziu não somente um conjunto formidável do que Merton chama de modelos de médio alcance, como teorização geral nos níveis micro, *mezzo* e macro, em grande medida filosoficamente fundamentada e com inflexão normativa. Tampouco a sociologia contemporânea "exclui" a "exploração" de "continuidades com tradições mais antigas [...] como humanidades, filosofia política e filosofia moral, economia política". Pelo contrário, tais áreas abrangeram as muitas "viradas" – elogiadas por C&V, mas rapidamente deixadas de lado por eles – que deram vigor a alguns dos trabalhos mais contundentes nas ciências sociais contemporâneas, sendo a sociologia cultural uma das áreas de maior visibilidade.

O *Documento de posição* afirma que a teorização para além da crise do capitalismo, por exemplo, acerca de raça, gênero, sexo e orientalismo, só pode ser encontrada na mistura amorfa de escritos de crítica social fundamentados pelas humanidades que C&V rotulam sob o admirável termo *Studies*, cujos desenvolvimentos contemporâneos eles exploram em sua quinta seção, "Constelações de intersubjetividade e interdependência". É verdade que os momentos de ruptura rumo a tais formas não econômicas de sofrimento e redenção surgiram fora das disciplinas das ciências sociais; hoje, entretanto, tais preocupações constituem seu próprio cerne. A teorização social contemporânea acerca das noções de cuidado (*care*), reconhecimento, diálogo e ressonância trouxe à tona essas descobertas de base; estas, porém, fracassaram no estabelecimento de vínculos com os novos e mais significativos desenvolvimentos na teorização sociológica (empírica), sem falar em se ancorar nos mesmos.

The Civil Sphere". In: KIVISTO, P. & SCIORTINO, G. (eds.). *Solidarity, Justice, and Incorporation*: Thinking through *The Civil Sphere*. Nova York: Oxford University Press, 2015, p. 172-189.

Desafiando poderosamente as ideias weberianas sobre a eficiência modernista e a jaula de aço, o neoinstitucionalismo investigou a irracionalidade no cerne da organização moderna, mostrando como se preocupa mais com rituais vazios de legitimação do que com objetivos relacionados a valores. A sociologia econômica cultural, por sua vez, desafia a afirmação central de que a mercantilização esvazia de valor significativo as relações de troca. A sociologia feminista demonstra que o poder e as emoções de gênero, não a dominação de classe, explicam a subordinação feminina, enquanto os sociólogos focados na questão da homoafetividade investigam os caminhos para fora do armário e o surgimento de novas formas de masculinidade. A classe foi repensada como solidariedade ocupacional; o trabalho manual deixou de ser visto como atividade alienante e foi reavaliado como criador de significado, e a categoria de cidadania foi adensada como recipiente de uma extraordinária força social. A pobreza está sendo atribuída à mercantilização do abrigo, não ao trabalho. A trágica complexidade da subclasse racial tornou-se o tópico empírico mais obstinadamente investigado na sociologia norte-americana contemporânea e, não raro, também tema por excelência de intenso debate teórico. Teóricos da sociologia têm demonstrado como os movimentos sociais não são reflexo de forças econômicas, mas de forças sociais e culturais independentes, caldeirões criativos de mudança social, dentro dos quais o papel dos recursos materiais, da cultura e das emoções tem sido ferozmente contestado. Os "problemas sociais" emergem como conceito genérico, não especificamente econômico ou relacionado ao capitalismo, um campo de intensa pesquisa empírica e teorização arrojada sobre, por exemplo, pânicos morais. O nacionalismo foi conceitualizado e modelado como força social autônoma e corrosiva na década de 1990, e saúde e doença foram introduzidas como preocupações centrais da modernidade tardia e da autocriação na década de 2000. A guerra e o imperialismo tornaram-se sujeitos à teorização empírica apenas recentemente, mas achados e controvérsias significativas já abundam nesse campo recém-emergente. A religião em suas múltiplas formas, da espiritual à civil e à fisicamente violenta, é um dos problemas meramente "locais" mais intensamente teorizados nos últimos tempos. Finalmente, alguns dos mesmos sociólogos "profissionais" que participam do mapeamento dessas variedades de *problématiques* não capitalistas construíram não apenas teorias sociológicas gerais, como também teorias sociais e metateorias de fundo mais empírico.

Caillé e Vandenberghe unem-se ao coro de teóricos sociais críticos que se exasperam ante nossa era neoliberal, como se a sociedade contemporânea fosse definida sobretudo pelas estruturas do capitalismo. Tal compreensão reflete as próprias categorias marxistas e pós-marxistas que o *Documento de posição* almeja evitar, ignorando não apenas o enorme significado de formas especificamente políticas, mas da democracia compreendida em um sentido sociológico e cultural mais amplo. Esse é um erro debilitante, pois nosso maior perigo hoje não é o capitalismo neoliberal, mas o populismo antiliberal. Para dar forma conceitual a esse perigo, precisamos nos basear em tradições intelectuais que estão ausentes no texto. Na França, a linha de teorização que tem início em Tocqueville, desenvolve-se com Durkheim, é enriquecida por Halevy e Aron num segundo momento e continua com Touraine até hoje. Na Alemanha, é constituída pelos escritos de Habermas sobre a democracia europeia e norte-americana e os de Beck sobre uma segunda modernidade. Na Grã-Bretanha, é a sociologia social-democrata de Marshall e do mais recente Giddens. Nos Estados Unidos, é a linha pragmatista de teorização sobre a democracia que se estende de Dewey a Rorty e que dá forma à teorização sociológica sobre a sociedade civil e a esfera civil.

Os escritos teóricos de Marx fornecem o modelo paradigmático ao qual todo esforço sistemático de pensamento social aspira. Normativamente estabelecido e provido de anteparo metateórico, Marx visa à construção de um modelo explicativo da estrutura e do processo social. Os primeiros escritos de Marx forneceram um farol de humanismo, mas a teorização contemporânea inspirada por tais paixões hegelianas e fenomenológicas não nos informa suficientemente sobre o que acontece e por quê. É por isso que os escritos teóricos do Marx final, apesar de suas frequentes falsificações, permanecem relevantes ainda hoje. O empirismo carece da alma da teoria social. A metateoria carece de fatos sociais empíricos. Em seu melhor momento, a teorização sociológica tem os pés no chão, um coração cheio de cuidado e olhos voltados às estrelas.

Teoria social e a lógica da investigação

Alguns argumentos pragmáticos para uma convergência das abordagens crítica e reconstrutiva

Francis Chateauraynaud (École des Hautes Études en Sciences Sociales, Paris)

Nestes tempos de crescentes tensões, desregulamentações e toda a sorte de desequilíbrios em cascata, superar a tentação de uma visão sombria do mundo para formular a possibilidade de reconstrução através da reunificação de várias correntes das ciências sociais é um grande desafio. Requer não apenas uma boa dose de otimismo, mas também e sobretudo de argumentos sérios para convencer que um futuro de alternativas pode surgir de um reexame metateórico das principais teorias sociais. A tarefa é quase impossível, pois a multiplicidade de abordagens sociológicas e antropológicas é reforçada pela explosão dos *Studies*, que alimentam um processo de fragmentação. O repertório do trabalho das ciências sociais é hoje tão vasto que apenas poucos pensadores são capazes de traçar um quadro consequente e exaustivo dele, levando a uma reformulação confiável das questões contemporâneas. Desse ponto de vista, destaca-se o esforço crítico e reconstrutivo proposto por Alain Caillé e Frédéric Vandenberghe[3]. Além de confirmar muitas das qualidades de ambos os autores, tal esforço também deve ser elogiado pela combinação improvável de lucidez, maestria e positividade. Para o pesquisador continuamente imerso no acompanhamento de complexos estudos de caso, às voltas com processos heterogêneos e irredutíveis, atormentado por infindáveis desafios cognitivos, sem visão clara do que pode acontecer a curto e médio prazos, é sempre revigorante ascender a um plano superior e deixar temporariamente seu arsenal instrumental e conhecimento especializado.

Nas cinquenta páginas que nos dão para ler, somos presenteados com uma galeria de (quase) todos os autores, correntes e teorias importantes do âmbito das ciências sociais, desde os clássicos da primeira modernidade aos mais recentes, que lutam com este estranho período crítico, que Frédéric Vandenberghe

---

3. Graças ao trabalho de Caillé e Vandenberghe, li um livro que tenta fertilizar as correntes promissoras da teoria social. A obra decepciona, no entanto, tanto em termos das possibilidades de convergência como de uma real rearticulação da formalização acadêmica dos problemas e da discussão crítica e política. Cf. BENZECRY, C.; KRAUSE, M. & REEDS, I. (eds.). *Social Theory Now*. Chicago: Chicago University Press, 2017.

propõe que chamemos de "segunda pós-modernidade"[4]. As cinco partes do texto partem do diagnóstico da fragmentação a uma proposta de articulação dos eixos teóricos mais fecundos com vistas à reconstrução. No cerne da preocupação dos autores encontramos, no entanto, o exame das consequências de uma série de falências intelectuais. São, antes de tudo, as falências do marxismo e da teoria crítica em geral, cujos fracassos não são apreendidos aqui tanto com base em suas consequências políticas (as malfadadas experiências soviética e chinesa etc.) quanto por meio da subjugação originária de ambos ao economicismo e utilitarismo. Na verdade, economicismo e utilitarismo devem ser rejeitados por qualquer projeto de ciência social genuína que se preocupe em pensar o vínculo social de uma perspectiva social, sem tentar imitar o positivismo das ciências naturais, cujos becos sem saída epistemológicos foram sublinhados pelos defensores do realismo crítico, como Roy Bhaskar ou Margaret Archer, pouquíssimo conhecidos na França. Mas, para além do marxismo, são sobretudo as falsas soluções propostas pelos múltiplos autores associados ao "pós-modernismo" que constituem o alvo central de Caillé e Vandenberghe: inspirada nas interpretações radicais dos autores da "Teoria Francesa" muito em voga do outro lado do Atlântico (Foucault, Deleuze, Derrida, Lacan etc.), a perspectiva da desconstrução tem contribuído amplamente para a fragmentação das ciências sociais, como o ilustram, por um lado, o espalhamento dos *Studies*, que constituem a um só tempo campos especializados e causas políticas, e, por outro lado, a tendência à fratura interna de disciplinas nas quais a competição entre diferentes igrejinhas se associa a conflitos entre os guardiões das tradições disciplinares e os portadores de abordagens transdisciplinares com um objetivo subversivo – à maneira, aliás bem-sucedida, dos estudos de gênero[5]. A situação descrita por Caillé e Vandenberghe é, de fato, bastante alarmante. O convite à reconstrução é, portanto, salutar, pois evita tanto as armadilhas de um cinismo desconstrutivo, agora revivido pelo catastrofismo, quanto de um idealismo enganoso, que opõe imaginários ou utopias, valorizando continuamente novas minorias, mas também fixações de identidade, a um mundo tecnicizado e reificado submetido ao rolo compressor do neoliberalismo[6].

---

4. VANDENBERGHE, F. "Esquisse d'une théorie de la théorie sociale". *Séminaire Pragmatisme et conflictualité*. Paris: Ehess, 18/01/2019.

5. Os autores não discutem a versão de Andrew Abbott do processo de divisão interna das disciplinas, cuja estabilidade institucional está associada a uma profunda instabilidade interna ligada às lutas entre escolas e correntes de pensamento. Cf. ABBOTT, A. *Chaos of Disciplines*. Chicago: Chicago University Press, 2001.

6. Em oposição ao utilitarismo, os autores adotam um estilo de raciocínio crítico semelhante ao de Hartmut Rosa, que também procede de um dualismo, opondo a reificação do mundo, notadamente pela ciência, tecnologia e cálculo econômico, ao reencantamento do mundo através da redescoberta de esferas e eixos de "ressonância". Concebida em resposta às patologias do crescimento e da aceleração, a noção de ressonância organiza conceitualmente as múltiplas fontes da "boa vida". Embora o conceito seja atraente, ele tende a funcionar como um aspirador de pó gigante

Não é fácil comentar um texto de tal escopo em um formato relativamente curto. Sem questionar as escolhas que os autores fizeram na imensa biblioteca que (re)visitaram, gostaria de me limitar a alguns pontos que me parecem importantes para futuras discussões: i) a notável ausência do pragmatismo no quadro proposto, e isso apesar de várias referências ao "pragmatismo francês", fórmula que parece referir-se a uma corrente particular da "sociologia pragmática", embora não seja de fato especificado; ii) a desconexão entre a proposição teórica e a lógica da investigação com suas formas de construção dos objetos – a afirmação de uma postura resolutamente não redutiva não ajuda a orientar de maneira prática as investigações a fim de contribuir para o enriquecimento dos objetos e evitar sua mutilação epistêmica; iii) a questão da antropologia da dádiva como base unificadora e como horizonte de reconstrução antiutilitarista, amplamente desenvolvida nos numerosos volumes da *Revue du Mauss*, publicada desde 1981; iv) a importância de uma teoria social capaz de articular dentro do mesmo quadro conceitual uma fenomenologia pragmatista das experiências individuais e coletivas, uma sociologia política dos dispositivos (*dispositifs*) e arenas públicas, uma antropologia geral que dá a primazia a processos interpretativos e não a estruturas simbólicas, e também uma análise dos processos de transformação das formas de vida e formações sociais, com base em pesquisas-multiescala[7]; v) por fim, mas não menos importante, é necessário voltar à crítica do capitalismo e suas mudanças contínuas, que requerem constante renovação da lógica da investigação, das formas de desvelamento e dos instrumentos críticos, em particular ante os novos desenvolvimentos no campo das tecnociências, sobre o que Caillé e Vandenberghe não falam muito[8].

Estou de acordo com a maioria dos diagnósticos feitos pelos autores. Alinho-me a sua análise da fragmentação de estilos e abordagens e o seu diagnóstico dos efeitos da separação crescente das ciências sociais em relação às filosofias morais e políticas – às quais eu acresceria a importância, agora um tanto reduzida, da filosofia da linguagem e da filosofia analítica[9]. Dados nossos pontos

---

que esvazia a complexidade dos processos sociais e as restrições da investigação. Cf. ROSA, H. *Résonance* – Une sociologie de la relation au monde. Paris: La Découverte, 2018 [ed. alemã, 2016].

7. Não devemos ser capazes unicamente de reverter as prioridades de escala, especialmente quando a "sociologia global" é vista como o único caminho legítimo ou, inversamente, quando a microssociologia é vista como a única base empírica; devemos também considerar múltiplas escalas espaciais, temporais e sociais. Variações de escala abrem realidades que são mais complexas do que meramente a oposição macro/micro. Cf., neste ponto, CHATEAURAYNAUD, F. "Towards a new matrix of risks: learning from multi-scale controversies". In: *European Environment Agency, Report of the EEA Scientific Committee Seminar on Emerging Systemic Risks*. Copenhague, fev./2016.

8. Cf., p. ex., a abordagem proposta em PELLIZZONI, L. *Ontological Politics in a Disposable World* – The New Mastery of Nature. Burlington: Ashgate, 2015.

9. Desde cedo tive oportunidade de dialogar com os filósofos, em particular com Fernando Gil, falecido em 2006, sobre a fenomenologia e o realismo da descrição nas ciências sociais, e também com Vincent Descombes, que sempre procurou pensar com as ciências sociais, em uma defesa

de concordância, não irei enfatizar tanto nossas convergências no que se segue quanto nossas divergências, que não me parecem intransponíveis. Em primeiro lugar, embora considere relevantes suas proposições teóricas e os caminhos que tomam pela biblioteca, não consigo acompanhar o modo como os autores pensam a lógica da pesquisa e a pesquisa empírica: trabalhar a partir de disciplinas, correntes, campos e temas específicos, congelados em repertórios, definitivamente não é o mesmo que fazer trabalho de campo em um mundo aberto. No decorrer da investigação empírica, tensões, bifurcações, surpresas, impasses e revisões intervêm continuamente, de modo que raramente os pesquisadores estão em condições de dominar os elementos que terão de descrever, analisar e, se necessário, também explicar. O raciocínio metateórico não leva em consideração os *pragmata* – as várias maneiras pelas quais os objetos emergem e se impõem ao pesquisador durante a pesquisa. É aqui que a referência ao pragmatismo, particularmente à filosofia de John Dewey, parece ser essencial[10]. Fazer pesquisa não significa validar mecanicamente teorias ou estilos de raciocínio, nem se valer de protocolos para a visitação ao campo, a prática da observação ou a aplicação de técnicas de medição, sejam elas qualitativas ou quantitativas. O pragmatismo sociológico não é simplesmente um rótulo dado a uma corrente particular da sociologia contemporânea; pelo contrário, refere-se a uma pluralidade de lógicas investigativas, elas próprias ligadas à diversidade das trajetórias seguidas por objetos, causas ou problemas de âmbito público. A investigação pragmatista tem por foco maneiras de trazer à tona questões, objetos e mundos, de modo a apreender seu potencial. Inspirado em Peirce, assim como nos lógicos contemporâneos, a questão é raciocinar por *abdução*, privilegiando a lógica não monotônica, que sempre desafia os referenciais teóricos preestabelecidos[11].

Os dois autores parecem adotar uma concepção bastante clássica dos objetos de investigação. Isso coloca duas séries de problemas. Em primeiro lugar, ao trabalhar no sentido da convergência de um conjunto de teorias sociais, campos de estudo e filosofias baseadas em uma teoria geral que pode ser compartilhada por todos, eles pressupõem que todos os objetos relevantes serão necessariamente classificados sob os conceitos disponíveis e que não haverá

---

conjunta do holismo e uma filosofia de ação que rejeita a hegemonia do estruturalismo e do cognitivismo. Cf., em particular, *Les institutions du sens*. Paris: Minuit, 1996. • *Le raisonnement de l'ours et autres essais de philosophie pratique*. Paris: Seuil, 2007.

10. Cf. CEFAÏ, D. et al. "Introduction du Dossier 'Pragmatisme et sciences sociales: explorations, enquêtes, Experimentations'". In: *Sociologies*, 23/02/2015 [Disponível em journals.openedition. org/sociologies/4915].

11. Também podemos entrar no debate com Paul Grice. Com suas famosas "máximas conversacionais", ele recoloca a lógica em contexto ao vincular inferências às intenções dos falantes nas conversas – o que está de acordo com o dialogismo fundamental do pragmatismo. Sobre esse ponto, cf. a tese de Xavier Parent (orientada por Pierre Livet) *Logiques non-monotones et modes d'argumentation*. Université Aix-Marseille, 2002.

quebra ou perda de sentido devido ao surgimento de fenômenos incomensuráveis – podemos pensar, por exemplo, na forma como a maioria das ciências sociais foram surpreendidas pelo advento da internet (elas não podem ser exatamente culpadas, já que o mesmo se passou com disciplinas relacionadas à informática que nada foram capazes de identificar no fenômeno, ou muito pouco...). Em segundo lugar, em vez de uma unificação de referenciais teóricos sob um raciocínio metateórico comum, é provavelmente mais urgente criar espaços contrastivos e organizar controvérsias reais, começando pelas formas de apreensão de objetos e condução de investigações. E se por acaso a competição entre escolas ou correntes derivar essencialmente de uma cruel falta de diálogo e de *know-how* colaborativo que permita que as controvérsias sejam resolvidas mediante seu direcionamento ao enriquecimento dos objetos, a seu entendimento, descrição ou interpretação, e não à vitória de um lado sobre o outro? Por outro lado, embora não tenha espaço para desenvolver aqui esse ponto, a interdisciplinaridade é obviamente uma das fontes possíveis de enriquecimento dos objetos, desde que não seja imposta de fora, mas decorra imanentemente do próprio processo de investigação[12]. Em suma, ao agir como se as lógicas de pesquisa e logística de campo pudessem ser derivadas de cima para baixo de uma teoria geral, a articulação das diferentes teorias provavelmente permanecerá letra morta por falta do enfrentamento direto, mediante troca intelectual e científica, não só de diferenças e divergências, mas também de falhas, de domínios de validade de quadros analíticos e métodos de produção de dados, sejam quantitativos ou qualitativos[13]. Desse ponto de vista, o pluralismo teórico e metodológico que o *Documento de posição* invoca em várias ocasiões permanece muito alusivo ou muito abstrato[14]. Seria de interesse confrontá-lo com as abordagens pragmáticas que tornam o pluralismo uma experiência prática que recusa o fechamento de mundos sociais dentro de estruturas teóricas unificadas, ao mesmo tempo que reconhece inteiramente incompatibilidades, incomensurabilidades ou irredutibilidades, sobretudo quando princípios e valores estão em jogo.

---

12. Sobre esse ponto, cf. o relato das experiências interdisciplinares de um acadêmico do Direito em HERMITTE, M.-A. *Le droit saisi au vif* – Sciences, technologies et formes de vie. Paris: Petra, 2013.

13. Eu poderia me referir aqui à minha própria experiência com o software Prospero, mas prefiro citar uma contribuição recente e muito instrutiva de dois colegas envolvidos no movimento de humanidades digitais que levanta muitas questões: COINTET, J.-P. & PARASIE, S. "Ce que le big data fait à l'analyse sociologique des textes – Un panorama critique des recherches contemporaines". In: *Revue Française de Sociologie*, vol. 59, 2018/3, p. 533-557.

14. Devido à falta de espaço, não posso discutir longamente aqui os argumentos que Alain Caillé desenvolveu (com muito mais detalhes do que nesse *Documento de posição*) em sua introdução ao volume da *Revue du Mauss*: "Une théorie sociologique générale est-elle pensable?" Ele apontou os riscos do pluralismo como uma espécie de "consenso brando" que justificaria a rejeição da teoria geral. Cf. CAILLÉ, A. "Présentation". In: *Revue du Mauss*, n. 24, 2004/2, p. 7-44.

Um comentário sobre a solução da antropologia da dádiva. Os autores se propõem a articulá-la com outras grandes dimensões sociais, como o reconhecimento ou o cuidado (*care*), ou a questão do "comum" (*commons*). Versões renovadas do "comum" desempenham um importante papel nas estratégias de resistência e reconstrução, tanto do ponto de vista teórico quanto prático[15]. A concepção maussiana da dádiva permanece no centro da proposta, uma vez que funda a sociologia neoclássica como única alternativa real à economia matemática, inclinada a estender o utilitarismo, por meio da influência do cálculo, a todas as esferas da vida social. As três obrigações fundamentais do ciclo da dádiva – a obrigação de dar, receber e retribuir a dádiva – deram origem a várias interpretações, com diferentes leituras da obra de Mauss, dependendo dos pontos de vista teóricos. Pode-se pensar, por exemplo, na crítica de Bourdieu à interpretação desenvolvida por Lévi-Strauss, mas também na crítica de Boltanski à interpretação de Bourdieu em seu ensaio sobre a *agápe*[16]. É preciso impor uma única leitura legítima? Apesar das possíveis variantes, o grupo Mauss coloca a dádiva no centro da ideia de reciprocidade. A princípio entendida como proteção do laço social contra qualquer forma de monopolização ou instrumentalização, a reciprocidade serve justamente como suporte positivo para a produção de bens e valores. Isso, entretanto, não é o bastante para estabelecer a proteção contra os efeitos do utilitarismo, que perfaz mil e um desvios, da mercantilização dos ambientes naturais ao imperativo da segurança total, incluindo a valorização do eu e da autenticidade no cerne do *marketing*. Dependendo das configurações e das variações de escala, os ciclos da dádiva não têm a mesma importância ou significado para os atores. É preciso, portanto, saber pensar a pluralidade de processos pelos quais as formas de vida geram, neutralizam ou eliminam as assimetrias, limitando as possibilidades de *influência* ou *captura* (*emprise*), sempre presentes quando a dádiva está associada à dívida. Sabemos que a dívida se insinua sutilmente nas trocas. Entre o não cálculo e o cálculo, um dos caminhos possíveis é dar expressão plena a uma arte da aderência (*prise*)[17] que envolve toda uma

---

15. CORIAT, B. (ed.). *Le Retour des comuns* – La crise de l'idéologie propriétaire. Paris: Les Liens qui Libèrent.

16. BOLTANSKI, L. *Love and Justice as Competences*. Cambridge: Polity Press, 2012.

17. *"Prise"* (do verbo *"prendre"*, "pegar") pode ser traduzido para o inglês como *"grasp"* que uma pessoa tem das coisas: o seu sentido das coisas ou a sua visão das coisas. Mas em francês também funciona ao contrário: *"prise"* também pode ser o "domínio" (*"hold"*) que coisas ou pessoas podem ter sobre (outra) pessoa, mas não sobre uma coisa – a menos que a palavra se refira à ideia de "captura". *"Avoir prise"* significa, portanto, ter uma compreensão (de algo – *grasp*) ou ter um domínio (sobre alguém – *hold*), e o sujeito (do verbo) pode ser uma coisa ou uma pessoa. Uma pessoa (mas não uma coisa) também pode *"perdre prise"* – perder o domínio, o rumo ou as amarras. Quando o conceito é usado em um sentido muito geral, prefiro a expressão "sentido das coisas" (*sense of things*). • "A palavra aderência foi a que mais se aproximou do sentido conceitual da palavra francesa *prise*, tal como Francis Chateauraynaud a utiliza no texto. Na definição lexical, *prise* refere-se à "ação de pegar ou capturar alguma coisa, geralmente com a mão, com um outro

fenomenologia: sob os ciclos de dar e contradar, existem formas de presença e atenção-vigilância. Estas são necessárias para a produção de aderências compartilhadas, sem as quais o laço social muitas vezes é apenas um jogo de aparências ou signo mundano. Sem a possibilidade de aderir a seu mundo, os atores provavelmente serão iludidos, enganados e manipulados e cairão em interpretações exageradas ou paranoia ao atribuir cálculos ou manobras a outros.

Assim como o reconhecimento ou a ação benevolente, a antropologia da dádiva pressupõe, próxima à fonte, uma capacidade comum de indivíduos e grupos de ter ou ceder o domínio. Pudemos mostrar como a produção de aderências e sua socialização, mediante a transição das capacidades individuais às coletivas, envolve a percepção sensível relacionada ao curso das ações e interações entre as pessoas e as coisas[18]. As formas de presença e atenção, de sensibilidade e mesmo de hipersensibilidade constituem o cadinho de uma verdadeira pragmática de ação e julgamento. A atividade perceptiva pode envolver objetos e relações, processos, propensões e potenciais (como no caso de antecipação ou atividade visionária). Isso coincide com o argumento anterior sobre o estatuto da investigação pragmática, que consiste em monitorar cuidadosamente indivíduos e coletivos cujas capacidades investigativas são reconhecidas. Além disso, fazemos mais do que reconhecê-los: tendemos a supervalorizá-los, e o fazemos porque nos apoiamos em um dos axiomas de John Dewey em sua teoria da investigação, na qual ele examinou as tensões entre a atividade científica e a ação democrática, e propôs uma forma de resolvê-los, formando e envolvendo um público capaz de construir caminhos de investigação e redefinir problemas e soluções – que hoje é a base de modelos de democracia participativa e de expertise cidadã[19]. Partindo da produção individual e coletiva de aderências, de controles e capacidades no mundo, abrimos todo um conjunto de portas: à medida que diferenciais de aderências se formam no seio da experiência, novos vínculos entre

---

órgão ou com um instrumento". E aderência diz respeito à "característica ou propriedade do que é aderente". No sentido trabalhado por Chateauraynaud, o conceito *prise* aponta para a aderência que existe na relação do organismo com o ambiente ou dos corpos com as dobras da matéria. O conceito situa-se dentro de um *continuum* entre dois extremos: de um lado, se não há nenhuma aderência existente, então a realidade flutua; se a aderência é excessiva, absoluta, não há qualquer movimento, mas aprisionamento. Então, para poder bem operar sobre o real, o organismo, por vezes com o auxílio de dispositivos sociotécnicos, precisa de uma "boa pegada", quer dizer, de uma aderência suficientemente boa (o suficientemente bom aqui no sentido de Winnicott). O exemplo que Chateauraynaud nos oferece do conceito, em sua obra escrita com Christian Bessy, *Experts et faussaires* (1995), faz alusão à escalada: a boa aderência (preensão ou *prise*) é aquela que, no contato com as dobras da montanha, alcança a proximidade ideal para prosseguir no curso de ação minimamente controlado. Pois se a aderência é excessiva, a mão prende e o escalador fica aprisionado; se não há nenhuma aderência, o escalador simplesmente desliza, flutua e cai [N.T.].

18. Cf. BESSY, C. & CHATEAURAYNAUD, F. "Being attentive to things – Pragmatic approaches to Authenticity". Pós-escrito à 2ª edição de *Experts et faussaires* – Pour une sociologie de la perception. Paris: Petra, 2014.

19. DEWEY, J. *Logic*: The Theory of Inquiry. Nova York: Henry Holt and Co., 1938.

pragmatismo e fenomenologia podem ser explorados; nesse processo, também podemos nos debruçar seriamente sobre uma grande diversidade de formas de vida, examinando as modalidades de sua inserção em ambientes que não podem ser reduzidos a representações ou dispositivos (*dispositifs*) produzidos a distância e destinados a avaliá-los; podemos pensar no caso emblemático dos ecossistemas: só podemos apreendê-los levando em conta uma multiplicidade de interações, que envolvem uma multiplicidade de escalas, desde os microrganismos até os mais extensos territórios[20]; podemos ainda acrescentar que a fabricação de aderências coletivas é um dos grandes motores das mobilizações, contribuindo para enriquecer, por meio de uma abordagem pragmática da ação situada, a ideia de empoderamento – que não é tratada no texto de Caillé e Vandenberghe, apesar de uma referência a Nancy Fraser; finalmente, o surgimento de aderências comuns também e especialmente se refere ao desenvolvimento, pelos próprios atores, de diferentes caminhos, alternativas reais, outros mundos possíveis ou outros futuros possíveis. Eu acrescentaria que não há razão para não incluir as mil e uma maneiras de se apropriar, de se evadir ou desmembrar a metrologia, o conhecimento formal e os objetos técnicos, que não são em si fontes de reificação ou alienação, como sugere uma versão ludita da teoria crítica. Em suma, a fenomenologia da atenção e da presença que subjaz à antropologia da dádiva deve ser estendida a múltiplas esferas de ação – incluindo a ciência, a tecnologia e o meio ambiente –, de forma que obtenhamos os meios para compreender as assimetrias de aderência e as diferentes maneiras de revertê-las ou reduzi-las. Dizer que uma teoria da aderência é necessária para uma teoria da dádiva é também indicar que dar também é potencialmente uma técnica de poder. É por isso que devemos pensar simultaneamente em distribuições e assimetrias de controles e capacidades, aprendendo a identificar situações em constante mudança, nas quais a lógica da dádiva é pervertida para alimentar uma lógica manipuladora de influência ou ascendência (*emprise*)[21].

Agora irei me voltar rapidamente para a crítica do capitalismo. É arriscado reduzir o movimento crítico a uma oposição entre utilitarismo e antiutilitarismo. Os usos comuns de técnicas, artefatos e dispositivos de todos os tipos revelam variações constantes e concepções pragmáticas de utilidade – para o senso comum,

---

20. Estamos aqui de acordo com alguns autores-chave da antropologia ambiental contemporânea – como Tim Ingold, Anna Tsing e Eben Kirksey –, com quem compartilhamos a ideia da irredutibilidade de ambientes e experiências. Esses autores têm certas características em comum: procuram reencantar a relação com o mundo por meio da atenção às práticas localizadas e das interações que criam com outras escalas de ação, sem cair no culturalismo. Cf. INGOLD, T. *Being Alive*: Essays on Movement, Knowledge and Description. Londres: Routledge, 2011. • TSING, A.L. *The Mushroom at the End of the World* – On the Possibility of Life in Capitalist Ruins. Princeton: Princeton University Press, 2015. • KIRKSEY, E. *Emergent Ecologies*, Durham/Londres: Duke University Press, 2015.

21. Cf. FAVRET-SAADA, J. *Deadly Words*: Witchcraft in the Bocage. Cambridge: Cambridge University Press, 2010.

é quase um pleonasmo. Em nossas reflexões sobre a fabricação de controles comuns, tanto como recurso de crítica quanto como uma fonte de reconstrução, instrumentos, cálculos, dispositivos de todos os tipos podem entrar em arranjos que não se enquadram na utilidade industrial ou no mercado[22]. Quando se trata de tecnologia, a chave é tornar possível criar ou abrir constantemente mundos irredutíveis – pelo menos inicialmente. É importante aqui distinguir não apenas as linhas de força, mas também as linhas de falha das diferentes máquinas em operação sob os conceitos de capitalismo, neoliberalismo ou ordoliberalismo. Como sabemos, *slogans* muitas vezes obscurecem a inteligibilidade dos processos. Quer se entre pelo universo das instituições e tratados internacionais, quer se entre pelos mundos industriais e suas tecnologias avançadas, ou através das classes dominantes, do mundo dos negócios e suas redes, é decisivo tornar visíveis os campos de forças e áreas de atrito em virtude das quais coalizões de atores são construídas e desmontadas. Os atores não têm necessariamente uma visão claramente estabilizada das transformações em andamento ou do espectro de possibilidades[23]. Por outro lado, assim que nos engajamos na escala local de micromundos e ambientes em interação, podemos observar a multiplicidade de aspectos que o capitalismo neoliberal assume e apreender as formas de inventividade que os atores colocam em jogo para desenvolver, de acordo com a conhecida fórmula de James Scott, as artes da resistência. Em seu último ensaio, Grégoire Chamayou mostra que a ideologia neoliberal não foi construída contra o Estado, pelo menos não como seu alvo principal: o inimigo número um é, antes, a capacidade de auto-organização das pessoas, seja na forma de uma empresa autogestionada ou de uma zona autônoma a ser defendida[24]. Compreendemos melhor as explosões de violência do Estado contra atores que, como se deu na França em Notre-Dame-des-Landes, colocam em prática experiências alternativas, ecoutopias ou outras versões possíveis do mundo[25].

---

22. Cf. a nova perspectiva proposta por M. Callon em *L'emprise des marchés*: Comprendre leur fonctionnement pour pouvoir les changer. Paris: La Découverte, 2017.

23. É informativo comparar as versões sucessivas do Relatório Global de Riscos. Esses relatórios fazem parte dos instrumentos cognitivos coletivos do Fórum Econômico Mundial de Davos. Eles estão disponíveis online e medem as variações constantes na lista e na hierarquia de riscos percebidos pelos "tomadores de decisão" em todo o mundo. Na versão mais recente, lemos: "O Relatório Global de Riscos 2019 é publicado em um cenário de tensões geopolíticas e geoeconômicas preocupantes. Se não forem resolvidas, essas tensões prejudicarão a capacidade do mundo de lidar com uma gama crescente de desafios coletivos, desde as evidências crescentes de degradação ambiental até as crescentes interrupções da Quarta Revolução Industrial". Também recomendamos a leitura em detalhe da tabela que mostra os riscos globais (Ulrich Beck encontraria parte de sua descendência lá) [Disponível em www.weforum.org/reports/the-global-risks-report-2019].

24. CHAMAYOU, G. *La société ingouvernable*: Une généalogie du libéralisme autoritaire. Paris: La Fabrique, 2018.

25. Cf., p. ex., CENTEMERI, L. "Commons and the new environmentalism of everyday life – Alternative value practices and multispecies commoning in the permaculture movement". In: *Rassegna Italiana di Sociologia* [no prelo].

***

O empreendimento crítico e reconstrutivo do *Documento de posição* responde às múltiplas tensões epistêmicas e normativas produzidas pela complexidade dos processos contemporâneos. Isso exige efetivamente a afirmação de um cosmopolitismo teórico e metodológico; entretanto, também impõe que se leve em consideração todas as escalas de ação e julgamento pelas quais as formas sociais são feitas e desfeitas. Desse ponto de vista, o texto de Alain Caillé e Frédéric Vandenberghe ecoa o retorno da crítica nas sociologias pragmáticas. Em meu próprio trabalho, destaquei as dificuldades que o pragmatismo tem em lidar com os efeitos sistêmicos e processos complexos que as teorias de sistemas tentam formalizar. Quando os mundos sociais não podem mais ser pensados sem integrar as múltiplas interdependências entre os regimes econômicos e as apostas ecológicas, a teoria dos sistemas se torna necessária. Mas, em contrapartida, também é verdade que aqueles que se debruçam sobre a teoria geral dos sistemas têm dificuldade em compreender tudo o que está ligado à experiência dos atores, ao poder criativo das trocas intersubjetivas, às ações situadas, às apreensões criativas a partir das quais o significado social e o sentido do social são feitos. Essa dupla incompletude pode ser superada examinando os processos pelos quais as formas de vida são projetadas em arenas públicas e, em virtude de sua criticidade[26], desencadeiam mudanças sociais. Como o conhecimento e a expertise estão mais do que nunca no centro dos processos críticos, as transformações são políticas e cognitivas. O papel de um fórum permanente de discussão nas ciências sociais é ajudar a identificar e priorizar os pontos-chave, os nós, as zonas de atrito ou contato a partir dos quais podem ocorrer deslocamentos, rupturas ou bifurcações. Isso significa que se renuncia a colocar todos os campos e objetos de pesquisa no mesmo nível. Graças a pesquisas recentes relacionadas com a sociologia pragmática das transformações, particularmente na análise de alertas e controvérsias ambientais[27], em que as exigências epistêmicas de investigação são máximas, embora assumindo compromissos normativos a um só tempo urgentes e explícitos, alguns avanços foram feitos. Reconsiderar os vínculos entre o pragmatismo e a crítica social, de modo a fazê-los convergir para um saudável processo de reconstrução, acima e contra o pessimismo e o cinismo dominantes, é uma tarefa coletiva decisiva para os pesquisadores das ciências sociais. Em outras palavras, apesar dos pontos problemáticos e das limitações destacadas acima, o projeto intelectual federativo liderado por Alain Caillé e Frédéric Vandenberghe oferece preciosas diretrizes para uma renovação das discussões e projetos colaborativos nas ciências sociais contemporâneas.

---

26. CHATEAURAYNAUD, F. "De la criticité des causes environnementales – Saisir les controverses publiques par les milieux en interaction". In: *Questions de Communication*, 2018.

27. CHATEAURAYNAUD, F. & DEBAZ, J. *Aux bords de l'irréversible* – Sociologie pragmatique des transformations. Paris: Petra, 2017.

Para uma sociologia mais ambiciosa, mais prática e de fato polifônica

Raewyn Connell (Universidade de Sydney)

I

Esta é uma resposta ao *Documento de posição* de Alain e Frédéric "Por uma nova sociologia clássica". A expressão *Documento de posição* (*Position paper*) em inglês é quase uma metáfora militar, uma fortaleza a ser defendida com armas. A alternativa alemã, o *Diskussionspapier*, é mais convidativo, uma conversa com café sob as tílias, e minha abordagem aqui seguirá esse espírito. Desenvolvi as ideias aqui delineadas em alguns ensaios recentes, "In Praise of Sociology" e "Decolonizing Sociology", listados nas referências bibliográficas.

Há muito o que aplaudir no artigo de Alain e Frédéric. Eles fazem apenas uma breve menção ao ambiente tóxico no qual trabalhamos atualmente, mas o artigo como um todo está impregnado de um forte senso de urgência em face dessas circunstâncias. Com o triunfo da política autoritária e racista, novos padrões de exploração e opressão, crise ambiental e concentrações desenfreadas de riqueza e poder, enfrentamos alguns caminhos terríveis para o futuro. Sem dúvida, qualquer coisa que os trabalhadores intelectuais possam fazer para confrontar essas tendências deve ser feito.

Alain e Frédéric apontam para o estado problemático da sociologia nos atuais dias. Eles observam quanto do que as ciências sociais produziram de intelectualmente fascinante nos últimos tempos vem de fora da sociologia. Eles sugerem que a sociologia se recolheu a estudos qualitativos em pequena escala e a um trabalho quantitativo simples e enfadonho, cercado por uma concepção defensiva da disciplina. Eles notam, em contraste, o triunfo de uma economia militante e estreita e a colonização neoliberal de inúmeras áreas do pensamento social e do debate público.

Eles argumentam – e nisso estão, sem sombra de dúvida, corretos – que a sociologia não florescerá em uma postura defensiva e retraída. Qualquer que seja a "sociologia" enquanto abstração, os *sociólogos*, na condição de trabalhadores intelectuais, precisam se envolver muito mais profundamente com a filosofia; precisamos trabalhar além das fronteiras disciplinares convencionais; e precisamos trabalhar nas novas, ou recém-configuradas, áreas do conhecimento que Alain e Frédéric chamam de *Studies*, preocupados com gênero, raça, sexualidade etc.

Com isso concordo absolutamente. Que nossos *slogans* sejam: Mais empregos para filósofos! Todo poder aos *Studies*! (Observe-se que, no atual ataque às universidades pelo regime autoritário de Orban, na Hungria, o primeiro campo do conhecimento que o regime tentou banir foram os estudos de gênero. A Hungria está em sintonia com a China, que tem prendido feministas.)

O artigo de debate oferece um mapa astronômico da teoria social atual, um projeto ousado. Alain e Frédéric sugerem, de maneira crível, que não temos hoje uma narrativa geral convincente do desenvolvimento da teoria social. No entanto, eles observam ser possível identificar quatro constelações de estrelas brilhantes em diferentes regiões do céu intelectual, concernentes respectivamente à comunicação, ao cuidado (*care*), à dádiva e ao reconhecimento. Eles listam autores que compartilham alguns temas subjacentes e fornecem pontos de partida (para mudar a metáfora) para uma nova caminhada.

Ainda mais ousadamente, Alain e Frédéric sugerem o caminho a seguir. Este aponta a uma síntese em grande escala, reconfigurando a sociologia como ciência social geral – quase como Comte a imaginou, mas com muito mais sofisticação. A síntese deve oferecer uma nova explicação da modernidade, de forma que se produza uma alternativa – ou melhor: uma oposição – à síntese oferecida pela economia. A teoria deve ser, portanto, antiutilitarista e antipositivista e, em termos práticos, construída a partir do trabalho nas quatro constelações que apresentam esse caráter.

Alain e Frédéric apresentam o desenvolvimento de Marcel Mauss sobre a noção de dádiva como exemplo do trabalho fundamental sobre o relacionamento social que uma nova síntese exige. É uma escolha interessante. Alain e Frédéric não estão propondo exatamente um retorno à "teoria clássica", mas um projeto concebido sob o mesmo espírito. De fato, era característico do pensamento sociológico no final do século XIX e no início do século XX buscar algum princípio básico subjacente a partir do qual toda experiência social pudesse ser compreendida.

Aplaudo a ousadia desse projeto. No entanto, também tenho algumas inquietações a seu respeito. Não estou certa de que o mundo social seja tão semelhante a um sistema que haja um princípio subjacente a ser descoberto. E mesmo que houvesse, quem provavelmente o descobriria?

A grande maioria dos escritores que Alain e Frédéric citam e nos recomendam são homens brancos do Norte global. Não tenho objeções a essas pessoas; alguns dos meus melhores amigos são homens brancos do Norte global. Mas me pergunto se essas são as pessoas de quem podemos esperar profundas mudanças de perspectiva.

Precisamos de um pouco de perspectiva sociológica aqui. A sociologia é produzida em um contexto social específico. Como disciplina organizada, ela se origina entre a intelectualidade liberal masculina da metrópole global e enfrenta seus problemas culturais. As gerações posteriores desse grupo permaneceram centrais na sociologia dominante (como na maioria das outras disciplinas), embora a escala da disciplina tenha crescido e suas tecnologias de pesquisa tenham mudado. Precisamos pensar sobre como a força de trabalho das ciências sociais pode mudar, sobre os grupos sociais aos quais as ciências sociais servem (ou podem servir) e sobre o contexto institucional no qual as disciplinas acadêmicas funcionam.

Ou seja, penso que precisamos ser mais práticos e também mais ambiciosos ao pensar no futuro das ciências sociais. A proposta substantiva de Alain e Frédéric é expressa em um nível muito alto de abstração, com a dádiva quase como um modelo universal de processo social.

Não há nada de errado com a abstração em si: às vezes é essencial trabalhar nesse nível. Mas há o risco de reificação, se o nível de abstração parece mover-se por si mesmo – como se a teoria A gerasse a teoria B, e a teoria B gerasse a teoria C, como os príncipes de uma dinastia do Antigo Testamento, sem qualquer influxo externo. (O que dizer daquelas esposas do Antigo Testamento, em sua maioria sem nome, às quais coube o trabalho pesado?) Precisamos levar em consideração todo o processo de produção de conhecimento. Teorizar é um elemento em um conjunto de práticas por meio das quais o conhecimento organizado se constrói e se desenvolve ao longo do tempo. Tentei dar conta dessas práticas em *The Good University*, mas a questão não depende do meu mapeamento específico. Precisamos apenas reconhecer que o desenvolvimento da teoria se integra a um processo social mais amplo de produção e circulação de conhecimento.

II

Um dos mais intensos e significativos movimentos de reforma nas ciências sociais nos dias de hoje aborda esse processo de produção de conhecimento em termos de sua geopolítica: o movimento pela descolonização. Os alunos da Grã-Bretanha questionam: "Por que meu currículo é branco?"; na África do Sul, os estudantes exigem: "Rhodes deve cair". Não apenas estudantes de ciências sociais, é claro, uma vez que a estrutura colonial do conhecimento se encontra em todas as disciplinas da formação de conhecimento baseada na pesquisa: nas ciências naturais e nas humanidades, bem como nas ciências sociais. Quando Ngugi wa Thiong'o escreveu *Decolonizing the Mind* trinta anos atrás, ele falava explicitamente sobre a política da linguagem na literatura africana. Recomendo a leitura dos relatórios do Painel Intergovernamental sobre Mudanças Climáticas (IPCC, na sigla em inglês) para que se veja como o Norte global é central na ciência climática contemporânea.

O argumento aplica-se amplamente e com particular força a nosso campo. Afinal, a sociologia foi constituída nos centros do poder global, tratou dos problemas culturais do império no auge de sua expansão no final do século XIX e, desde então, não se dissocia de uma economia global de conhecimento fundamentalmente desigual. Nessa economia há uma ampla divisão do trabalho, na qual a prática de teorizar (incluindo a elaboração de métodos e também de conceitos) é assunto sobretudo de instituições de elite do Norte global, enquanto o mundo colonizado, semicolonizado e pós-colonial serve em particular como uma vasta mina de dados.

Alain e Frédéric tocam nesse assunto de forma um tanto breve e desdenhosa. A perspectiva pós-colonial, sugerem eles, vem das humanidades e tem um déficit sociológico. As pessoas que a defendem, dizem eles, "se comportam como mochileiros acadêmicos", pulando de tradição intelectual em tradição intelectual em busca de pensadores críticos intocados. Em lugar disso, precisaríamos de uma história comparativa das civilizações com visada antropológica e um ponto de vista cosmopolita – inspirada não menos do que por Weber e Durkheim.

Uma vez que me reconheço com alegria entre as mochileiras, tendo feito algumas tentativas de aprender com o resto do mundo, essa resposta me entristece. Os três pensadores "intocados" do Sul global que Alain e Frédéric mencionam a essa altura de seu argumento acompanhados de pontos de interrogação – Ali Shariati, Hussein Alatas e Aníbal Quijano – são todos sociólogos frequentados e donos de poderosos argumentos. Se permanecem desconhecidos da tradição teórica eurocêntrica, então essa tradição realmente precisa se unir ao século XXI.

Alain e Frédéric defendem fortemente a conexão da sociologia à filosofia. Nós nos conectamos com Paulin Hountondji e Achille Mbembe? Alain e Frédéric argumentam, penso eu que acertadamente, que a sociologia deve abordar problemas de ordem política e econômica. Aprendemos com Samir Amin e Bina Agarwal? Alain e Frédéric querem estender a sociologia ao terreno dos *Studies* – aos estudos de gênero, por exemplo. Incluímos a teoria de gênero de Teresita de Barbieri e Dai Jinhua? Se a resposta a essas perguntas for "sim", então temos de reconhecer que a amplitude de atenção geopolítica da sociologia dominante no passado foi muito estreita. Uma das principais tarefas da reconstrução é erradicar o racismo institucionalizado da disciplina e nos posicionarmos como estudantes muito mais ativos em escala mundial.

Estudantes é a palavra-chave aqui, e isso é algo que quero enfatizar. Aqueles com quem aprendemos, aqueles que constituímos nossos arquivos e nosso ponto de partida, são um poderoso determinante da maneira como o trabalho intelectual se desenvolve em um campo ativo de pesquisa como a sociologia. Se nos movermos além do arquivo familiar europeu/norte-americano, daremos a nós mesmos novas tarefas de aprendizagem.

Isso não é pouca coisa. Quando exponho meu ponto baseado na Teoria do Sul para departamentos de sociologia, especialmente no Norte global, percebo que muitos colegas escutam o argumento como um convite para se deseducarem. Se Weber, regressão múltipla e Bourdieu são o que eles conhecem, mas Weber, regressão múltipla e Bourdieu não são o bastante, então o que resta do que entendem ser sua competência profissional?

Não acho que alguém deva ter vergonha de reconhecer o que não sabe. É um sinal de maturidade, tanto coletiva quanto individual. Outro passo importante é reconhecer que há coisas que *precisamos* saber, como pensadores sociológicos competentes, que frequentaram um mundo exterior ao núcleo da disciplina que lhes foi ensinado no passado. Alain e Frédéric dizem exatamente isso quando defendem conexões mais fortes com a filosofia. Devemos estender seu argumento ao pensamento social do mundo colonizado e pós-colonial, o Sul global, onde vive a maioria da população mundial.

Estamos enfrentando dificuldades com diferentes "tradições" de cultura e pensamento? Bem, em parte. Não se pode entender muito bem a teoria da estratificação de Shariati, ou sua sociologia dos intelectuais, sem ter alguma noção de sua teologia xiita. Leva um pouco de tempo e esforço – tanto quanto a compreensão da sociologia relacional europeia pode ser auxiliada pela compreensão da teologia de Buber. É uma questão de aprender, com cuidado e respeito. Precisamos pensar que o aprendizado vale a pena.

Em muito do que chamo de Teoria do Sul, a diferença não é uma tradição cultural radicalmente Outra, mas uma experiência histórica e uma estrutura social distintas. O fato da colonização é em si um grande trauma social, introduzindo séculos de traumas adicionais, nos quais as relações sociais são destruídas e reconstruídas em escala gigantesca. O nível de violência no colonialismo não é geralmente compreendido no Norte global, nem mesmo pelas populações de colonos. Uma leitura do artigo de Mbembe sobre necropolítica ou dos escritos de Amina Mama sobre violência baseada em gênero dá boa demonstração de como a violência colonizadora se projeta ao presente. Uma leitura de Quijano dá ideia de como as estruturas sociais coloniais se estenderam ao longo do tempo.

Seria estranho se essa vasta e perturbadora experiência histórica *não* tivesse produzido uma teoria social. Na verdade, produziu – e muitas, embora geralmente em gêneros fora do acadêmico. Trata-se de um trabalho que inclui o pensamento social mais estimulante que conheço.

A economia global do conhecimento centrada no Norte, com suas trocas desiguais de dados e teoria, seu sistema de publicação controlado pelo Norte, sua tabela de classificação de universidades centradas em *campi* incrivelmente ricos da elite norte-americana, sua hierarquia de prestígio e reconhecimento, cria sua própria ilusão cultural. Transmite a ideia de que os costumes acadêmicos e a produção de instituições privilegiadas na metrópole global (agora reforçadas pelas "universidades de excelência mundial" da China) definem o conhecimento valioso, e tudo o mais é marginal. É uma ilusão que devemos abandonar.

III

Há alguns anos, Michael Burawoy publicou um fascinante artigo, seu discurso presidencial na ASA, no qual produzia distinções entre diferentes tipos de sociologia, em especial entre a sociologia pública e a profissional. Foi particularmente útil que seu argumento reconhecesse os diferentes públicos aos quais a sociologia fala – ou poderia falar – e os diferentes usos que o conhecimento sociológico pode ter.

No início do texto, Alain e Frédéric mencionam exemplos de pesquisa sociológica local acerca de questões como a discriminação sofrida por transexuais tailandeses em Paris, com a forte implicação de que se trataria de tema trivial em comparação com a crise econômica global. Penso que eles estão certos ao afirmar que grande parte da sociologia publicada em nossas revistas profissionais consiste nesse tipo de estudo localizado. Penso que eles estão gravemente equivocados ao sugerir que se trata de um sinal de que a sociologia está se tornando "irrelevante". Para as mulheres transexuais marginalizadas no comércio sexual, a discriminação é uma questão de pobreza, ódio, violência e vulnerabilidade, literalmente uma questão de vida ou morte.

Há alguns anos, eu estava sentada em um café ao ar livre com um grupo de mulheres transexuais na Costa Rica. Conversávamos ali sobre nossas vidas, e surgiu então a questão das expectativas que tínhamos de duração de nossas vidas. A expectativa dessas mulheres era de aproximadamente 32 anos. Se a pesquisa sobre essa questão local pode ajudar a transformar as políticas estaduais, as práticas policiais, a cobertura midiática ou as atitudes sociais, o esforço de realizá-la é infinitamente válido.

Muito da prática sociológica que Alain e Frédéric julgam indicar sinal de irrelevância tem esse caráter. É relevante fazer algo a respeito da situação de vida de um grupo de pessoas que não faz parte do 1% global. Em alguns casos, trata-se, de fato, de uma questão de salvar vidas: por exemplo, pesquisas sociológicas sobre práticas sexuais e transmissão do HIV, ou sobre as fontes de violência doméstica. Dizem respeito, sobretudo, à forma e às perspectivas de vida em uma determinada comunidade e ao padrão de seus contatos cotidianos: pesquisas sobre educação, desemprego, racismo, relações de gênero, culturas ocupacionais, organizações e assim por diante.

A maioria desses estudos é de pequena escala e, individualmente, podem parecer insignificantes em comparação com a crise financeira global. O *conjun-*

to que formam, porém, é notável e produz o conhecimento necessário a uma grande variedade de públicos. O conhecimento que está sendo produzido pela força de trabalho sociológica *como um todo* é o que importa, quando se pensa sobre o futuro da sociologia como um todo. (Tal como ocorre, muitos estudos individuais, de fato, abordam mudanças que são componentes do momento histórico que chamamos de "crise financeira global", ou "neoliberalismo" ou "o Antropoceno".)

Quando digo que o público precisa de certos tipos de conhecimento, levanto a questão de onde vêm os problemas de pesquisa. Observando os *Studies* que Alain e Frédéric identificam em sua importância para a síntese emergente, percebe-se que a maioria deles surgiu de movimentos sociais – anticoloniais, ambientais, pelos direitos civis, feministas, de liberação *gay*, *queer*. Foucault, Deleuze e Derrida sem dúvida influenciaram a forma como essas questões têm sido representadas no mundo acadêmico, embora eu pense que Alain e Frédéric subestimam seriamente a presença e a influência das ciências sociais nesses campos.

Em qualquer caso, porém, a força motriz veio de mobilizações sociais muito além das instituições acadêmicas de elite. Assim, campos como os de estudos da mulher e de estudos de gênero foram constituídos por uma interação entre as necessidades de conhecimento dos movimentos, organizações e a luta política, de um lado, e as capacidades de produção de conhecimento dos trabalhadores acadêmicos, de outro. Que se diga: o mesmo é verdadeiro para o pensamento socialista e a análise de classe, incluindo o marxismo (mas não limitado a ele). A tão proclamada crise do marxismo deriva das dificuldades históricas do movimento operário e dos regimes políticos a que deu origem, nesta era pós-colapso do comunismo e triunfo da agenda de mercado neoliberal.

O que me leva ao 1%. Não é um conceito muito sociológico, porém um problema muito importante. É uma questão que deve preocupar a sociologia, se quisermos que nossa disciplina tenha a relevância que Alain e Frédéric almejam. É tão importante "estudar os que estão em cima", na velha frase, quanto trabalhar com os oprimidos e marginalizados. Precisamos aprender sobre as classes dominantes, elites do poder, os poluidores, os patriarcas, os executivos transnacionais, os ditadores, os supremacistas, os oligarcas e as instituições através das quais operam.

Embora existam trabalhos excelentes sobre esse povo, é necessário muito mais. Pode ser difícil: não é fácil fazer o ditador local assinar um termo de consentimento livre e esclarecido e não há muito patrocínio corporativo para pesquisas sobre criminalidade corporativa. No entanto, poucos assuntos são tão importantes para a pesquisa sociológica quanto os grupos que detêm o poder predominante. Aqui se reúnem as preocupações de diferentes movimentos sociais; e aqui as demandas por inovação teórica são agudas. Em um mundo onde tanta riqueza se movimenta em paraísos fiscais, onde novas formas de segregação e configurações inesperadas de poder surgiram, onde a toxicidade que Alain e Frédéric mencionam se torna matéria comum do dia a dia, nossos velhos modelos voltados ao privilégio e à subordinação não funcionam mais.

Eis o meu teste ácido para qualquer agenda teórica nas ciências sociais. Isso nos ajudará a entender as formas contemporâneas de poder, privilégio e opressão? Revigorará a pesquisa que informa a prática de movimentos que trabalham por um mundo mais justo e afeito à vida?

Referências

CONNELL, R. (2019). *The Good University*. Londres: Zed Books.

_____ (2018). "Descolonizing sociology". In: *Contemporary Sociology*, vol. 47, n. 4, p. 399-407.

_____ (2017). "Em louvor à sociologia". In: *Canadian Review of Sociology*, vol. 54, n. 3, p. 280-296.

Diversidade e unidade da sociologia

François Dubet (Universidade de Bordeaux e École des Hautes Études
en Sciences Sociales, Paris)

Sociologia da sociedade

Se a sociologia se desenvolve hoje em um grande número de países onde não se permitia que sua música soasse contra as ideologias oficiais, é sem dúvida porque as ciências sociais fazem parte do sistema simbólico das sociedades modernas e democráticas. Uma vez que as sociedades modernas não podem mais se interpretar e se explicar pela mediação de princípios e mitos religiosos, elas tiveram que "explicar o social pelo social" e o próprio sagrado pelo social. Tal abordagem tornou-se tanto mais necessária, pois as perspectivas visadas estritamente políticas ou econômicas, as teorias do contrato social e da ordem supostamente harmoniosa do mercado não puderam dar conta das subjetividades, desigualdades, conflitos e desordens associadas à formação das sociedades industriais capitalistas. Claramente, as sociedades industriais não correspondiam aos desígnios políticos do Iluminismo, combinando interesse, liberdade e razão.

Mesmo antes de se tornar uma ciência ou um tipo de ciência, a sociologia foi estabelecida como a filosofia social das sociedades modernas. Essas sociedades sabem que são produto de sua ação, de suas relações sociais e de um conjunto de mecanismos de solidariedade. Uma vez que os deuses tenham desaparecido, uma vez que se tenha admitido que a razão humana não dita a ordem do mundo social, a reflexividade moderna é necessariamente sociológica. Desse ponto de vista, é perfeitamente legítimo dizer que a sociologia foi útil porque produziu conhecimentos que, não obstante "puros" e "desinteressados", constituíram-se histórias e construtos, partindo da ideia de que tudo é social e que vivemos em sociedades.

Apesar da oposição entre escolas, pode-se supor que a ideia de sociedade era um princípio de unidade na sociologia. Essa ideia foi baseada em algumas suposições elementares. As sociedades são definidas como conjuntos "funcionais", como modos de divisão do trabalho que definem classes e *stati* sociais. O tema da luta de classes é apenas uma versão dessa história, e nenhum sociólogo, mesmo um conservador, o recusa. As sociedades são modernas no sentido de que promovem a autonomia dos indivíduos e os valores da racionalidade; a religião se torna uma experiência privada. As instituições, incluindo a família e a escola, têm o compromisso de produzir os indivíduos e os sujeitos da sociedade. As sociedades são nacionais e, portanto, consideradas comunidades culturais relativamente homogêneas. Por fim, as sociedades são democráticas na medida em que o Estado se baseia na legitimidade popular. Quer se seja durkheimiano, funcionalista, marxista, weberiano ou mais próximo de Simmel e da Escola de Chicago, essa representação da vida social fundou a unidade da sociologia. Essa unidade é bastante relativa, no entanto, porque não conhece uma epistemologia ou ideologia compartilhada. Essas sociologias compartilhavam, porém, as mesmas preocupações sobre a fragilidade das sociedades e as tragédias da Modernidade. Na verdade, a sociologia tem sido uma reflexão ambígua sobre a Modernidade e seu desencantamento, e sobre uma solidariedade sempre às voltas com a ameaça do individualismo, dos conflitos, da anomia, do próprio capitalismo. Fato, porém, é que o pensamento social se agarrou à ideia de sociedade. Em Durkheim, a sociologia pode até ser considerada uma teologia da sociedade. Mas todos os sociólogos clássicos são clássicos precisamente na medida em que contribuíram para o seguinte projeto: Como construir uma sociedade com indivíduos autônomos? Como a cultura se torna uma prática econômica? Como a economia está inserida nas sociedades? De que forma as sociedades são sistemas? Em que mecanismos se baseia a solidariedade? Todos os pais fundadores se identificam com essas questões, que afinal são uma só: O que é a sociedade moderna?

O fim da sociedade e a dispersão das sociologias

Se aplicarmos à sociologia o raciocínio que os sociólogos tão prontamente aplicam a outras disciplinas e a outros que não eles próprios, podemos nos perguntar se o momento histórico da sociologia já não passou. Da mesma forma que os pais fundadores foram confrontados com o fim da "comunidade", vivemos o fim da sociedade definida pela incorporação de uma economia nacional, de uma cultura nacional, de uma soberania política e de uma modernidade individualista e racional. Obviamente, não há estabilidade em tal representação da sociedade, nem a comunidade foi idêntica ao seu conceito, mas essas são as estruturas dentro das quais a sociologia operava.

Em grande parte, o fim de nossa representação da sociedade é o resultado das transformações do capitalismo que estão destruindo a velha divisão do trabalho e o mundo das classes sociais. Paradoxalmente, as desigualdades aumentam à medida que as classes sociais declinam como atores coletivos e movimentos sociais. Como resultado da globalização das culturas, as nações não são mais o que antes pensavam que eram, e a questão das "diferenças" e identidades agora está sendo levantada dentro das sociedades nacionais. A soberania política parece enfraquecer ante a interdependência dos estados, o poder das finanças e de imensas corporações. Quanto ao horizonte individualista e racional da Modernidade, parece ameaçado, de um lado, pela guerra de identidades e pelo triunfo do mercado, e de outro, pelo crescente abismo entre paixões e interesses. Em suma, só falamos de sociedade para dizer que ela não corresponde mais ao que pensávamos que poderia ser ou ao que poderia vir a ser. Essa mudança é extremamente espetacular. Basta ler a sociologia dos anos de 1970 para se convencer disso. A sociologia denunciava então as alienantes condições de trabalho, as instituições "totalitárias", a aliança das burguesias e dos estados nacionais, os bloqueios burocráticos, o controle social sobre os indivíduos... A crítica era tão mais aguda quanto mais robusta a sociedade parecia. Hoje, a sociologia denuncia a exclusão e o desemprego, a crise das instituições, a fragilidade do Estado sob o capitalismo, o individualismo, tudo que enfraquece a sociedade. Essa crise da ideia de sociedade se revela em duas cenas: uma cena política e a outra intelectual.

No plano político, vivemos o esgotamento das social-democracias e a ascensão do populismo. Para além de uma leitura estritamente política, a derrota das social-democracias revela com mais clareza a crise das concepções de solidariedade nas sociedades nacionais industriais. As relações de classe que engendraram os estados de bem-estar nas sociedades nacionais são desestabilizadas pelo neoliberalismo global e pelas transformações de nações há muito vistas como comunidades homogêneas. As lacunas de desigualdade estão se multiplicando – classes, sexos, origens, territórios... – e os migrantes são vistos como minorias, ao passo que costumavam ser vistos como trabalhadores explorados, destinados a se tornarem "nacionais".

Os populismos parecem estar triunfando sobre a derrota dos sociais-democratas e dos conservadores liberais. Apesar de suas diferenças, ambos podem ser definidos como apelos ao retorno de uma sociedade imaginária. A unidade do povo deve ser restaurada contra as divisões criadas pela globalização. A fusão do povo trabalhador, do povo soberano e do povo nacional contra tudo o que é estrangeiro e distante do povo, contra a oligarquia, é apenas o apelo a um retorno a uma sociedade perdida. Devemos reconstruir a nação contra tudo que a destrói. Um Estado baseado na legitimidade popular e no carisma do líder deve reconstruir a autoridade das instituições contra a tolerância e a negociação democrática, contra os direitos das minorias e o individualismo triunfante. O velho tema da democracia direta contra a democracia liberal está de volta. Os populismos da direita e da esquerda clamam pelo retorno de uma sociedade que está perdida para sempre, a das gloriosas três décadas do pós-Segunda Grande Guerra na Europa, a dos anos de 1950 nos Estados Unidos, a dos populismos autoritários na América Latina, a de nações homogêneas e estados fortes na Europa Central... A unidade desse imaginário não elimina a incerteza das políticas propostas. Às vezes são neoliberais, às vezes estatistas, às vezes reacionárias, às vezes mais abertas, mas sempre autoritárias e baseando a unidade da sociedade no carisma do líder. Hoje, a sociedade nacional, industrial e democrática ocupa o lugar que era da comunidade no pensamento social do final do século XIX. Além disso, em grande medida, a hegemonia intelectual está se transferindo para esse conservadorismo nostálgico: hostilidade a Maio de 68, à Europa, aos refugiados, ao individualismo, ao igualitarismo... Em suma, o repúdio à desordem.

Embora os pais fundadores da sociologia não fossem insensíveis à melancolia comunitária, eles foram capazes de resistir a ela. A sociologia contemporânea parece responder ao enfraquecimento da ideia de sociedade com a fragmentação de seus paradigmas e objetos. Mais do que propor uma nova versão, um novo imaginário, a sociologia acompanha e redobra o esgotamento da ideia de sociedade. Enquanto os grandes paradigmas sociológicos podem ser considerados versões opostas da mesma coisa, da mesma narrativa da Modernidade e das sociedades, é possível sentir que os objetos de pesquisa estão se tornando mais singulares e que as teorias estão se tornando mais específicas. O esgotamento da oposição entre funcionalismo e marxismo abriu espaço para uma infinidade de teorias de médio e mesmo de pequeno alcance. Campos e teorias locais se multiplicaram. Nenhuma dessas teorias, porém, ainda tem a ambição de definir uma representação global da sociedade, com a possível exceção da sociologia de Bourdieu, que postula uma forte integração de classes sociais, cultura e poder, mesmo que seja uma teoria "desencantada" na qual o projeto moderno de autonomia parece ser um estratagema de dominação.

A "lei" da divisão do trabalho e da especialização científica também se aplica à sociologia. Ela pode se dividir ao ponto de dissolver-se, perdendo a ambição de ser uma sociologia geral. Com a multiplicação de escolas, objetos e especializações, com mil estudos, há quase tantos estilos sociológicos quanto sociólogos. Estratégias de identificação e demarcação, desenvolvidas em longos ensaios sobre os prolegômenos teóricos e metodológicos, ocupam lugar crescente em um universo intelectual e científico onde cada um deve afirmar um estilo singular para existir. Consequentemente, torna-se difícil e ousado traçar o mapa intelectual da sociologia – corre-se o risco de que o mapa seja tão vasto quanto o território.

O papel da sociologia provavelmente depende menos das intenções dos sociólogos do que da natureza dos vetores e "mercados" que estabelecem ligações entre a sociologia e os públicos aos quais ela se dirige. Qualquer que seja sua orientação, a maioria dos sociólogos se dirige a si mesma, escrevendo para seus pares mais próximos. Os autores que enviam seus manuscritos às revistas acadêmicas de maior prestígio esperam menos a leitura de um público restrito do que o reconhecimento de um conselho editorial que faz o papel de júri. Acontece, vez por outra, que um artigo publicado em revista acadêmica extrapola essa esfera, mas isso é bastante raro porque o núcleo duro da ciência funciona como um rito de passagem para os recém-chegados e como uma necessidade para os que necessitam de validação periódica.

Na outra extremidade do espectro estão os livros destinados a um público mais amplo. Eles são geralmente mais abertos a estilos críticos e intervencionistas e menos subservientes às exigências acadêmicas. A superação da confidencialidade acadêmica não depende necessariamente das intenções do sociólogo porque, entre a sociologia e seus públicos, estão a mídia e todos os intermediários que dão visibilidade apenas a alguns livros dentre a considerável variedade de obras que jamais vão além da confidencialidade. A menos que se seja paranoico, deve-se procurar entender esses processos em termos de mecanismos, redes e interesses, assim como em termos de conteúdo, o que não significa qualidade, das obras selecionadas. Quem são os intermediários e as redes, que transformações impõem à recepção? Muitas vezes, um livro é lido por razões que fogem ao controle do autor. Também é verdade que o acesso a um amplo público impõe requisitos formais para a construção de visibilidade: a capacidade de tratar de problemas sociais, especialmente quando estão no noticiário, a capacidade de atingir públicos já constituídos e leitores... Existem também limitações relacionadas a como o trabalho sociológico pode ser útil para aqueles que dele se valem em uma sociedade onde, independentemente do que se possa pensar, o conhecimento fornece fortes recursos de legitimidade. É muito raro o conhecimento formar a base da ação; é mais frequente que a justifique *a posteriori*.

O risco é de um distanciamento crescente entre uma produção acadêmica que se agarra a objetos "pequenos", teorias *ad hoc* e ensaios que respondem ao espírito da época, ansiedades, medos e nostalgia. Isso não é uma invenção da imaginação. Basta olhar para os Estados Unidos para ver isso. Enquanto a vida acadêmica é dominada por uma fragmentação infinita de pesquisas e uma proliferação dos *Studies*, a vida política e social é dominada por populismo e notícias falsas. Tudo acontece como se os dois mundos se ignorassem.

Para uma sociologia geral

Não é um insulto para ninguém perceber que a posição da sociologia na hierarquia universitária está longe de ser auspiciosa – ela não está no primeiro time de disciplinas segundo o *ranking* de prestígio e expectativas utilitárias. Os alunos que podem escolher preferem escolas de elite, escolas de governo, economia... Tudo se passa como se cada departamento universitário estivesse formando os alunos à sua imagem, ou seja, combinando as competências, as opções e por vezes os estudos de preferência de seus docentes sem estabelecer uma base intelectual e metodológica minimamente comum. Muitos estudantes de sociologia desistem, e poucos se tornarão sociólogos. Isso não seria um grande problema se a formação proposta não visasse à formação de sociólogos. A disciplina teria, sem dúvida, uma maior influência e utilidade social se abordasse sistematicamente profissões que não sabem que podem precisar dela. Apesar das consultorias e das diversas especialidades, ao contrário dos economistas e psicólogos, os sociólogos não se estabeleceram verdadeiramente como profissionais.

Uma maneira de resistir à fragmentação e marginalização da sociologia pode ser repensar a formação do aluno. Quando, em meados dos anos de 1960, a formação dos sociólogos se emancipou do domínio da filosofia, a formação dos sociólogos foi concebida como o início de uma especialização. Provavelmente era necessário. Mas hoje, apesar dos clamores rituais pela interdisciplinaridade, a disciplina está se tornando mais restrita. Para resistir a essa tendência, parece-me que a formação de futuros sociólogos deveria partir de etapas generalistas, nas quais eles aprenderiam um pouco de filosofia, história, antropologia, economia no primeiro ano e se especializariam progressivamente à medida que se graduassem. Os alunos não apenas teriam tempo para consolidar suas escolhas e projetos, mas também elevariam seu nível de cultura. Também dessa forma, a sociologia poderia resistir à sua tendência para a especialização precoce. Ao almejar-se ciência, a sociologia teria de se pensar como uma filosofia social e moral que examina os mecanismos de solidariedade, as representações simbólicas da vida social, a natureza da ação e as subjetividades individuais... Em suma, uma disciplina interessada naquilo que interessa aos atores sociais, não encerrada em uma denúncia que, como já bem o sabemos, não resiste ao neoliberalismo nem às ondas populistas que nos ameaçam. Há muito se sabe que as críticas ao sistema fazem parte do próprio funcionamento desses sistemas.

A questão essencial é sua vocação intelectual, não a organização de uma profissão científica e seu nível de exigência. Mesmo que pareça ultrapassado, acredito que a vocação da sociologia é analisar a sociedade como tal, ou seja, os sistemas de interdependência e conflito em que vivemos. Por muito tempo, essa ideia foi autoevidente. Vivíamos em sociedades nacionais, industriais e mais ou menos democráticas, cujo principal problema era o de uma solidariedade moral e funcional capaz de constituir uma sociedade. Quando a sociedade nos falta, contudo, somos confrontados com uma demanda populista multifacetada que, de forma mais ou menos confusa, clama pelo retorno da sociedade em nome do povo soberano, do povo nacional e dos trabalhadores. Diante dessa demanda e de respostas xenófobas, demagógicas, racistas e autoritárias, a sociologia parece calar-se ou se ater à sua condenação moral. Ela não é realmente capaz de ir além de sua perícia, de sua capacidade crítica e de testemunho para propor outra imagem de sociedade, solidariedade e democracia. Teríamos de dizer em que mundo vivemos e como poderia ser uma sociedade; claro, outra sociedade diferente das que conhecemos, mas que ainda assim é uma sociedade. O que está em jogo é da maior importância. Se a sociologia, por sua vez, não a trata como uma questão de filosofia política e moral, se ela renuncia à ambição dos "pais fundadores", há uma boa chance de que a história se faça sem ela e que a justaposição de mercado e identidades fechadas, da qual Trump e alguns intelectuais são perigosas expressões, prevalecerá intelectual e politicamente.

Diante da demanda pelo retorno das antigas figuras da sociedade industrial e nacional apoiadas em movimentos populistas, a sociologia não deve fugir à fragmentação infinita de objetos e paradigmas. Pelo contrário, deve centrar-se na construção de outras imagens integradas da vida social e da democracia. Para tanto, não se trata de retornar aos infinitos comentários sobre os pais fundadores e a sociologia clássica. Em vez disso, como Alain Caillé e Frédéric Vandenberghe sugerem em seu *Documento de posição*, a sociologia deve abordar as "velhas questões" da filosofia social, da filosofia política e da antropologia: Por que as sociedades conservam-se congregadas, como mantêm a solidariedade, como os indivíduos agem, como resistem à dominação...? Se a sociologia não assumir sua vocação de "ciência moral", no futuro ela talvez só interesse aos historiadores da ciência e aos amadores do exotismo microssociológico. Nesse caso, prosadores, cineastas e autores de série de TV são melhores do que nós!

Dinheiro farto, *Big Data*, grande teoria

Phil Gorski (Universidade de Yale)

Caillé e Vandenberghe clamam por uma "sociologia neoclássica". Por "sociologia neoclássica", entendem uma sociologia com mais espaço para a teoria, relações mais estreitas com a filosofia moral e os vários campos que constituem os *Studies* e um nível mais elevado de engajamento público, entre outras coisas. O que faria parte do esforço de colocar um tal programa em prática? Em particular, nos Estados Unidos?

Abordo essas duas questões em quatro etapas. Começo com algumas breves reflexões sobre a sociologia histórica da sociologia clássica. A seguir, apresento algumas observações sobre a economia política da sociologia contemporânea. Em seguida, ofereço meu próprio *Zeitdiagnose* à maneira de um Polanyi. Feito isso, apresento por fim algumas propostas práticas.

Caillé e Vandenberghe estão certos em observar que a sociologia clássica tinha uma conexão muito mais estreita com a filosofia do que a sociologia contemporânea. Marx escreveu sua tese de doutorado sobre Demócrito. A dissertação de Durkheim em latim teve por tema Rousseau e Montesquieu. A influência de Nietzsche e Kant em Weber é bem conhecida. E eu poderia me estender ainda mais em exemplos como esses.

***

Por que era assim? Porque todos os sociólogos clássicos tiveram formação filosófica – como a maioria dos intelectuais da época. Além disso, porque a fronteira entre filosofia e sociologia ainda não era clara; as disciplinas modernas estavam *in statu nascendi*. Por fim, porque as ciências sociais foram encarregadas de fornecer respostas políticas para "a questão social".

Caillé e Vandenberghe provavelmente também estão certos ao afirmar que os sociólogos clássicos fizeram um esforço maior para se dirigir a um público mais amplo do que seus sucessores atuais. Tocqueville não estava escrevendo para especialistas acadêmicos. Nem Marx. Durkheim em seus últimos anos viajou pela França dando palestras sobre "educação moral" para professores. Até Weber frequentemente falava e escrevia para o público instruído.

Dito isso, não devemos nos esquecer que os sociólogos clássicos também viveram e escreveram em uma era anterior ao rádio, à televisão, às mídias sociais e à internet, uma era em que a palavra impressa e o discurso público eram os principais meios de debate público. O que não é mais o caso.

Isso não quer dizer que os próprios sociólogos clássicos teriam endossado uma sociologia neoclássica. Durkheim trabalhou incansavelmente para estabelecer limites claros entre a sociologia e a filosofia. Weber se opôs veementemente aos "profetas" acadêmicos que buscavam transpor a chamada divisão fato/valor. Em certo sentido, foram os próprios sociólogos clássicos que destruíram a sociologia clássica – ou pelo menos a colocaram em seu caminho para a ciência especializada.

Em suma, algumas das coisas que Caillé e Vandenberghe mais admiram na sociologia clássica eram menos o resultado de qualquer programa intelectual sistemático do que de uma constelação histórica contingente.

O que não quer dizer que os sociólogos clássicos ficariam felizes com o estado atual da disciplina ou que não devêssemos buscar recuperar certos aspectos da sociologia clássica. Posto isto, é importante reconhecer que a configuração institucional atual não é particularmente propícia para tal projeto. Estudantes e recursos estão se afastando – e, a bem da verdade, rapidamente – das ciências humanas e sociais e adentrando programas científicos e pré-profissionais em um ritmo alarmante. Falando em termos orçamentários, as faculdades de artes e ciências encolheram a ponto de se tornarem meros apêndices do vasto complexo biomédico que gera o grosso do financiamento de pesquisas e "despesas gerais" administrativas para universidades de pesquisa. Uma dinâmica semelhante pode ser observada entre e dentro das várias disciplinas das ciências sociais: o dinheiro e as mentes estão vagando na direção das disciplinas e subcampos "mais duros" e "quantitativos" das ciências sociais. Na própria sociologia, os grandes aportes de dinheiro se dirigem aos grandes volumes de dados – ao *Big Data* – não à grande teoria. Os números levam a melhor sobre os conceitos.

Enquanto isso, alcançar o público tornou-se tremendamente difícil, em parte porque o público está mais envolvido do que nunca em questões privadas, mas também porque o que resta da esfera pública foi agressivamente colonizado por *think tanks* privados, canais de notícias a cabo e adeptos de mídias sociais.

***

Evidentemente, nós, sociólogos, ainda temos pelo menos um público cativo: nossos alunos. Mas eles estão de fato interessados na teoria? Ou demonstram algum conhecimento de filosofia? Não nos Estados Unidos. Segundo minha experiência, a maioria dos estudantes de sociologia está interessada sobretudo em "problemas sociais". Frequentemente, o entusiasmo de sua resposta à teoria é tão grande quanto o de sua resposta às estatísticas – talvez menos, agora que os dados se tornaram tão sedutores.

Quanto aos alunos de pós-graduação em sociologia, nos Estados Unidos eles estão expostos aos mesmos tipos de "forças de mercado" que acossam seus demais companheiros de geração. Por um lado, as fileiras de conferencistas sem cargo de titularidade em universidades e professores adjuntos continuam a crescer, enquanto o número de cargos efetivos continua a diminuir. Por outro lado, a pressão para publicar antecipada e frequentemente aumenta, mesmo quando o "tempo de formação" esperado continua a diminuir. Mesmo nos programas de pós-graduação de elite, rotular-se como teórico é considerado um ato suicida.

Porém, por mais desfavorável que seja o estado atual do campo acadêmico para uma sociologia neoclássica, o estado atual dos mundos social e natural o exige. Sobre isso também Caillé e Vandenberghe estão certos.

Encontramo-nos atualmente nos estágios finais de uma segunda "grande transformação". Durante a primeira grande transformação, que começou na década de 1820 e terminou com a Segunda Guerra Mundial, a terra, o trabalho e o dinheiro foram transformados em mercadoria, e soltou-se a coleira das forças do mercado autorregulado, que avançou contra a sociedade. O resultado foi um contramovimento massivo, ou melhor, dois movimentos de massa: o comunismo e o fascismo. Cada qual buscou reinserir o mercado na sociedade, embora de maneiras diferentes. O comunismo tentou subjugar a economia ao Estado, o fascismo tentou instrumentalizá-la para a nação, e com consequências desastrosas. Foram os liberais do bem-estar social e os social-democratas da era pós-Segunda Guerra Mundial que finalmente conseguiram domesticar o mercado, pelo menos por um tempo.

A segunda grande transformação começou em meados da década de 1970, quando as classes proprietárias e seus apologistas intelectuais na profissão econômica lançaram uma guerra de classes própria: uma campanha combinada de desregulamentação econômica e redistribuição ascendente. Essa segunda grande transformação estendeu e aprofundou a primeira: a transformação e a troca das três mercadorias fictícias agora se estendeu a praticamente todo o globo; e a mercantilização da natureza vai além dos "direitos de propriedade" sobre a terra e toca a "propriedade intelectual" nas profundezas genéticas do próprio bioma. Enquanto isso, os avanços nos campos da inteligência artificial e da robótica ameaçam desmercantilizar e desvalorizar grandes quantidades de força de trabalho humana.

Esse movimento neoliberal atingiu seu apogeu com a crise financeira de 2008. O contramovimento agora está bem-encaminhado. Nós sabemos o que os populistas de direita desejam fazer: reinserir o mercado autorregulado dentro da nação, construindo paredes físicas e legais que irão interromper ou pelo menos desacelerar o fluxo de mercadorias reais e fictícias através das fronteiras dos estados.

Mas o que a esquerda se propõe a fazer? Nos Estados Unidos, propõe o socialismo democrático e a regulamentação ambiental. Infelizmente, pouco ou nada tem a dizer sobre como regenerar a comunidade ou sobre a solidariedade. E sem um sentido renovado de comunidade nacional, suas propostas de redistribuição econômica sucumbirão às forças do nativismo e ao ressentimento alimentado pelos populistas, assim como suas propostas de um *green new deal* permanecerão um obstáculo politico, uma vez que não exista um sentido expandido de solidariedade cosmopolita. É por isso que uma perspectiva sociológica da crise atual é tão importante.

Caillé e Vandenberghe sabem disso. É por isso que eles propõem a teoria da dádiva de Mauss como base para seu projeto. Desse modo, colocam o reconhecimento e a reciprocidade no centro moral e conceitual de uma sociologia renovada.

Mas como podemos colocar essa visão em prática? Não de cima para baixo ou do centro para as bordas. Como a maioria dos movimentos de reforma radical, este deve ser construído de baixo para cima, começando nas periferias, onde o *ethos* profissional é mais fraco: na Associação Internacional de Sociologia (ISA), não na Associação Americana de Sociologia (ASA); nas graduações em *liberal arts* dos pequenos *colleges*, não nos grandes centros universitários de pesquisa; em palestras para alunos de graduação, não em seminários de pós-graduação. Em vez de focar nos altos postos de comando da disciplina – que, afinal, são apenas pequenas colinas no concerto mais amplo das coisas –, é melhor começar nas planícies e nos vales.

Onde podemos encontrar parceiros intelectuais? Caillé e Vandenberghe apontam para a filosofia e os *Studies*. Eles acertam ao colocar que as disciplinas dos *Studies* muitas vezes produzem uma versão crua da sociologia cultural e que se beneficiariam de uma interação mais contínua com sociólogos de carteirinha. Se eles estão interessados em tais interações e se a sociologia se beneficiaria com elas – sobre isso não tenho tanta certeza. Em minha experiência, vejo os *Studies* tão profundamente dominados por um construcionismo social ingênuo e tão consumidos por uma política identitária radical que são quase irredimíveis para o projeto sociológico neoclássico que Caillé e Vandenberghe propõem. Eles podem ser aliados políticos em alguns casos, mas não parceiros intelectuais.

Ao meu ver, uma aliança renovada com a filosofia moral e política parece mais promissora. Há um interesse renovado pela "filosofia social" entre os filósofos americanos, com conferências e livros sobre assuntos como raça e desigualdade. Esse trabalho se beneficiaria de uma maior exposição à pesquisa sociológica, e a teoria social poderia se beneficiar do rigor conceitual dos filósofos analíticos. Da mesma forma, há um interesse crescente na pesquisa empírica entre os filósofos políticos. Na verdade, as fronteiras entre filosofia política e sociologia política estão cada vez mais tênues.

Mas uma sociologia neoclássica fracassará se permanecer uma sociologia acadêmica, uma sociologia que se limita a conferências e seminários acadêmicos e livros e artigos revisados por pares. É crucial que os teóricos sociais se conectem com a nova geração de intelectuais orgânicos que recusou o *cursus honorum* da vida acadêmica e encontrem maneiras de se comunicar com os vários contrapúblicos que criaram raízes nos interstícios da internet.

Isso não quer dizer que a sociologia neoclássica deva se desenraizar do campo acadêmico. Trata-se apenas de reconhecer quanto do campo acadêmico foi colonizado por forças hostis e quão heterônoma sua lógica se tornou. A sociologia neoclássica deve manter um pé no campo acadêmico, mas precisará plantar o outro noutro lugar para encontrar sua sustentação.

Meu posicionamento sobre seu
Documento de posição

Nathalie Heinich (Centre National de la Recherche Scientifique e École des Hautes Études en Sciences Sociales, Paris)

Caros colegas, queridos amigos,

Compartilho com vocês a preocupação com a divisão da sociologia – e das ciências humanas e sociais em geral – em tendências irreconciliáveis. E eu realmente aprecio seus esforços para facilitar o diálogo entre as disciplinas e construir pontes. Mas não concordo com suas soluções – e aqui, infelizmente, temos que enfrentar outra divisão...

Em primeiro lugar, duvido que "uma teoria social geral" seja possível ou mesmo desejável – seja ela o "paradigma da dádiva" ou qualquer outra. Reduzir a distância entre nós, tentar fomentar a comunicação entre tendências e disciplinas, não significa buscar um único referencial teórico. Tal objetivo soa aos meus ouvidos como uma espécie de versão secular, moderna e acadêmica do monoteísmo – e se eu tivesse uma religião (o que, felizmente, não tenho), minha inclinação seria para o politeísmo...

Em segundo lugar, duvido que quadros conceituais como "Teoria Francesa", "os *Studies*" ou "Marxismo/pós-marxismo" possam ajudar a construir um consenso entre nós. Eles me parecem muito antiquados ("marxismo") ou muito locais ("Teoria Francesa", que é apenas "uma mercadoria de exportação norte-americana", como escrevi em algum lugar), ou muito recentes para serem confiáveis ("os *Studies*") – se não ao mesmo tempo datados, locais e recentes... Em particular, eu faria de tudo para escapar a um programa baseado nessas questões – e não acho que seria a única pessoa!

Eu certamente gostaria de me associar a um grupo que promove reflexão e pesquisa sobre temas como interdependência, cuidado (*care*), reconhecimento e dádiva, como vocês sugerem. Mas por que excluir alguns outros tópicos interessantes, como valores, identidade ou admiração, que também são totalmente interdisciplinares?

O principal problema, infelizmente, não é sobre questões ou tópicos. O problema básico é sobre nossa postura intelectual em relação a nosso trabalho. Permitam-me explicar. Quando vocês escrevem que o "aquela evocação [de Alvin

Gouldner] de uma ciência do social antipositivista, axiologicamente engajada e sutilmente romântica [...] nada perdeu de sua atualidade", eu acrescentaria de pronto: infelizmente! Vocês já conhecem a minha posição: sou totalmente contra qualquer tipo de pesquisa política ou axiologicamente engajada, porque acho que os cientistas devem defender sua autonomia em relação às questões sociais ou políticas, e que o conhecimento é um valor em si, que não deveria estar subordinado a qualquer outro valor, seja o mais progressista ou humanista. Hoje, a sociologia francesa está profundamente dividida nessa grande questão, e definitivamente escolhi meu campo. Por favor, nunca esperem que eu seja capaz de alimentar a tendência da moda da "sociologia crítica", que está transformando exércitos de jovens pesquisadores e estudantes em ativistas, e nossa disciplina em uma lata de lixo de lugares-comuns desconstrutivistas e "estudos de desagravo", onde os *slogans* "dominante/dominado" substituíram conceitos, métodos e curiosidade intelectual. Por favor, tenham piedade de mim!

Quanto à "filosofia moral e política" que vocês defendem como base comum para nossa disciplina, tenham piedade de novo! Todo o meu trabalho sobre valores visa à construção de uma abordagem específica e não normativa. É uma abordagem que rompe radicalmente com a sociologia moral e a filosofia moral. Então, por favor, não me peçam para voltar a isso! Sem dúvida, isso traria outra divisão, e bastante profunda...

Devo dizer que não sou tão otimista quanto vocês quando escrevem que "poderemos também ser capazes de resistir à transformação do conjunto das formações sociais em sociedades de mercado". Não que eu não concorde com esse programa, mas não acho que possa ser realizado dentro da arena acadêmica. Como Max Weber inteligentemente sugeriu: "Se você quiser gritar, vá para a rua!" Se você quer mudar o mundo, é melhor escolher uma arena mais eficiente: partidos e associações políticas estão esperando por você. Na arena acadêmica, tudo que você pode mudar é o estado de conhecimento – e esse é um objetivo maravilhoso e emocionante! Muito melhor se os atores pudessem usar nossas produções para melhorar o estado do mundo – mas nossas produções nunca deveriam ser submetidas a qualquer outro valor que não o valor epistêmico do conhecimento.

Aliás, não acho que o imperativo de "julgar" faça parte do programa de nossas disciplinas, como vocês afirmam. Weber alguma vez "julgou" a ética protestante, Durkheim alguma vez "julgou" o suicídio, Goffman alguma vez "julgou" o comportamento dos seus contemporâneos, Elias alguma vez "julgou" os aristocratas franceses ou os habitantes de Winston Parva? Lévi-Strauss alguma vez "julgou" os Bororos, ou Mauss os aborígenes? Não. E não apenas eles nunca fizeram isso, como seus trabalhos são notáveis *justamente porque* nunca fizeram isso.

O problema da "neutralidade axiológica" parece-me básico e central nas ciências sociais contemporâneas. Na verdade, é uma das principais causas de divisão. É por isso que não deve ser mantido debaixo do tapete. Pelo contrário, em vez de tentar reduzir nossas diferenças, acho melhor começarmos por abri-las e esclarecê-las. Em vez de buscar um terreno comum, devemos tornar explícitas nossas próprias posições. Daí decorre uma série de perguntas: Nosso objetivo é normativo ou descritivo? Empírico ou teórico? Explicativo ou interpretativo? Local ou global? É para convencer nossos colegas ou para converter o público em geral? Há espaço para diferentes formas de praticar as ciências humanas e sociais, mas também deve haver espaço, em nossos escritos, para uma apresentação clara de nossas posições intelectuais e profissionais.

Na ausência de uma "teoria social geral", não será possível que um tal esforço de esclarecimento possa nos ajudar a entender melhor onde estamos, a fim de garantir que compartilhemos, ao menos, um mundo intelectual comum?

O mito do metodologismo

Qu Jingdong (Universidade de Pequim)

Há cerca de cem anos, Max Weber, em seu famoso ensaio "A ciência como vocação", proclamou que "a vida acadêmica é um acaso louco" (p. 160)[28]. Como a ciência, que parece ser uma vocação de respeito e honra, ganhou a esfera do acaso? Quem quer ter sucesso na carreira acadêmica não pode contar apenas com habilidades, mas deve orar pela sorte. É certo que a sorte não é o único elemento decisivo, mas na verdade desempenha um papel excepcionalmente grande. Com perspicácia, Weber observa em seu ensaio os desenvolvimentos então recentes do sistema acadêmico. Em geral, a ciência como vocação não é mais puramente uma questão de talentos ou inspiração individual. Sentar-se em um jardim e ser atingido na cabeça por uma maçã que cai, meditar sobre a morte, contemplar o sentido último da vida – essas situações não podiam definir a ciência como uma vocação; a vida acadêmica tornou-se uma realidade intrincada, um complexo de instituições acadêmicas e empreendimentos "capitalistas de Estado", espírito secularizado de massa e constituições políticas etc. A união de todas essas forças produz um tipo de trabalhador próprio à indústria acadêmica, confinando assim o espírito desses cientistas.

"Hoje em dia, em círculos de jovens, há uma noção generalizada de que a ciência se tornou um problema de cálculo, elaborado nos laboratórios ou sistemas de fichários, tal como numa fábrica, cálculo que envolve apenas o intelecto frio e não o 'coração e a alma' (p. 161). [...] Como acontece em todas as empresas capitalistas e ao mesmo tempo burocratizadas, há vantagens indubitáveis em tudo isso. Mas o "espírito" que predomina sobre tais questões é diferente da atmosfera histórica da universidade alemã. Existe uma distância extraordinária, externa e internamente, entre o chefe dessas grandes empresas capitalistas e universitárias e o professor catedrático ao estilo antigo" (p. 157) (WEBER, M. "A ciência como vocação").

A relação atual entre universidades e tradição tornou-se exatamente como a observação de Weber acima.

---

28. As citações de Weber são extraídas, em sua versão em português, de WEBER, M. *Ensaios de sociologia*. 3. ed. Rio de Janeiro: Zahar, 1974 [Org. e intr.. de H.H. Gerth e C. Wright Mills; trad. de Waltensir Dutra; rev. técnica de Fernando Henrique Cardoso] [N.T.].

Hoje, a sociologia é cada vez mais parte integrante do sistema capitalista global. As ciências sociais, que antes se preocupavam em entender "o modo de vida" e os valores humanos em geral, transformaram-se no que C. Wright Mills chamou de "empirismo abstrato". Como disse Alain Caillé, sob o domínio do paradigma da economia neoclássica, os domínios das ciências sociais são atualmente recheados por fragmentos de "trabalho de campo" ou "dados estatísticos", e "teoria social" é apenas outra palavra para "teoria de médio alcance". Hoje em dia, os estudos empíricos muitas vezes falam sobre experiências da vida real com frieza nos olhos e uma atitude de total indiferença; com seu tom friamente desapaixonado, esses pesquisadores "empíricos" profissionais tecem análises sem necessariamente estabelecer qualquer contato empático com seus objetos, muito menos sentir ou compartilhar o destino daquelas pessoas. A "objetividade" parece exigir um distanciamento legítimo da realidade. Quanto mais objetivo um estudo empírico é, mais ele está separado das experiências reais, e jamais deve almejar alcançar uma compreensão total e abrangente do mundo por meio desse método. Podemos dizer que muitas pesquisas não se preocupam com seus objetos *como ser humano*, aliás, essas pesquisas nem parecem ter sido feitas por seres humanos. Os estudos em ciências sociais hoje tratam primeiro seus objetos (humanos) como máquinas e, em seguida, realizam pesquisas como máquinas. Esse fenômeno leva inevitavelmente à "afasia" da sociologia. A razão para isso é bastante clara: as ciências sociais estão estabelecendo uma relação de cega adoração com certos tipos de métodos. Por enquanto, vamos chamar esse culto particular aos métodos científicos de "metodologismo". A situação das ciências humanas não é melhor, a filosofia analítica predominante, as abordagens quantitativas na história, a análise química das substâncias na arqueologia, fragmentos de narrativa na antropologia. Quem hoje lê Tocqueville, Comte, Spencer ou mesmo Parsons?

O que é "metodologismo" (neste sentido particular)? Significa uma inclinação a acreditar que, uma vez que os cientistas procedam com métodos "científicos" acurados, eles terão garantida unicamente por tais métodos a capacidade de descobrir e analisar cada experiência real e seu desenvolvimento histórico. O mito do "metodologismo" ilustra uma crise da epistemologia nas ciências sociais, até mesmo uma crise da academia em geral. Como o mito do "metodologismo" tem ganhado influência global e se expandido em todas as disciplinas das ciências humanas e sociais, o problema está piorando e ninguém consegue passar incólume.

Mesmo assim, os cientistas são atraídos pelo "metodologismo" por uma razão. Suas vantagens estão de acordo com o mecanismo básico da sociedade moderna.

O primeiro caráter do "metodologismo" é a clareza. Os estudos "metodologistas" tratam os meios como fins, concentrando-se no método *per se*. Assim, para todos os estudos realizados dessa forma (independentemente dos problemas que devam tratar), a precondição é que exista um método claro à disposição. Desde que algo seja claro e de fácil compreensão, está pronto a padronização.

O segundo caráter é seu constante progresso. Segundo diz Thomas Kuhn, dentro de um paradigma estabelecido poderíamos sempre refinar nossos métodos: poderíamos partir de um determinado método, prosseguir na mesma direção e encontrar uma versão mais refinada, num processo que se repete ao infinito. O progresso visível de ferramentas ou métodos nesse sentido é bastante calmante e viciante, um placebo à mão.

O terceiro e mais perigoso caráter é a confiança no infinito refinamento. O progresso das ferramentas é transformado em confiança na compreensão e regulação de todas as experiências de vida por meio desses métodos "científicos" de progresso. Esse tipo de método possui forte afinidade com o sistema acadêmico burocrático. Ele pode ser utilizado para formar um critério "objetivo" quanto ao desempenho acadêmico. Segundo esse critério, é a quantidade, não a qualidade das publicações, que faz a diferença. A classificação da universidade e o GPA (*Grade Point Average*) são as ferramentas mais reconhecidas que regem o trabalho acadêmico. Em suma, o atual sistema de critério "objetivo" tem suas raízes profundas no mito do "metodologismo".

Em quarto lugar, o método é uma ferramenta puramente anônima, que independe de uma ideia sobre o valor ou a vida, de forma que pode ser facilmente domada e controlada pelo poder político ou pelo capital. É capaz de ter influências de longo alcance além do domínio acadêmico. Quando o mito do "metodologismo" também é reconhecido nos âmbitos político ou econômico, pode-se acreditar que o método científico é uma nova moeda, que pode ser trocada por riqueza e fama.

Por último, mas não menos importante, hoje em dia, a tendência metodológica mais popular no "metodologismo" é ver o humano através da média e da dispersão. A ideia de um "homem médio" sugere uma visão de mundo em que não há espaço para considerações políticas, éticas ou espirituais – elas são tratadas como meros resíduos. As experiências humanas estão sendo simplificadas em "valor médio" que só varia no sentido quantitativo. Na prisão desse mito já não existe interesse nos modos de vida acadêmicos, que exigem vivência fiel da própria vida e curiosidade pelo mundo que nos cerca. A adoração de ferramentas/métodos tornou-se um destino ou maldição, segundo a qual se deve sempre refinar modelos e planejar a vida de acordo com modelos. Em um destino como esse não há autoperfeição ou crescimento, muito menos compreensão da realidade e da história.

Isso é semelhante à análise da humanidade de Durkheim em *Le suicide*. Ele elucidou os possíveis resultados de o egoísmo vir de encontro com o altruísmo excessivo: a combinação de individualismo excessivo e compreensão extremamente abstrata do mundo pode privar os indivíduos modernos de uma visão concreta, mas total da vida. A interpretação que Alain Caillé produz de Marcel Mauss oferece outra possibilidade – a de a sociologia aderir a uma visão de mundo relacional: "A relação apenas pode ser estabelecida quando há uma dádiva inicial que representa o momento da incondicionalidade. Sem ela não pode haver relação como tal; apenas troca, permuta e contrato. A não condicionalidade da dádiva é uma incondicionalidade condicional." A antiga compreensão ontológica chinesa da relação também pode apoiar essa "não condicionalidade da dádiva".

***

O sociólogo chinês Quentin Pan (潘光旦, 1899-1967) expressou pensamento semelhante na década de 1940: "Na China antiga não usávamos o termo específico 'sociedade', mas tínhamos fenômenos sociais e fatos sociais. Definitivamente, não havia 'sociologia', mas já havia alguns conceitos e princípios relativos à vida social e às relações sociais. A noção das 'cinco relações cardeais' (五伦) é uma delas" (潘光旦, 2000: 181). A revisão de Quentin Pan do "Lun" (伦, relações cardeais) de Mêncio mostra que as normas sociais na sociedade chinesa derivam de "Lun". O "tipo" e a "relação" entre as pessoas são definidos por "Lun". O desenvolvimento histórico das "cinco relações cardeais" indica a transformação das relações sociais básicas e a mudança em suas definições. Além disso, as transformações dos sistemas rituais, da ética, do sistema educacional etc. também estão profundamente enraizadas no desenvolvimento do "Lun". Os "cinco clássicos" (五 典), os "cinco tipos de educação" (五 教), as "cinco virtudes constantes" (五常), os "cinco caminhos" (五 道), os "cinco elementos/movimentos" (五行) são teorias que compreendem uma visão de mundo total, conectando a natureza, o humano e o céu. Correspondentemente, Hsiao-tung Fei (费孝通, 1910-2005) cunhou uma expressão, "o modo diferencial de associação" (差 序 格局): "'Lun' é o conceito mais fundamental na estrutura social tradicional chinesa, é uma norma construída a partir da interação entre as pessoas, uma diferenciação das relações" (费孝通, 1999: 336). "Lun" é uma teia de relações sociais que são egocentradas e se estendem reciprocamente para fora em diferentes níveis e ordens, "de si mesmo para o clã (família), do clã para o Estado, do Estado para 'tudo sob o céu' (天下)". No entanto, a ética baseada em "Lun" não é egoísta. Para qualquer pessoa (sujeito), os pais são *o dado*; portanto, os sentimentos naturais do ser humano vêm da dívida para com os pais, de forma que é dever da pessoa viver sob a norma filial; para qualquer súdito, o Estado é o dado, e sua lealdade como uma obrigação natural já está nele embutida; para um ser humano, o céu é o dado, e assim se estabelece uma ordem de culto do "filho do céu" (imperador) aos súditos. Nesse sentido particular de sentimentos naturais, os homens não são iguais – "Lun" significa que um indivíduo conhece diferentes distâncias para as demais pessoas segundo a ordem diferencial dos sentimentos morais. A identidade de todos é construída nesse tipo de associação diferencial; por isso a cosmovisão chinesa é frequentemente criticada como um "particularismo" baseado no parentesco.

Por outro lado, no entanto, existe também outra relação entre o homem e o céu que pode ser interpretada como "universalismo", segundo o princípio da incondicionalidade da dádiva. Em *Livro das Odes* ("诗经") há um versículo: "É à famosa JiangYuan que remontamos o primeiro de nossa raça favorita. E como isso aconteceu, a antiga história agora conta. Com oferta pura e sacrifício, ela orou para que o Céu levasse embora a profunda reprovação que dirigira a seu ventre sem filhos; e então ela pisou em uma pegada de Deus. Imediatamente, enquanto descansava, ela havia sido tocada e estava grávida. Um filho, HouJi, logo apareceu. ("厥 初生 民, 时维姜 嫄。生民 如何？克 禋 克 祀, 以 弗 无 子。履 帝 武敏歆, 攸 介 攸止, 载震载 夙。载生 载育, 时维后稷。") HouJi foi reivindicado como um ancestral do clã governante da Dinastia Chou; desta forma, os governantes da dinastia podem traçar sua ascendência ao céu. HouJi, a quem se atribui a introdução do milhete às pessoas e o desenvolvimento da agricultura, era um símbolo dos processos naturais, de criação e cultivo.

"O céu gera a raça dos homens, com matérias e regras." ("天生 烝 民, 有 物 有") A gênese das pessoas é ao mesmo tempo a gênese de todas as regras. No pensamento chinês tradicional, o povo (súdito) representava o Céu, enquanto o governante era o Filho do Céu, então o Céu funcionava como um elemento de mediação entre o governante e os súditos; uma hierarquia ideal advém de uma ordem sagrada dada pelo Céu (钱穆, 2004: 8). Considerando a relação entre o Céu e os homens, as pessoas ou súditos são pais "naturais" do governante; porém, na realidade, as ordens dos rituais são concebidas de forma a ver o governante como o pai, que educa e cuida de seus súditos. Essa relação entre governante e súditos, entre pai e filho, também se baseia no princípio recíproco da "dádiva".

Hoje em dia, o mundo inteiro está em uma situação sem precedentes. Um espírito de anti-história ou antitradição está prevalecendo. Para curar o que Durkheim chamou de "a doença do infinito" ou "o desejo mórbido do infinito", a ideia de Alain Caillé de "incondicionalidade da dádiva" é uma abordagem possível. A civilização chinesa também pode nos ajudar a lançar alguma luz sobre esse assunto. Embora não tenha uma resposta definitiva para as crises de nosso tempo, poderia propor outra possibilidade para o imaginário sociológico.

Referências

费孝通 (1999)《乡土 中国》，载《费孝通文集》第5卷，北京：群言 出版社。

潘光旦 (2000).《说'五伦'的 由来"，载《潘光旦文集》第 10 卷，北京：北京大学 出版社。

潘光旦 (2000) "说 '伦' 字 --说'伦' 之一"，载 《潘光旦文集》第 (10) 卷，北京：北京大学 出版社。钱穆，(2004)，"儒家 之 性善论 与其尽性主义"，载《中国 学术思想史论丛》(卷二)，合肥：安徽 教育 出版社。

涂尔干：《道德 教育》

涂尔干：《自杀论》

韦伯：《科学 作为职业》

A sociologia, a troca de dádivas e a temporalidade

Mike Savage (Escola de Economia de Londres)

Acolho inteiramente o apelo apaixonado de Alain Caillé e Frederic Vandenberghe para que os sociólogos superem suas disputas internas e pensem sobre como conferir nova voltagem à grande visão interdisciplinar das ciências sociais – na qual a sociologia desempenha um papel sintético necessário – no turbulento mundo do século XXI. Pois, assim como os sociólogos ganharam proeminência no século XIX para dar sentido às dramáticas mudanças sociais que observavam ao seu redor, estamos mais uma vez vivendo em um mundo de dramático fluxo. Prestemos atenção, porém, ao fato de que esta não é simplesmente uma afirmação sobre a escala e o ritmo da mudança que pode ser interpretada dentro de paradigmas convencionais: teoria da modernização; teorias da pós-modernidade, aceleração, individualização etc. Não: é a natureza da mudança que, agora, coloca desafios a nossos pressupostos de conceitualização profundamente enraizados, dos quais temos convencionalmente nos valido para interpretar tendências e eventos. Segundo as tensões entre marxismo e liberalismo que dão contornos ao espaço no qual as ciências sociais operam, não deveríamos estar assistindo à recente proeminência do populismo; ao aumento da desigualdade de renda e riqueza; à desilusão com a democracia; à ascensão da China totalitária como a potência global dominante do século XXI; ao declínio da consciência de classe e de uma política de classe observável. No entanto, é exatamente isso que está acontecendo agora. Lembro-me perfeitamente de ter apresentado um trabalho na Unesco em Paris em 2016, logo após o referendo do Brexit e a eleição de Donald Trump, e testemunhar em primeira mão a absoluta incredulidade dos economistas presentes em relação aos eventos recentes. Transcorrida meia hora para transpor o elaborado sistema de segurança (o que por si só oferece uma história reveladora sobre o sitiamento que marca o momento atual das ciências sociais), ao fazer alguns comentários provisórios, na verdade banais, sobre a necessidade de reconhecer o poder do *status*, tive a impressão de que era saudado como um xamã, tal era o apetite por novas migalhas de pensamento sobre a mudança. (Não tive coragem de enfatizar que Max Weber havia tratado daquilo havia mais de cem anos.)

No contexto dessas incertezas, agora é de fato o momento de os sociólogos virem à frente munidos do tipo de liderança intelectual e recursos capazes de oferecer socorro. Abordarei primeiro o contexto institucional antes de refletir sobre a agenda intelectual mais ampla que C&V abordam.

1 Silos disciplinares no contexto da expansão do ensino superior

Os silos institucionais disciplinares das ciências sociais que se tornaram incrivelmente fortes em meio ao assombroso crescimento do aparato global de ensino superior desde os anos de 1960. Ao mesmo tempo em que parecem permitir um policiamento disciplinar rigoroso, também são forças conservadoras que encerram paradigmas antigos e agora problemáticos. Especificamente para a sociologia, o processo de profissionalização da disciplina foi tenso, e agora parece que nos aproximamos do fim de partida do projeto no qual a sociologia é uma disciplina acadêmica profissional distinta por si só. Pois, como C&V e muitos outros comentaristas enfatizam, até a década de 1950 a sociologia não era concebida como disciplina autônoma. Era vista, sim, como uma síntese, uma espécie de ponto de fusão de diferentes correntes intelectuais que abrangiam as humanidades, as ciências políticas, o direito e as ciências sociais de orientação mais disciplinar (notadamente a economia). Todos os pensadores que se tornaram (por bem ou por mal) sociólogos canônicos eram, na verdade, poliglotas capazes de açambarcar disciplinas e correntes intelectuais. Nesse contexto, a sociologia ofereceu um guarda-chuva no qual todos poderiam buscar abrigo.

Foi apenas em meados do século XX que se tornou proeminente a ideia de uma Sociologia com S maiúsculo – isto é, como disciplina distinta, com seus próprios protocolos e autonomia. Houve inúmeras razões para essa mudança tardia, notadamente a noção de que a sociologia era uma disciplina moderna que poderia, assim, facilitar projetos mais amplos de modernização e renovação social que concentravam grande interesse na época. Mas isso também se deveu em parte à habilidade empreendedora dos sociólogos em identificar uma "lacuna no mercado": os economistas, com seus métodos cada vez mais formalizados, não sabiam como lidar com os aspectos experienciais da vida em sociedades industriais avançadas, enquanto os antropólogos continuaram a dirigir seu olhar etnográfico ao mundo menos desenvolvido. Para preencher essa lacuna, os sociólogos fizeram parte do desenvolvimento de métodos – a entrevista qualitativa e a análise de pesquisas por amostragem nacional – que passaram a ganhar vulto a partir da década de 1950 em todas as sociedades avançadas. Esses recursos pareciam oferecer grande produtividade para deslindar a complexidade, as tensões e contradições das nações modernas: as divisões estruturais que lhes eram inerentes (classe, gênero, raça); o abismo entre sentimentos privados de tristeza, isolamento e desespero e o mundo público liberal de abundância, bom-senso e liberdades e assim por diante. Entre as décadas de 1960 e 1980, a sociologia tornou-se assim o lugar vital para abarcar diferentes versões do pensamento crítico e radical – questionando os pressupostos que sustentavam o tipo de capitalismo liberal característico das nações europeias e norte-americanas. Dentro desse espaço, surgiu uma nova geração de sociólogos que forneceu sínteses sociológicas açambarcadoras (e não exatamente mais amplas), normalmente invocando alguma versão das teorias da Modernidade – Talcott Parsons; Anthony Giddens; Jurgen Habermas; Ulrich Beck; Zygmunt Bauman; Nikolas Luhmann (para citar alguns) – e se habilitava, portanto, a oferecer uma interpretação sociológica particular da mudança social.

O problema, entretanto, é que se provou impossível consagrar esse projeto crítico como um enquadramento disciplinar duradouro. Em parte, isso se dá porque as questões críticas mudam, impedindo assim o tipo de consolidação de um *corpus* de especialização tal qual o encontrado em outras disciplinas. Como C&V abordam, esse projeto também dependia de uma crítica da economia, com seus pressupostos utilitários, acarretando uma espécie de deferência ressentida a essa disciplina, que os economistas, de sua parte, não retribuíam (eles tinham seus próprios protocolos internos que não precisavam ser defendidos em termos de serem eles diferentes e críticos em relação a alguma outra disciplina, como a sociologia). O resultado foi a geração de um grau de instabilidade ao projeto disciplinar da sociologia que viria a se acerbar no contexto dos desenvolvimentos metodológicos, especialmente os associados às novas tecnologias da informação. Como já escrevi em outra ocasião (SAVAGE & BURROWS, 2007; SAVAGE, 2010), o aumento dos dados transacionais (mais tarde chamados de *Big Data*) puxou o tapete dos sociólogos que enfatizavam suas habilidades particulares em trazer à luz características da vida cotidiana.

Na verdade, estou otimista sobre as perspectivas da sociologia – mas à medida que ela se vê com um papel gerador e interdisciplinar, e não como uma disciplina particular. As disciplinas mais estabelecidas estão atoladas em seus próprios protocolos e frequentemente relutam em assumir colaborações ambiciosas para a construção de paradigmas. Em contraste, em várias universidades, os sociólogos são extraordinariamente hábeis no desenvolvimento de iniciativas novas e criativas: para pensar em apenas alguns exemplos, foram responsáveis por um apoio altamente eficaz ao desenvolvimento dos estudos de gênero e raça, de mídia e comunicação. Desempenhamos papéis importantes em iniciativas em torno da ciência da web e estudos da informação; no estudo social da saúde e doença; em torno do consumo e estilo de vida; e assim por diante. É sobretudo quando os sociólogos se fazem introspectivos e se concentram em suas próprias identidades e preocupações que os problemas emergem.

Isso explica, então, meu entusiasmo ante o manifesto de C&V. Desejo agora considerar aspectos particulares de seus argumentos e propor uma formulação um tanto diferente, não obstante aborde a mesma agenda e desenvolva suas preocupações.

2 A troca de dádivas e duração

No cerne do artigo de C&V está uma viva e bela adesão à relação mediada pela dádiva como base para uma sociologia "neoclássica" rediviva. O apelo dessa formulação é muito claro: ela é ecumênica e generosa ao estender a associação à antropologia, repudiando assim o desnecessário impasse disciplinar que perdura desde o surgimento da sociologia como disciplina autônoma a partir dos anos de 1960. Ele pode atrair uma série de temas de grande interesse em torno do cuidado (*care*) e do reconhecimento e uni-los sob um grito de guerra – e oferece uma alternativa clara e direta ao enquadramento utilitário que tem sido fundamental nas ciências sociais. Ele também coloca as atividades e vidas dos marginalizados – notadamente mulheres e migrantes que fazem grande parte do trabalho de cuidado (*care*) formal e informal – no centro de nossa compreensão do social, em lugar dos proeminentes executivos do mundo corporativo e os políticos, estratégicos e instrumentais, que via de regra desfrutam de mais atenção. Como forma de cristalizar uma alternativa de base para um enquadramento utilitário, a ideia é muito poderosa, e eu a endosso nesses termos.

No entanto, embora fortemente entusiasmado com tal orientação, quero sugerir algumas qualificações e avançar em algumas direções. Embora represente uma reconciliação entre antropologia e sociologia, essa formulação, no entanto, restabelece a tensão entre economia e sociologia com a qual C&V também se preocupam. Ao estabelecer seu ponto de partida para a necessidade renovada de uma crítica ao utilitarismo, ela atualiza e renova amplamente a tendência de longo prazo dos sociólogos de encontrar plataformas de apoio contra o *homo economicus*. Pessoalmente, penso que é vital superar, em vez de reproduzir, essa tensão de longo prazo. Afinal, é essa mesma dicotomia que está no cerne de nossas atuais agruras, pois reproduz profundos e insuportáveis fractais binários. Versões desse argumento podem ser encontradas na distinção de Nancy Fraser entre as políticas de redistribuição e reconhecimento; na diferenciação que Inglehart (1990) produz entre posturas materialistas e pós-materialistas e talvez na mais antiga de todas as distinções de Habermas entre ação instrumental e comunicativa. Precisamos superar essa divisão fundamental, não a restabelecer em termos ligeiramente diferentes.

Uma maneira de fazer isso é observar o fato de que parte do pensamento antiutilitarista mais interessante vem da economia. Inspira-me, em particular, a crítica de Amartya Sen (2006) ao que ele chama de teorias "transcendalistas" da justiça, que podem ser associadas à tradição utilitarista (embora se estendam para além dela, notadamente no caso de John Rawls e sua afirmação sobre "justiça como equidade"). Sen observa que esse enquadramento é insuficiente ante uma abordagem processualista fina na qual a capacidade das instituições, e especialmente dos estados-nação, de implementar protocolos para garantir a equanimidade (mais notavelmente, sob a forma de direitos de cidadania) torna-se o *leitmotiv* de nossa compreensão da própria justiça, levando à falta de capacidade de reconhecer questões substantivas. Em vez disso, ele se distancia das perspectivas do contrato social, incluindo as de Rawls, e se baseia na teoria dos sentimentos morais de Adam Smith para argumentar que se pode detectar a injustiça também quando observadores externos são capazes de perceber as desigualdades na maneira com que as partes se relacionam entre si. Isso pode parecer banal, mas podemos ver prontamente o escopo adicional que uma tal perspectiva enseja quando consideramos o caso de um casal, homem e mulher, que parece discutir suas relações domésticas e entre os quais as decisões são tomadas de forma que compete à mulher realizar a maior parte do trabalho doméstico, sob a premissa de que se trataria da forma mais racional e eficaz de organizar os interesses da família. Seria difícil criticar isso de uma perspectiva transcendentalista, tal como a que um utilitarista poderia invocar (uma vez que este arranjo parece ter sido aceito com o intuito de oferecer a melhor maneira de promover interesses domésticos e, portanto, individuais), mas o observador externo de Sen ainda poderia perceber (e daí extrair conclusões) os evidentes desequilíbrios e a falta de reciprocidade. O rosto triste da esposa enquanto lava a louça depois que o marido se retira para a sala de estar fala por si. E, para fazer a conexão com os argumentos de C&V, esse observador externo também se encontra bem colocado para refletir sobre a natureza gentil das relações de dádiva que se podem observar.

O foco de C&V na relação de dádiva pode, portanto, ser enfatizado ao colocá-lo dentro dessa crítica mais ampla ao utilitarismo em nome do antitranscendentalismo. E aqui também podemos ver que há um perigo na ideia de Sen de que a análise social, em última instância, se reduza ao reconhecimento de que há uma grande diversidade de situações e relações. Sem dúvida, existe o perigo na sociologia recente de estarmos todos abraçando um tipo de pragmatismo fácil com o qual nos sentimos confortáveis, mas que perde a força crítica. As visões pragmatistas são altamente eficazes na delimitação das complexas teias da vida social cotidiana, mas às expensas de uma análise crítica abrangente e mais ampla. Essa virada pragmática tem vários aspectos, que vão do interacionismo simbólico à fenomenologia de Bourdieu e a Teoria Ator-rede de Latour, bem como a "teoria da prática", e a preocupação com a valoração e as fronteiras associada a Michele Lamont (p. ex., LAMONT & MOLNAR, 2002). Portanto, essa foi uma virada altamente produtiva para a sociologia empírica e até se tornou um padrão para muitas pesquisas empíricas (que podem realmente criticar o pragmatismo!). No entanto, embora decerto desempenhe uma função útil no fornecimento de generosos relatos da vida social cotidiana em que atores humanos (e às vezes não humanos) são tratados como qualificados portadores de conhecimento, o custo pode ser uma perda de distância crítica. Saúdo, portanto, o "transcendentalismo fraco" que a defesa de C&V da relação de dádiva oferece: uma vez que considero que ele não funciona como injunção analítica, mas ferramenta para que se pense a interpretação da natureza das relações sociais e, portanto, extrair analiticamente o tipo de temas que foram expostos no âmbito da pesquisa empírica inspirada no pragmático.

Desejo agora introduzir um tema que me preocupa muito: a necessidade de construir uma dimensão histórica mais efetiva para as ciências sociais. O problema que me preocupa aqui é a ontologia temporal modernista que sustenta grande parte da ciência social, na qual se considera o passado como instância passiva, deixada para trás pela Modernidade e, portanto, não ancorada. Como aponta o diagnóstico de Koselleck (p. ex., 2000) e vários outros, essa compreensão do tempo tornou-se totalmente hegemônica, mas também constitui uma grande barreira para uma ciência social eficaz. Ele define uma ontologia fundamental na qual passado, presente e futuro estão separados e na qual a agência se localiza em um presente contingente e apto, portanto, à produção de um futuro que ainda não se pode conhecer. Essa ontologia tem forte presença em muitas teorizações sociológicas recentes, passando por Beck, Bauman e Rosa, mas não propicia uma abordagem eficiente da maneira com que se pode entender o desafio contemporâneo sob a forma do retorno dos poderes históricos. A mudança climática é o produto de emissões que aconteceram no passado. A desigualdade, como demonstra Piketty de forma brilhante, é produzida pela acumulação de capital produzida ao longo de muitas décadas e que, então, vem assombrar as gerações futuras. Esses processos de longo prazo exigem que reformulemos nosso pensamento sobre a própria mudança social. No cânone amplamente negligenciado associado a Henri Bergson, exige que reconheçamos a duração.

Quanto a esse ponto, a relação de dádivas oferece recursos consideráveis. No lugar do utilitarismo, que se concentra no presente enquanto o ator estratégico pesa custos e benefícios de determinadas ações e, em seguida, deixa o passado para trás enquanto segue para a próxima ação, as dádivas têm lugar por um longo período, e suas memórias têm uma vida após a morte muito longa. Isso aparece com muita força na política contemporânea de restituição e perdão, por exemplo, em relação à espoliação de tesouros culturais por potências imperiais durante o século XIX, ou sobre o legado da escravidão em todo o Sul global, e o racismo duradouro por ela gerado. Essas apropriações estão longe de serem limitadas ao passado. Justificativas utilitaristas – de que mais pessoas podem ver os mármores de Elgin no Museu Britânico do que em Atenas, ou de que a escravidão ajudou a construir sociedades industriais modernas que agora nos permitem viver em abundância muito maior – não parecem de grande ajuda para aliviar o problema. Como poderiam? No entanto, obtemos voltagem muito maior sobre a força duradoura dessas trocas traumáticas ao reconhecer que esses processos desafiam os princípios maussianos das relações de dádiva e, portanto, constituem um erro duradouro. Assim, as dádivas transmitem duração e força que não podem ser facilmente apagadas, negligenciadas ou esquecidas. Mesmo reconhecendo a insistência de Walter Benjamin de que tesouros culturais são carregados na marcha triunfal e reclamados pelos vencedores, podemos também refletir que as cabeças inclinadas dos requerentes que observam tal marcha deixam uma poderosa ressaca emocional.

Também podemos ganhar voltagem em relação à compreensão das ideias de cuidado (*care*) e reconhecimento refletindo sobre a duração nela implicada (em vez de meramente tratar da relação entre partes). A própria definição de cuidado (*care*), em vez de trabalho de serviço qualificado, é a do trabalho em aberto nos termos da duração da própria relação. Enquanto um garçom charmoso e habilidoso pode oferecer um trabalho emocional como parte de seu serviço de mesa, eles não oferecem cuidado algum, pois sua atenção terminará no instante em que sairmos pela porta. Em contraste, o cuidado (*care*) não tem um fim demarcado, é uma relação que perdura. Da mesma forma, o reconhecimento envolve mais do que um ato discreto (como um "pedido de desculpas"), mas uma avaliação contínua da parte desprezada.

Penso, então, que a atenção ao tempo pode estender o poder da abordagem do relacionamento da dádiva acima do utilitarismo. Quero, porém, desenvolver esse pensamento de uma maneira significativa. Pois, embora a ideia da relação de dádiva tenha uma ontologia temporal muito mais alargada do que a da troca utilitária, ela ainda espacializa as relações sociais ao dirigir a atenção para as trocas entre as partes que estão localizadas separadamente. Ela pode, portanto, se prestar a teorias de troca formais do tipo que Peter Blau elaborou na década de 1960 e que agora estão inseridas em modos de análise de rede social que são cada vez mais proeminentes (ou, p. ex., na análise econômica de cadeias de troca globais). Sugiro que é preciso fortalecer nosso pensamento acrescentando a ideia do "peso" da dádiva, em que a força histórica da dádiva se torna importante. Meu pensamento aqui é inspirado, é claro, pela reflexão de Bourdieu e Piketty sobre o poder do capital como forma de acumulação histórica.

O trabalho de Piketty (2014) é inspirador aqui. Talvez mais do que qualquer outro economista, ele procurou criticar as obsessões metodológicas dos economistas e procurou reposicionar a economia dentro de uma ciência social mais ampla. Piketty na verdade tem uma reputação mista como economista – frequentemente admirado por sua perspicácia na coleta de dados, mas criticado por sua estrutura teórica neoclássica (p. ex., STIGLITZ, 2014; SOSKICE, 2014). Não obstante, ele deu uma contribuição notável ao redirecionar os debates sobre a desigualdade, tirando o foco unicamente da renda e apontando à sua relação com o capital. Ao enfatizar como a acumulação de capital é uma força constante e comum na qual os detentores de mais capital tendem a ganhar mais, e na qual ele tende a acumular mais rápido do que a taxa de crescimento, Piketty aponta as falhas inerentes ao tipo de suposições ordinárias das ciências sociais que prevaleceram em muito de sua produção, notadamente a associada à modernização e à teoria do crescimento e às teorias da Modernidade. A constante provocação de Piketty em *O capital no século XXI* serve para nos lembrar do retorno de precedentes históricos sobre o poder patrimonial da elite, os quais se pensava terem sido banidos pelo capitalismo meritocrático liberal, mas voltaram com força.

O que está em jogo aqui, e que Bourdieu traz à tona com grande força, é o significado do capital como uma força com peso histórico. É esse tipo de dimensão temporal que pode ser trazida a campo para a reflexão sobre relacionamentos mediados pela noção de dádiva – em termos do tamanho e da ressonância histórica da própria dádiva. Assim, a relação de dádiva não se desfaz em interações daqueles que estão envolvidos em suas trocas, mas a atenção também pode se concentrar no "capital objetificado" (para usar uma frase bourdieusiana) que atua como o elo dentro da web.

Conclusão

Nestes breves apontamentos e reflexão, espero ter deixado claro meu entusiasmo pelo esforço de C&V. Os sociólogos sempre foram propensos à introspecção. Às vezes, isso se converte em um "olhar para o umbigo" claramente subjetivista, mas em outras ocasiões permite que os sociólogos reflitam sobre as tradições de pensamento que permitem novas sínteses e perspectivas altamente formativas. A habilidade de C&V reside não apenas na maneira como eles apontaram os problemas com a análise sociológica convencional; em sua oferta da troca de dádivas como uma estrutura açambarcadora de análise, eles também oferecem ferramentas potenciais para que avancemos. Como já expliquei, julgo que, sem sombra de dúvida, elas têm um considerável potencial, e com o horizonte aberto para que possam ser ainda mais desenvolvidas ao incorporar uma maior sensibilidade à temporalidade. Observarei essa corrente de pensamento emergente com grande interesse e simpatia.

Referências

BLAU, P. (2017). *Exchange and Power in Social Life*. Londres: Routledge.

FRASER, N. (2000). "Rethinking recognition". In: *New Left Review*, 3, p. 107.

GOLDMAN, L. (2002). *Science, Reform, and Politics in Victorian Britain*: The Social Science Association 1857-1886. Cambridge: Cambridge University Press.

INGLEHART, R. (2018). *Culture Shift in Advanced Industrial Society*. Princeton: Princeton University Press.

KOSELLECK, R. (2004). *Futures Past*: On the Semantics of Historical Time. Columbia University Press.

LAMONT, M. & MOLNÁR, V. (2002). "The study of boundaries in the social sciences". In: *Annual Review of Sociology*, 28 (1), p. 167-195.

PIKETTY, T. (2014). *Capital in the 21st century*. Cambridge: Harvard UP. [Ed. Brasileira: PIKETTT, T. (2014). *O capital no século XXI*. Rio de Janeiro: Intrínseca].

SAVAGE, M. (2010). *Identities and Social Change in Britain since 1940*: The Politics of Method. Oxford: Oxford University Press.

SAVAGE, M. & BURROWS, R. (2007). "The coming crisis of empirical sociology". In: *Sociology*, 41 (5), p. 885-899.

SEN, A.K. (2009). *The Idea of Justice*. Cambridge: Harvard University Press.

SOSKICE, D. (2014). "Capital in the twenty first century: a critique". In: *The British Journal of Sociology*, 65 (4), p. 650-666.

E quanto aos outros

Michael Singleton (Universidade Católica de Lovaina)

"Qual é o lugar do diácono nos serviços litúrgicos?" foi a pergunta do exame de fim de semestre que nos foi feita em junho de 1959 por nosso professor de Teologia dos Sacramentos no mais importante seminário de Cartago. Depois de rabiscar "Atrás do trilho do altar" em precisos trinta segundos, meu colega ao lado, um arrematado provocador, saiu da sala feliz e contente! Faça uma pergunta ambígua, e a resposta será igualmente ambígua! Muito antes de Heidegger insistir na necessidade de definir de pronto a questão (*Fragestellung*), Tomás de Aquino jamais propôs sua solução a um problema sem um longo levantamento do que estava em jogo (*status questionis*). Assim, prevenido a respeito de correr sem freios rio abaixo por onde anjos teriam medo de caminhar correnteza acima, quando anunciado pelos autores o espaço que a antropologia social poderia ocupar em sua proposta de remodelagem das ciências humanas, tendo passado minha vida além do razoável paradigmático estabelecido pelo mundo ocidental, eu instintivamente me perguntei como sua proposta teria soado historicamente e como seria recebida interculturalmente.

Como um antropólogo ocidentalizado (ainda hei de encontrar algum outro) que acabou na fronteira etnológica de Lovaina, um dos membros fundadores do sistema universitário europeu, concordo plenamente com nossos sociólogos tradicionais que a organização das ciências humanas tal como se encontram justifica uma séria revisão. "Bobo da corte, mas não rei assassino!"[29], desde que esteja inserido com sua pesquisa no projeto global que a modernidade ocidental encarna ao lado de outras de mesmo tamanho sócio-histórico, como a asiática, a africana ou a ameríndia, o antropólogo não pode fazer objeções fundamentais. Ele simplesmente acrescentaria que, diante dessa pluralidade positiva de escolhas culturais irredutíveis, a questão não é tanto como quanto onde essa revisão deve ser realizada. Se ocorrer no espaço atualmente predominante da academia ocidental, dificilmente representará mais do que uma redistribuição cosmética das mesmas velhas cartas. Se, no entanto, à luz de percepções interculturais, estivermos preparados para admitir que nossas próprias noções de "humano" e

---

29. "L'anthropologue – Fou du roi mais pas régicide!" In: *Recherches Sociologiques*, 1, 1996, p. 109-120.

de "ciência" constituem elaborações etnocêntricas de importância limitada, se não questionável, então podemos estar em condições de estabelecer um entendimento paradigmático radicalmente novo do que é necessário para tornar as coisas (incluindo a sociologia) não apenas significativas, mas viáveis.

Saber o que é saber

A credibilidade de qualquer reorganização concreta das searas de fato cultivadas no campo cultural do conhecimento, conforme fracionado e praticado no Ocidente, depende de sabermos epistemologicamente o que *é* o "saber" como tal e como se concretiza num sentido etnológico. Ao aludir à prioridade fundamental de um preâmbulo epistemológico para qualquer remodelação disciplinar, não tenho em mente nem generalizações heurísticas de médio alcance, como a necessidade de contextualizar e comparar evidências empíricas antes de saltar às considerações finais, nem tecnicismos metodológicos básicos, como trabalho de campo, investigação estatística, discussão em grupo, gravação audiovisual etc.[30] Observe-se de passagem que foi entre a filosofia e os aspectos práticos que a antropologia resolveu sua crise de identidade nos anos de 1970[31]. Distanciando-se de seu assunto tradicional (as culturas primitivas) e dissociando-se de mentalidades duvidosas (convivência com o colonialismo, defesa de causas perdidas), a antropologia identificou-se com um método transcendental: a observação participante. Na minha opinião, entretanto, ao fazê-lo não logra nem epistemológica nem etnocentricamente. Pois, fundamentalmente, por um lado, como todo conhecimento, a participação só pode ser pessoal —[32] ou seja, o fato (ou seja, o *factum* ou elaboração) de um participante nomeado, de um ego existencial (o *Dasein* de Heidegger), encarnado, *carne y hueso* (Unamuno), de um momento para o outro (Heráclito) em sua própria corporeidade (Merleau--Ponty, Ricoeur) continuamente materializada em uma situação sócio-histórica específica (Castoriadis). Por outro lado, e como consequência do fato epistemológico de que os pontos de vista, sendo pessoais, produzem separadamente o significado singular do que se vê, a observação, inclusive a de um cientista ou de um sábio, nunca pode ser absolutamente objetiva ou isenta de valores.

No entanto, em princípio, nada pode ser dito e feito nessas faixas intermediárias e inferiores, a menos que as questões epistemológicas propriamente ditas tenham sido de fato abordadas, se não resolvidas de forma satisfatória. Talvez porque eu tenha começado a vida como um filósofo de tipo reconhecidamente escolástico, o fato de que a maioria daqueles que praticam as ciências humanas

---

30. "De l'épaississement empirique à l'interpellation interprétative en passant par l'ampliation analogique". In: *Recherches Sociologiques*, 1, 2003, p. 14-40.

31. Cf. vol. 97-98 de *L'Homme*, 1986, intitulados "Anthropologie: Etat des Lieux".

32. POLANYI, M. *Personal Knowledge*. Londres: Routledge, 1958.

parecem dar como certo que podem funcionar sem levantar questões ontoepistemológicas, para minha mente metafísica compromete a relevância radical de suas produções profissionais. Pressupõe-se que procurem falar *verdadeiramente* sobre a *realidade* das coisas investigadas de um ângulo *teórico*, mais do que aplicado; acima e além das impressões espontâneas, mas tendenciosas, do homem comum, eles sentem que, graças a uma abordagem não relativa, livre da cultura e intrinsecamente *neutra*, descobriram a função unívoca e universal das estruturas subjacentes agindo como *causas substanciais* de variações acidentais. No entanto, como Agostinho pondera sobre a experiência e expressão do tempo, quanto mais se pensa no que se pode dizer em termos de verdade e realidade, no *status* ontoepistemológico de coisas como substância e acidente, existência e essência, nome e natureza, do caráter intrinsecamente histórico e, portanto, relativo da dicotomia entre teoria e prática (entre o elevadamente mental da mente do senhor e o meramente aplicado do escravo de segunda categoria), entre a crença (religiosa) e o conhecimento (científico), entre o senso comum e os jogos de linguagem especializados... mais se percebe que, para ter sucesso permanente, qualquer reforma do cenário acadêmico real deve começar no início com uma declaração paradigmática de intenção filosófica, em vez de *in medias res* com uma mera redistribuição de papéis.

A esse pré-requisito epistemológico deve ser adicionado o reconhecimento das limitações etnocêntricas inescapáveis até mesmo do mais radicalmente revolucionário dos projetos. Nenhum projeto específico (incluindo o de racionalidade científica ou direitos humanos) pode ocorrer se não dentro de um determinado projeto global. E a menos que alguém acredite com os cristãos ou muçulmanos que a humanidade não pode ser salva fora de algum lugar de repouso universal predestinado como a Igreja, a Umma ou uma modernidade globalizada, nenhuma escolha cultural pode constituir absolutamente o único e melhor caminho a seguir. No máximo, qualquer situação sócio-histórica estabilizada só pode equivaler a uma visão e valorização das coisas que um determinado grupo tem todo o direito de considerar sob a perspectiva de um futuro antecipável enquanto instância relativamente absoluta. Portanto, sou totalmente a favor de qualquer melhoria plausível da problemática situação atual em que as ciências humanas se encontram, desde que seus limites tribais sejam aceitos *a priori*. Pois uma tal reforma só pode ocorrer no âmbito de uma reserva nativa entre muitas outras – cada qual desfrutando dos mesmos direitos provisórios básicos aos absolutos relativos de sua escolha.

Tirante o totalmente outro da oralidade pura[33], a impossibilidade de tratar a palavra escrita como substancialmente idêntica ao longo do tempo histórico e do espaço social fornece uma excelente ilustração desse incomensurável pluralismo cultural sempre em curso. Um intelectual não pode deixar de lamentar

---

33. ONG, W.J. *Orality and Literacy* – The Technologizing of the West. Londres: Routledge, 1982.

todos os livros perdidos na destruição acidental, porém às vezes deliberada, de bibliotecas, desde o incêndio em Alexandria até as fogueiras nazistas e proibições da Inquisição. É importante reconhecer, contudo, que não se lamenta exatamente a mesma realidade transcultural, mas uma série de realizações culturalmente irredutíveis e irreversíveis. Em jogo não estão as diferenças óbvias entre pergaminhos, incunábulos e brochuras. Quando você visita a biblioteca de Nicolau de Cusa (1401-1464) ou a dos Mourides, uma confraria muçulmana senegalesa, em sua cidade sagrada de Touba, você percebe que elas estão organizadas de acordo com entendimentos categóricos não tanto de "o" mundo (que só pode ser materialmente um e o mesmo), mas de mundos bastante distintos do nosso. Nicolau colocou seus livros em estantes nomeadas *trivium* e *quadrivium*, enquanto o bibliotecário-chefe de Touba os arrumou segundo os paradigmas islâmicos. Nossas bibliotecas universitárias atuais datam da criação da universidade moderna em Berlim por Von Humboldt na década de 1820[34]. Sua disposição responde a uma divisão entre as ciências naturais e as humanas ditada por aquela dicotomia exclusivamente ocidental entre natureza e culturas[35]. Observe como falamos espontaneamente da primeira como substancialmente singular, como sendo objetivamente já existente de verdade, enquanto o plural da segunda reflete duas outras excentricidades etnocêntricas inconscientes. Por um lado, o cultural culmina na gratuidade das artes e é o primeiro setor social a ser sacrificado quando a situação econômica fica difícil. Por outro lado, como diria Bourdieu, ser culto distingue você do rústico.

As divisões dentro das disciplinas humanas que, de um ângulo intercultural, parecem tão ambíguas e arbitrárias quanto o contraste abrangente entre as ciências duras e brandas[36] encontram expressão literalmente concreta nos tijolos e na argamassa de nossos *campi* contemporâneos. Tomás de Aquino, que foi a um só tempo filósofo e teólogo, acharia estranho que a Faculdade de Teologia e o Instituto de Filosofia ocupassem edifícios separados na Universidade Católica de Lovaina. Os humanistas da Renascença considerariam ainda mais estranho o quilômetro que um especialista no lado social da natureza humana teria de percorrer (teoricamente, já que ele praticamente nunca se preocupou em fazê-lo) para encontrar um colega empenhado em resolver psicologicamente os problemas da identidade individual. Lévi-Strauss e Evans-Pritchard, que acabaram por não ver nenhuma diferença fundamental entre antropologia e história, teriam

---

34. "L'universalité de l'université?" In: NAVAHANDI, F. (edit.) *Repenser le développement et la coopération universitaire*. Paris: Karthala, 2003, p. 89-107.

35. MOSCOVICI, S. *Essai sur l'histoire humaine de la nature*. Paris: Flammarion, 1968. • SINGLETON, M. "Un anthropologue entre la nature de la culture et la culture de la nature". In: (DEBUYST, F.; DEFOURNY, P. & GÉRARD, H. (dirs.). *Savoirs et jeux d'acteurs pour des développements durables*. Louvain-la-Neuve: Academia, 2001, p. 81-111. • DESCOLA, P. *Par-delà nature et culture*. Paris: Gallimard, 2004.

36. MOLES, A.A. *Les sciences de l'imprécis*. Paris: Seuil, 1995.

lamentado a instalação da primeira no Departamento de Ciências Sociais e da segunda na Faculdade de Literatura. Fiéis à ótica e opção de seus ancestrais gregos ("antes de em algum momento se envolver, primeiro veja claramente e julgue as consequências"), ambos tinham em mente uma abordagem puramente intelectual da realidade e a imaginavam intrinsecamente inocente de quaisquer implicações políticas ou aplicações lucrativas. Daí toda uma série de duplos vínculos e efeitos colaterais esquizofrênicos que resultam do telescópio ocidental do fenômeno universal da socialização especializada com uma forma de escolaridade superior. Os WaKonongo, entre os quais vivi entre 1969 e 1972 na mata da Tanzânia, teriam criticado em pelo menos dois pontos a sociologia clássica proposta. Como aprendi ao indagar ingenuamente sobre sua filosofia e prática de feitiçaria, a primeira era que saber (*savoir*) implica necessariamente estar em uma posição para atuar (*pouvoir*) e leva automaticamente ao lucro (*avoir*). A segunda era que o ensino como uma magistral lavagem dos cérebros dos alunos, mais ou menos cuidadosamente sentados nas fileiras das salas de aula, equivale a colocar a carroça na frente dos bois. Para muitos "primitivos" (?), a forma mais eficaz de aprendizado é mistagógica: trabalhar com um especialista ou ser obrigado a fazer ou passar por coisas em um ambiente iniciático. Quando você passa anos com pessoas que fixaram, para sua satisfação, o teto do conhecimento no nível de uma práxis informada pelo que os gregos chamam de prudência (*phronesis*), você percebe o quão desequilibrada é uma tradição que data de Platão & Co., baseada na textual transmissão de princípios teóricos por mentes que passaram suas vidas em torres de marfim longe da multidão enlouquecida para a qual a maioria dos clientes retornará. Ainda mais etnocentricamente estranho é o privilégio primordial da formulação prosaica de substâncias supostamente unívocas e estruturas universais. Pois, na realidade filosófica, sendo as coisas especificamente singulares e singularmente situadas, as expressões figurativas da poesia e dos provérbios são mais efetivamente expressivas da existência do que generalidades acadêmicas aparentemente essenciais. O meio não apenas é a mensagem (McLuhan), como "ambos" *são* fundamentalmente metafóricos[37]. Reformar a sociologia sem revolucionar a formação seria o mesmo que vencer uma batalha, mas perder a guerra.

Finalmente, um último alarme intercultural: um estudante de doutorado visitante do Congo que também era um *mganga* (melhor traduzido como um "clarividente corretivo") acostumado a encontrar uma solução holística para questões de bem-estar, propôs que visitássemos colegas na Faculdade de Medicina. Mas ficou horrorizado ao saber que teríamos de pegar o trem de Lovaina para os arredores burgueses de Bruxelas, onde ela havia sido instalada. "Como diabos", disse ele, "vocês, europeus, podem imaginar que um desequilíbrio deve ser tratado como questão essencialmente somática quando está também e in-

---

37. RICŒUR, P. *La Métaphore vive*. Paris: Seuil, 1997.

trinsecamente ligado a fatores psicológicos, sociais e ecossomáticos?" Se todos os medicamentos podem ser apenas etnomedicamentos, pode a sociologia, antiga ou (pós-) moderna, reivindicar ser mais do que uma perspectiva tribal?

Consequentemente, desde que o retorno proposto a uma sociologia de interpretação mais clássica seja voltado para o mercado doméstico, o antropólogo não tem razão para contestá-lo. Se, entretanto, for destinado à exportação, ele se sentirá obrigado a combiná-lo com a cooperação interuniversitária internacional como mais uma tentativa inconsciente de ocidentalizar o mundo. Ideológica e institucionalmente, nossa universidade articula e ativa um projeto particular de uma escolha cultural global que é tão intrinsecamente não universal quanto a Igreja de Roma é, ao menos etimologicamente, não "católica" (*kata olos*). Formar no exterior (ou do exterior) um cientista natural ou social (historiadores, psicólogos, sociólogos ou antropólogos) em conformidade com nossa compreensão e organização do conhecimento científico não é fundamentalmente diferente de criar um clero nativo à disposição do Vaticano.

Seres humanos em vez de ser humano

A ilusão de invariabilidade transcultural substancial que acaba de se detectar em nossa compreensão instintiva de disciplinas baseadas em livros, como a sociologia (teórica), (in)conscientemente levanta sua cabeça imperialista quando a biblioteca passa a ser um humano. Simpatizamos espontaneamente com a afirmação do ilustre Hampate Ba de que, quando um ancião iletrado morre na África, ele leva para o túmulo toda uma biblioteca de sabedoria ancestral. Mas o que o sociólogo médio e mesmo o antropólogo não são capazes de perceber e com igual impulsividade é que ser humano na África implica algo totalmente diferente da noção ocidental da natureza humana. Deus morreu a morte de mil diplomas nas mãos dos próprios teólogos, que perceberam que, despelando uma afirmação inadequada após a outra, o próprio objeto de sua disciplina sempre havia sido uma cebola e não uma alcachofra. Da mesma forma, filósofos como Foucault e Parfit, mas também dramaturgos (Pirandello) e psicólogos (Freud), há muito desistiram da busca por uma definição quintessencial do que é necessário para ser universal e univocamente humano. Surpreendentemente, em vez de defender a diversidade cultural, sociólogos e até antropólogos dão a impressão de que suas disciplinas (estabelecidas ou renováveis) subscrevem incondicionalmente uma definição universalmente orgânica e/ou ontologicamente unívoca da natureza humana. Ao manter as oscilações entre a matéria e a metafísica de uma certa filosofia simplista perene na tradição ocidental, o homem tem sido substancialmente o mesmo de Tumai a Trump e permanece essencialmente assim, não importa o que os aborígenes da Baixa Patagônia ou da Mongólia Exterior possam ter culturalmente em mente. Essa suposição *a priori* falha no teste *a posteriori* dos *fatos* históricos: cada período e povo conhecido por nós construiu suas antropo-logias particulares que, na melhor das hipóteses, sobrepõem-se marginalmente, mas que *de fato* se revelam como irredutíveis e incompatíveis entre si[38]. O que resta de nossa palavra "homem" uma vez que se tenha tirado do campo semântico o fato de que os canibais asmat de Papua tratavam seus vizinhos como meros comestíveis, que os jainistas da Índia respeitam as formigas tanto quanto suas tias, que até nove elementos chegam a figurar algumas antropo-logias da África Ocidental, que, antes que os etologistas nos fizessem duvidar do tema, postulávamos um abismo intransponível entre o mais baixo dos humanos e o mais elevado dos animais? Só a mais ingênua das dicotomias aristotélicas entre substância e acidentes pode nos fazer reduzir tais *fatos* (eu poderia ter elencado muitas outras elaborações etnocêntricas) a meras variações culturais de uma mesma natureza humana à qual, em princípio, caso queiram ser verdadeiramente humanos, todos os homens devem aceder.

Antes de conceder graciosamente aos antropólogos uma vaga em sua reprogramação da cena acadêmica, cabe aos sociólogos declarar a lógica humana à qual seu programa está sujeito. Por que, pergunta o animista, Comte sinalizou tão singularmente o humanamente social e deixou de se dissociar o bastante daquele espécie-centrismo teológico que faz da humanidade o princípio e o fim de toda a criação? Teilhard de Chardin não foi o primeiro nem o último a proclamar a antropogênese como o coroamento da cosmogênese. A maioria de nós tende a ver nossa espécie como o ápice definitivo de uma cadeia piramidal de seres que se estende do mineral à humanidade, passando pelo vegetal e animal? No entanto, talvez seja mais plausível e certamente mais lucrativo para todos os envolvidos ver todas as coisas como vivendo com plenos direitos em suas próprias comunidades – interagindo em pé de igualdade assim como os anéis da bandeira olímpica, todos do mesmo tamanho, mas de cores diferentes. Ecologia profunda e sociologia profunda lutando a mesma boa batalha por um equilíbrio evolutivo mais equitativo? Na prática, pode haver sociologia sem antropologia e vice-versa, mas, em teoria, não deve haver ciências sociais sem uma visão paradigmática do que significa e se considera ser humano.

Como minhas três mil palavras estão quase no fim, uma última observação. Ao legar um Laboratório de Antropologia Prospectiva em Lovaina, minha intenção não era demarcar mais uma "Antropologia d..." ao lado de outras, como as da saúde ou da religião; nem mesmo foi propor outra forma de fazer antropologia. A designação foi inventada como um eufemismo academicamente aceitável para a antropologia preencher o vácuo deixado pela morte da teologia da libertação após a morte de Deus. "Prospectiva" foi o embrulho que escolhi para o projeto de uma Antropologia da Libertação ou, melhor ainda, para a libertação dos antropólogos para seu engajamento em uma práxis libertadora. O homem

---

38. "L'Homme nouveau est arrivé!" In: MAZZOCCHETTI, J. Et al. *Humanités réticulaires*. Louvain--la-Neuve: Academia, 2016, p. 267-307.

de Nazaré não propôs um retorno a um judaísmo mais autenticamente clássico. A boa-nova que Ele promulgou foi a liberdade de ser e fazer diferente do que se prescrevia dogmática e ritualmente segundo os poderes constituídos. Daí o título da minha contribuição para esta coleção. Ele ecoa o *Other Cultures* de Beattie (1964), nosso manual não oficial no Instituto de Antropologia Social de Oxford, onde estudei e tive o privilégio de atuar como assistente de Evans-Pritchard nos anos de 1960. Mas também alude ao meu sonho de um espaço institucionalizado (chame-o de "universidade" se preferir) dedicado à articulação e ativação de uma tudologia heuristicamente hermenêutica: não apenas dando sentido analítico à alteridade, mas, acima de tudo, visualizando e participando da sanção das alternativas que todos os outros incorporam – sejam eles atores no reino do social ou do parassocial. Além e acima da reforma intradisciplinar ou da revolução interdisciplinar, sem uma forte dose de indisciplina evolutiva, as instituições e ideologias inevitavelmente chegam a um impasse. Na minha opinião, a sociologia (ou, a propósito, qualquer outra coisa) de fato não precisa de uma relocação fixa, a menos que seja em uma cena improvisada em transformação – o reconhecimento de que a sociologia é o que os sociólogos fizeram, fazem e, espero, continuarão a fazer diversamente.

Comentário sobre a nova sociologia clássica

Philippe Steiner (Universidade Sorbonne, Paris)

Para superar a fragmentação das ciências sociais contemporâneas, uma nova sociologia clássica não é apenas desejável, como também possível. A afirmação suscita alvissareiras expectativas, embora a observação feita por Alain Caillé e Frédéric Vandenberghe seja avassaladora: a hiperespecialização decorrente da progressiva ascensão das várias disciplinas e subdisciplinas em que as ciências sociais se estabelecem conduz a um refinamento ímpar da especialização da pesquisa, pelo qual se paga o alto preço da esterilidade dos resultados obtidos. No caso da sociologia, Caillé e Vandenberghe detalham esse declínio retratando o sociólogo típico que celebra os grandes nomes (Durkheim, Weber etc.), dedica-se à pesquisa em um campo limitado (sociologia do direito, sociologia da escola etc.), aplica os métodos da disciplina para fazer trabalho de campo e dificilmente resiste a propor suas avaliações morais. No século XIX, a economia política era chamada de "ciência sombria"; hoje, a sociologia é a "ciência da melancolia". Afinal, a sociologia nada tem a dizer sobre a crise ecológica, nem sobre a crise econômica global, a ponto de estar dividida entre o abstrato e o concreto, a teoria e o ensino, e oprimida pelo movimento dos *Studies* e pela filosofia moral e política. Os dois autores, por sua vez, querem trazer tranquilidade: indicam a existência de um outro caminho que, abrangendo a generalidade, terá relevância graças à abordagem sintética a que reivindicam sob o nome de nova sociologia clássica. Como podemos reverter a situação?

Um ponto de partida negativo é oferecido pelo modelo econômico generalizado ou pela teoria da escolha racional, que serve como um contraponto. Há, portanto, uma base comum mínima para esse projeto de refundação, base sem dúvida bastante clássica, pois já estava no ponto de partida da sociologia de Henri Saint-Simon e Auguste Comte; mas, para além disso, as coisas são mais vagas. É possível perder terreno em uma ciência social inovadora específica, como pode ter sido o caso da sociologia clássica quando Émile Durkheim e sua equipe lançaram *L'Année sociologique* em 1896? Ou quando Max Weber experimentou o enciclopedismo de *Economia e sociedade*, ou Pierre Bourdieu com o desenvolvimento da teoria a partir do binômio campo-*habitus*? É possível contar com um novo desenvolvimento teórico, como foi o caso quando a economia política clássica se tornou neoclássica após a mudança na teoria do valor e o uso massivo da matemática no final do século XIX? Não: em vez disso, os autores propõem o antiutilitarismo maussiano como um fundamento potencial minimamente positivo. Além disso, a nova sociologia clássica se assentará em quatro imperativos – descrição, explicação, interpretação e avaliação moral – capazes de unificar os vários domínios das ciências sociais através de uma coordenação flexível, permitindo a circulação de ideias, maior reflexividade e maior generosidade. A mesma ideia é proposta graças a uma metáfora astronômica, segundo a qual essas circulações são organizadas em constelação em torno de algumas estrelas principais (Jürgen Habermas, Joan Tronto, Marcel Mauss e Axel Honneth). Uma configuração que eles chamam de "asterismo", uma nova figura no imaginário epistemológico das ciências sociais. Devemos nos preocupar com essa preeminência dada a alguns nomes de prestígio? Não, visto que esse foco é acompanhado por um amplo espaço dado à maneira de se organizar em torno da estrela ou de uma combinação delas – ainda que alguns desejem adicionar algumas outras "estrelas". Teremos, portanto, uma sociologia neoclássica que será como uma plataforma comum, sintética e dialógica que se abre para uma ciência social cosmopolita, ecumênica e inclusiva, na qual a teoria da dádiva será a pedra sobre a qual essa plataforma comum estará baseada. Sugerem também que cada disciplina seja dividida em duas partes, uma voltada ao interior da especialidade e outra aos diálogos interdisciplinares.

Nos comentários que se seguem, tentarei me elevar ao nível dos dois autores, ou seja, ao nível estratégico que açambarca um vasto terreno intelectual para definir os objetivos da transformação almejada, condições essenciais para então organizar da melhor forma os meios à disposição de cientistas sociais para atingir o objetivo estabelecido. Farei isso baseando-me primeiro na sociologia econômica, uma estrutura em que um diálogo entre disciplinas vem ocorrendo há várias décadas; em segundo lugar, tratarei de questões que possam fazer a ligação entre estratégia e uma dimensão mais "tática" que envolve o lugar da formação profissional no mundo acadêmico.

A situação é tão desesperadora?

A especialização, ou mesmo a hiperespecialização, é uma realidade óbvia, assim como a danosa fragmentação do conhecimento a que ela induz – um fenômeno que não é de forma alguma específico da sociologia ou das ciências sociais. Dizer que isso produz esterilidade é um passo no qual os cientistas sociais podem encontrar alguma dificuldade. Afinal, mesmo Durkheim, frequentemente convocado ao debate pelos autores, escreveu, na conclusão de sua *Da divisão do trabalho social*, que o ideal do *honnête homme* (i. é, aquele que dispõe de conhecimento amplo, porém superficial) estava em vias de desaparecer e que, então, se fazia necessário ingressar no campo da especialização (DURKHEIM,

1893: 450-451)[39]. Independentemente das estruturas disciplinares da instituição acadêmica, a imensa quantidade de publicações torna difícil a produção de conhecimento sem que se dispenda tempo à leitura de centenas de textos; é difícil ver como a interdisciplinaridade, a despeito do estilo adotado, resolveria a dificuldade de pedir a docentes e discentes que lessem obras tanto de outras disciplinas quanto de sua própria. E isso sem sequer citar as línguas em que esse conhecimento é produzido, a menos que nos apoiemos no argumento de que o que não é publicado em inglês simplesmente não existe – uma realidade cada vez mais tangível.

A crítica ao tipo de pesquisa realizada sob a égide disciplinar é exagerada. Existem duas maneiras de produzir conhecimento especializado que escapam à crítica da falta de relevância. Os debates das disciplinas se dão tanto "entre consciências" quanto "entre margens".

O diálogo nas margens se realiza dentro da própria pesquisa especializada, pois ela exige que não se perca de vista as múltiplas facetas da realidade de um objeto, ainda que a pesquisa se constitua metodicamente segundo os cânones da disciplina inicial. Se o sociólogo começa a estudar o fenômeno das festividades e não se limita a trazer à baila os textos de Mauss, Durkheim e dos poucos que lhes seguiram os passos, cabe a ele colocar e resolver uma questão central da disciplina: O que é essa forma de coletivo? Como se implementa? Como funciona? Quais são as consequências morais e políticas? Para isso é necessário realizar trabalho de campo, observando e questionando os atores, mas também é preciso aprender um pouco do direito público que constitui o arcabouço jurídico no qual atuam os eleitos locais; é necessário conhecer a gestão do centro de uma cidade e a sua atividade comercial; é necessário estudar a forma como se constrói a atratividade turística de uma cidade e mergulhar nos meandros das finanças públicas locais, dos sistemas de segurança e da regulação de seus mercados; também é necessário estudar como a cultura local se associa a essa festividade. Tudo isso levando em consideração, ao mesmo tempo, as reflexões de Theodor Adorno e Max Horkheimer (1949) sobre a indústria cultural e as de Walter Benjamin (1939) sobre o impacto da reprodução de objetos culturais. Em suma, a pesquisa de campo é conduzida no âmbito de uma interdisciplinaridade que não deveria causar frustração, até porque pode levar a questões que vão muito além da reflexão específica sobre esse ou aquele campo, a vil pesquisa de campo que os autores não guardam em suas consciências[40]. Como prescindir

---

39. Weber estava de acordo, como se pode ver em sua famosa conferência sobre a vocação científica (WEBER, 1919: 134-135).

40. Caillé e Vandenberghe equivocam-se ao dar destaque à questão do trabalho de campo. Em primeiro lugar, fazer trabalho de campo significa fazer trabalho empírico baseado em uma definição tão precisa quanto possível do problema colocado pelos fatos sociais sob investigação. É o equivalente de trabalhar em arquivos para o historiador ou de escrever um modelo matemático para o economista. Nesse sentido, o sociólogo sem trabalho de campo tem tão pouco valor quanto

desse trabalho se queremos poder responder às imprecações de Philippe Muray (1999) – derramadas com verve e talento, mas, que se diga, sem muita base empírica – que denunciou o infeliz *homo festivus*, alvo de sua fúria contra o tempo presente, por ser gentil demais, acolhedor demais para a diferença e o prazer?

Quanto ao diálogo entre núcleos disciplinares, ainda há espaço para um trabalho que não se enquadre na crítica levantada por Caillé e Vandenberghe. Vou me limitar ao exemplo fornecido pelo trabalho de Alvin Roth, economista e matemático, acerca dos *matching markets* (ROTH, 2015). Alimentados por essa formalização matemática tão desagradável aos sociólogos e alicerçados sobre um óbvio viés economicista, os estudos especializados de Roth irrigam, provocam e estimulam a reflexão de pedagogos, médicos, economistas, sociólogos, filósofos etc., além de alimentar a prática de instituições como ministérios de Educação, agências de transplantes, administradores da web etc. Não é difícil entender em que se fundamenta o amplo impacto científico e social de seu trabalho sobre os mercados de correspondência. Vindo do cerne de sua disciplina (teoria dos jogos + experimentação + economia do *design*), Roth está desenvolvendo uma tecnologia capaz de construir *matching arenas*, ou seja, lugares sociais em que recursos e seres humanos, ou seres humanos e outros seres humanos estão associados, levando em consideração as preferências de ambos os lados da arena. Com efeito, ao contrário de um mercado-padrão, as *matching arenas* levam em consideração as preferências dos fornecedores em relação aos clientes, mas também as desses clientes em relação aos fornecedores, o que refina consideravelmente a forma como o *matching* é realizado[41]. Essas "arenas de correspondência" não são novas, uma vez que um mercado de trabalho, uma agência de casamento ou uma agência imobiliária estavam produzindo essas mediações muito antes de Roth escrever softwares de correspondência; mas a novidade é a correspondência ser cada vez mais baseada em algoritmos que os economistas constroem propositalmente. Esses algoritmos – aceitação adiada ou ciclos de *top-trading* – podem processar grandes quantidades de preferências provenientes de ambos os lados da arena segundo procedimentos com propriedades interessantes, tais quais ausência de inveja justificada, uma forma de otimidade e não manipulabilidade (mas você não pode ter todos três de uma vez). Seria isso uma economia política utilitária

---

o historiador sem arquivos e o economista sem modelo – não creio que economistas e historiadores sejam mais carinhosos com aqueles que não fazem valer tais imperativos profissionais do que os sociólogos são com seus colegas ao dispensá-los do trabalho de campo. Em segundo lugar, os teóricos (e historiadores das ideias) não têm razão para desconforto quando questionados acerca do que é seu trabalho de campo, porque teorias e ideias são fatos sociais tão importantes e de interesse à investigação com vistas à compreensão da sociedade quanto a construção social de um mercado ou os efeitos do *score* de crédito no acesso ao financiamento habitacional. Resumindo, teorias e ideias requerem também uma forma de trabalho de campo.

41. É impossível entrar em maiores detalhes sobre esse assunto complexo e suas consequências – uma primeira tentativa pode ser encontrada em um texto a ser publicado em breve [Disponível em halshs.archives-ouvertes.fr/halshs-01494492v2/document].

repaginada com as cores de uma engenharia social explicitamente preconizada? (ROTH, 2002). Não é o que me parece. É importante ter em mente que esses algoritmos podem ser implementados para imitar o mercado – já é o caso nos Estados Unidos para o *matching* entre médicos residentes e hospitais – e também para ampliar possibilidades de doação. Na verdade, em colaboração com cirurgiões de transplante, Roth desenvolveu um algoritmo que permite às pessoas que desejam doar um rim a um ente querido, mas que não o podem fazer por causa de incompatibilidades (sangue ou tecido) entre si, trocar doadores entre pares de doadores e receptores incompatíveis (STEINER, 2010). Teoria econômica padrão como forma de expandir as possibilidades oferecidas ao *homo donator*! Por essa não esperávamos. Isso mostra que aprofundar o núcleo de uma disciplina, o que inclui uma teoria econômica impregnada de utilitarismo, também pode fornecer a estrutura para uma prática bem descrita pelos editores como asterismo. O ecumenismo deve, às vezes, ir longe!

Desse exemplo, duas lições gerais podem ser tiradas para o novo projeto de sociologia clássica. Em primeiro lugar: se a oposição genérica ao utilitarismo deve permanecer fundamental, ela deve ser praticada com cautela e tato porque, após o colapso da teoria da abordagem do equilíbrio geral walrasiano, a teoria econômica moderna passou por um considerável processo de fragmentação. Consequentemente, em algumas áreas onde grandes desenvolvimentos estão em andamento, o foco da teoria econômica moderna está mudando, como mostra o trabalho de Roth. Ao conservar a oposição ao ator utilitarista racional, corre-se o risco de errar o alvo e reduzir o potencial da nova ciência social clássica. Em segundo lugar, a teoria econômica se move cada vez mais em direção a uma forma de engenharia social destinada à produção de arenas de troca – mercantis ou não mercantis, como acabamos de ver – para a resolução de problemas sociais. Deve a nova ciência social clássica permanecer sob os quatro imperativos (descrever, interpretar, explicar, julgar), ou deve também, como sugeriu James Coleman (1993) então, endossar o imperativo de construir o social (de uma maneira convivial) no mesmo passo de outros ramos das ciências sociais?

Um mundo acadêmico ou intelectual?

Esse projeto é a continuação lógica da intensa atividade desenvolvida por Caillé e o grupo que ele formou em torno da *Revue du Mauss*, uma revista cuja abertura e preocupação constante em olhar os espaços mais amplos, incluindo a política com foco na convivialidade, são bem conhecidos. Além desses fundamentos, a ideia de uma nova sociologia clássica se justifica pelo fato de as ciências sociais ainda serem uma ciência jovem, pois a sociedade está em perpétua evolução e novos problemas surgem constantemente: a globalização informacional em que vivemos há várias décadas não conhece equivalente no período da sociologia clássica.

Isso levanta a questão do alcance da nova ciência social clássica. Evidentemente, as diferentes dimensões das humanidades (filosofia, sociologia, antropologia, história, psicologia etc., e provavelmente também com alguma economia política) farão parte dela, como demonstra a lista de participantes do volume coletivo que se seguiu à discussão da proposta de Caillé e Vandenberghe em Cerisy (CAILLÉ; CHANIAL; DUFOIX & VANDENBERGHE, 2018). Se examinarmos a lista de saberes mobilizados neste volume, veremos que o ecumenismo tem seus limites porque não foi dado espaço a estatísticos, a cientistas da computação ou matemáticos. Esses membros da comunidade acadêmica, porém, embora de diferentes origens e tradições disciplinares, devem agora todos ocupar seu lugar em uma nova sociologia clássica, e não como técnicos de laboratórios auxiliares, colocando suas habilidades especiais a serviço dos novos sociólogos clássicos. No mundo atual de quantificação brutal do social e do sujeito, essas habilidades especializadas já se tornaram essenciais à conexão entre os *Big Data* e as ciências sociais, à decifração das sutilezas dos algoritmos que cada vez mais estruturam, organizam o mundo social e o conhecimento que corresponde a ele[42]. A nova sociologia clássica deve ser ainda mais ampla do que a mencionada no livro.

Assumindo uma abertura intelectual e disciplinar impecável, o projeto ainda sofre de duas imprecisões. Por um lado, ao contrário de Durkheim e *L'Année sociologique*, ou Bourdieu e *Actes de la recherche en sciences sociales*, Caillé e seu grupo não oferecem um projeto científico original em torno do qual se reunissem pesquisadores de variadas ciências sociais. Diferentemente do que se passou quando a economia política clássica se tornou neoclássica no final do século XIX, a sociologia neoclássica proposta não emerge de uma renovação recente ou significativa na prática teórica. Isso traz a vantagem de não se criar uma nova escola, mas de se oferecer um espaço aberto, inclusivo e acolhedor; porém, tem a desvantagem, como reconhecida pelos dois autores, de estabelecer o antiutilitarismo, uma rejeição, como base comum, ainda que a teoria da dádiva seja apresentada como uma sociologia relacional de ambição teórica mais geral[43].

Por outro lado, por se tratar de um projeto com dimensão intelectual e prática – modificando o sistema disciplinar nas ciências sociais –, a falta de

---

42. P. ex., dos 26 pesquisadores do *médialab* do Instituto de Estudos Políticos de Paris, quatro têm formação em Engenharia ou Ciência da Computação, e outros dois combinam Ciência da Computação e Ciências Sociais. O Medialab do MIT, cujo objetivo é muito mais amplo e mais voltado para a engenharia, mas também muito ativo nas ciências sociais, como mostra a recente publicação de um de seus principais pesquisadores (PENTLAND, 2015), é 85% composto por engenheiros e cientistas da computação (23 dos 27 investigadores com formação documentada).

43. No nível "estratégico" onde o propósito está localizado, podemos ficar satisfeitos com essa conexão entre a teoria da dádiva e a sociologia relacional. Para ir além, será necessário trabalhar essa conexão de forma mais precisa, pois há pelo menos três abordagens relacionais em construção na sociologia contemporânea: análise de redes, estudos do campo (Bourdieu) e Teoria Ator-rede (Bruno Latour e Michel Callon). Cada um tem seus princípios básicos, que não podem ser reduzidos à teoria maussiana da dádiva, e cada um se opõe aos outros dois.

apoio institucional é uma limitação óbvia. Os nomes de membros do gabinete do ministro da Educação encarregados do ensino superior e das atividades de pesquisa, ou dos chefes dos departamentos do Ministério da Educação, não estão arrolados na lista de referências do livro coletivo acima referido ou no *Documento de posição*. Isso é sem dúvida lamentável, pois a reorganização das ciências sociais em torno de uma nova sociologia clássica não será possível sem sua participação. É certo que a elaboração intelectual do projeto é uma tarefa em si, mas é uma pena que um projeto intelectualmente tão atraente não esteja atrelado a nenhum apoio de autoridade decisória. Essa falta é tanto mais evidente quanto o livro faz parecer que a universidade é o lugar para o debate intelectual. Embora essa venerável instituição não tenha motivos para impedir a ascensão de um tal debate, sua orientação é cada vez mais determinada pelos imperativos da formação profissional, que os sociólogos, como outros membros da comunidade acadêmica, têm a responsabilidade de ajustar o máximo possível às demandas dos mercados de trabalho. Caillé e Vandenberghe não dão atenção à dificuldade da dimensão formativa ligada às disciplinas universitárias, aspecto que foi marginalizado em relação ao âmbito intelectual desde a massificação do ensino superior. É impressionante a distância entre a situação dos sociólogos que fundaram a sociologia clássica e aquela enfrentada pelos futuros representantes da nova sociologia clássica.

O contraste com a situação da sociologia clássica é marcante se considerarmos as condições da docência de Durkheim na Universidade de Bordeaux, entre 1887 e 1902, em uma das fases mais produtivas de sua existência acadêmica. Cabia a Durkheim ministrar três cursos entre novembro e abril – nem é preciso dizer que é um sonho que está além do alcance da maior parte da população acadêmica francesa; e, durante os quinze anos em que lecionou em Bordeaux, teve de trabalhar com não mais de 150 alunos, que se preparavam para o bacharelado ou para seu ingresso na carreira docente por meio da *agrégation*. A carga de trabalho dos professores na França é hoje muito mais pesada e se estende de setembro a julho. As coisas também mudaram enormemente em termos de relacionamento com os alunos. Segundo dados coligidos por um dos grandes especialistas da história da educação francesa (PROST & CYTERMAN, 2010), a França, que recebia cerca de 50 mil alunos em 1920, tinha 1,26 milhão em 2005, isto é, 25,8 vezes mais; a população estudantil em 1920 representava 0,1% da população total, ao passo que representava 2% no início do século XXI, vinte vezes mais.

Essa massificação é um fenômeno bem conhecido. Isso foi claramente destacado já em meados do século anterior, numa época em que não havia preocupação com a fragmentação das ciências sociais; mas os efeitos dessa massificação estão agora tão profundamente enraizados no mundo acadêmico que não podemos nos dar ao luxo de ignorá-los. Entre seus escritos sobre cultura, Michel de Certeau colocou um texto sobre a universidade diante da massificação de seu público e descreveu o dilema resultante: "A universidade deve agora resolver um problema para o qual sua tradição não a preparou: a relação entre cultura e massificação do seu recrutamento. A situação econômica exige que a universidade produza uma cultura de massa. As instituições colapsam sob esse peso, também incapazes (pelas mais variadas razões) de atender às demandas do fluxo incessante de candidatos e estudantes cuja mentalidade e futuro são alheios aos objetivos presentes da educação" (CERTEAU, 1974: 85). Quanto a este ponto, a situação piorou desde então. As políticas de ensino superior impulsionaram a profissionalização do ensino universitário, política que, devido à fragmentação do ensino superior francês (*grandes écoles*/universidade/ensino superior privado) e à desvalorização da própria universidade, conduz a um baixo nível de formação profissional, porque escolhida compulsoriamente e sem critérios, a uma multiplicação de categorias subdisciplinares, uma vez que as carreiras universitárias ainda são regidas por esse modelo, e a um fosso cada vez mais difícil entre as missões da pesquisa e da docência (VATIN & VERNET, 2009).

A universidade contemporânea é um mundo acadêmico, muito bem resumido pelo retrato do sociólogo esboçado na introdução do *Documento de posição*, e não um mundo intelectual. Claro, isso pode ser lamentado e todos podem fazer o seu melhor para existir no nível mais geral e brilhante do debate intelectual; mas é improvável que o debate intelectual ocupe um lugar significativo na instituição acadêmica contemporânea, cada vez mais orientada à formação profissional de alunos mais interessados na obtenção de uma posição social graças ao seu diploma do que nas promessas da nova sociologia clássica. Assim, a leitura da proposta deixa pendentes duas questões cruciais: Como a nova ciência social clássica se encaixaria nesse contexto acadêmico que nada mais tem a ver com o de Durkheim (ou Weber ou Pareto)? Que articulação haverá entre ciências sociais e regimes de formação profissional por disciplinas? Será uma árdua obrigação pela qual toda a pesquisa deve passar? Ou assumirá a categoria de uma sub-subdisciplina que, para não cair nesse triste *status* subdisciplinar, estará acima das outras partes das ciências sociais? Essa questão deve ser esclarecida.

Um primeiro passo?

Para concluir estas breves observações, reconheçamos que a produção do conhecimento nas ciências sociais ressente-se do processo de produção disciplinar bem descrito na introdução, ainda que os termos sejam um tanto dramáticos. Embora abrindo espaço à exigência de generalização feita por Caillé e Vandenberghe, e agradecendo-lhes por terem levado a cabo essa ambiciosa estratégia intelectual, a reorganização tática parece difícil de alcançar, em particular porque a dimensão de treinamento da universidade, endossada quer queira quer não pelas ciências sociais, ocupou um lugar importante que não se pode negligenciar. Não seria mais simples e eficaz anexar essa estratégia a uma fundação que instituísse uma Escola de Altos Estudos Maussianos em que a perspectiva contenciosa, no sentido de Weber ou Mauss, do intercâmbio interdisciplinar pudesse ser implantada como a *Revue du Mauss* tem feito? Nesse Olimpo intelectual, as diversas disciplinas trocariam e lutariam para divulgar suas contribuições, ainda que baseadas em pesquisas extremamente disciplinares, estimulando outras a serem ainda mais relevantes para dar clareza, para nutrir a exigência de clareza a que cada integrante da comunidade científica deve responder para tornar o mundo mais agradável de se viver, mais dialógico, mais reflexivo e, acima de tudo, mais generoso. Em uma palavra, mais convivial!

Referências

ADORNO, T. & HORKHEIMER, M. (1949 [1974]). *La dialectique de la raison.* Paris: Gallimard.

BENJAMIN, W. (1939 [1980]). "L'œuvre d'art à l'âge de la reproduction technique". In: BENJAMIN, W. *Œuvres.* Vol. 3. Paris: Gallimard, p. 269-316.

BÉRA, M. (2017). *Sociologie des premiers étudiants de Durkheim à Bordeaux.* ENS Cachan [Tese].

CAILLÉ, A.; CHANIAL, P.; DUFOIX, S. & VANDENBERGHE, F. (eds.) (2018). *Des sciences sociales à la science sociale* – Fondements anti-utilitaristes. Lormont: Le Bord de l'Eau.

CAILLÉ, A. & VANDENBERGHE, F. (2016). *Pour une nouvelle sociologie classique.* Lormont: Le Bord de l'Eau.

CERTEAU, M. (1974 [1993]). *La culture au pluriel.* Paris: Seuil.

COLEMAN, J. (1993). "The Rational Reconstruction of Society – 1992 Presidential Address". In: *American Sociological Review,* 58 (1), p. 1-15.

DURKHEIM, É. (1893). *De la division du travail social* – Étude sur l'organisation des sociétés supérieures. Paris: Alcan.

MURAY, P. (2007). *Après l'histoire.* Paris: Gallimard.

PENTLAND, A. (2015). *Social Physics* – How Social Networks Can Make Us Smarter. Nova York: Penguin Books.

PROST, A. & CYTERMAN, J.-R. (2010). "Une histoire en chiffre de l'enseignement supérieur en France". In: *Le Mouvement Social,* 233 (4), p. 31-46.

ROTH, A. (2015). *Who Gets What - and Why?* – Understand the Choices You Have, Improve the Choices You Make. Londres: William Collins.

_____ (2002). "The economist as engineer: game theory, experimental economics and computation as tool for designing economics". In: *Econometrica,* 70 (4), p. 1.341-1.378.

STEINER, P. (no prelo). "Economy as matching". In: *Política e Sociedade.*

_____ (2010). "Market or Gift-Giving – Economists and the performation of organ commerce". In: *Journal of Cultural Economy*, 3 (2), p. 233-249.

VATIN, F. & VERNET, A. (2009): "La crise de l'université française: une perspective historique et sociodémographique". In: *Revue du Mauss*, 33, p. 47-68.

WEBER, M. (1919 [1997]). "Science as a Vocation" [Em inglês: *From Max Weber*: Essays in Sociology. Londres: Routledge, p. 129-156 [Trad. de H. Gerth e C. Wright Mills]].

Terceira parte
Uma resposta

Em retorno aos nossos comentadores

Alain Caillé e Frédéric Vandenberghe
Tradução de Bruno Gambarotto

Nosso *Documento de posição* desencadeou uma discussão rica e fascinante sobre as perspectivas da teoria social hoje. Perguntamo-nos se seria apropriado responder aos comentários, sugestões e críticas que recebemos. Temíamos dar a impressão de que não só *aceitaríamos*, mas também de que *daríamos* a última palavra no debate. Nossos comentaristas levantaram tantas questões espinhosas, o debate abriu tantas perguntas que pareceria justo deixar que os leitores tirassem suas próprias conclusões. No entanto, por outro lado, não deveríamos ao menos agradecer aos nossos colegas, que tantas vezes são também amigos, por concordarem em participar do jogo e debater conosco? Que outra maneira existe de demonstrar quão importantes seus comentários foram de fato importantes para nós do que respondendo a algumas das perguntas que eles levantaram? Existe maneira melhor de demonstrar que levamos seus questionamentos a sério? Em espírito de reciprocidade, decidimos escrever em resposta aos comentários que recebemos. Esta é a maneira certa de entrar no ciclo de dádiva que invocamos neste livro – pedir, dar, receber, devolver, em vez de ignorar, tomar, recusar, guardar (CAILLÉ, 2000; 2019) – e transformá-lo em um círculo virtuoso.

Com onze comentários, estamos enfrentando praticamente um time. Como podemos responder às muitas perguntas, objeções e críticas, mas também aos endossos que recebemos? Os comentários são tão ricos que nos falta certeza do que fazer com eles. A maneira mais fácil, imaginamos, é responder aos nossos comentaristas e pensar junto com eles. Faremos isso seguindo a ordem arbitrária em que classificamos suas contribuições, ou seja, em ordem alfabética. Por fim veremos aonde isso nos levará. No final, retornaremos aos problemas centrais da teoria social e esboçaremos uma agenda de pesquisa.

Nossos interlocutores concordam que apresentamos o mais avançado panorama da teoria social. Todos saúdam nosso mapeamento astronômico das diferentes correntes de pensamento que animam a teoria social atual e concordam quanto à sua amplitude, embora alguns nos perdoem por não termos dado mais espaço e atenção ao pragmatismo, à teoria ator-rede e à sociologia cultural. A maioria deles compartilha em vários graus nosso diagnóstico de uma crise dentro da teoria social derivada tanto da hiperespecialização quanto da competição dentro da disciplina de sociologia. Muitos pensam que operamos em um nível estratosférico de abstração e menosprezamos a teorização sociológica orientada à pesquisa. Muitos permanecem céticos sobre as soluções que propomos.

***

Ficamos um pouco surpresos com as críticas de **Frank Adloff**. Mais e melhor do que ninguém, em seu livro sobre dádivas de cooperação (ADLOFF,

2016), ele mostrou a riqueza do paradigma francês da dádiva e explorou sua estreita ligação com o pragmatismo americano. Suas perguntas e objeções merecem, portanto, atenção especial. Ele aponta três pontos: primeiro, considera nosso antiutilitarismo excessivo e contraproducente. Observando o surgimento na Alemanha da "sociologia empírico-analítica", uma renovação cientificista da escolha racional, ele está mais preocupado com o positivismo e o cientificismo militantes do que com o utilitarismo. Contra a imposição forçada de modelos explicativos que vêm diretamente das ciências naturais, ele defende uma posição mais pragmática e resolutamente pluralista. Sua postura pragmática ganha mais uma vez proeminência em seu alerta para a "sobrecarga teórica". Em vez de grandes esquemas teóricos, à maneira de Parsons, Habermas e Bourdieu, a teoria precisa ser mais eclética e orientada à pesquisa: mais como um *kit* de ferramentas para o trabalho empírico do que um mapa do mundo social. Em vez de grandes narrativas de reconstrução teórica, ele segue os antropólogos e propõe algo um tanto mais modesto: "descrição densa e teoria fraca". Por fim, ele se surpreende com nosso antropocentrismo e humanismo. Por que privilegiamos as interdependências entre os humanos? Onde estão as massas perdidas? E as relações entre humanos e não humanos (como em B. Latour)?

Não poderíamos estar mais de acordo sobre o perigo do positivismo e do cientificismo nas ciências sociais. Em nome do antiutilitarismo, temos lutado por quase quatro décadas contra a imposição forçada da economia como modelo de ciência a ser emulado nas ciências sociais. Como várias escolas heterodoxas de economia (teoria da regulação, economia das convenções, economia institucional), pensamos que a economia deveria ser parte integrante das ciências sociais e não, como muitas vezes se supõe, das ciências naturais[1]. Não rejeitamos modelos utilitários *in toto*. Sob certas condições, modelos utilitários de comportamento, como o "dilema do prisioneiro" ou o "problema do carona", são de fato úteis. Por razões científicas, éticas e políticas, rejeitamos, entretanto, a hegemonia do modelo-padrão da economia, sua perspectiva utilitária do ser humano e a visão de mercado que lança sobre a sociedade. A economia não analisa o mundo, ela "realiza" o próprio mundo que deve descrever (CALLON, 2013). As consequências são radicais: o mundo estaria melhor sem o modelo-padrão da economia. Assim como Adloff, somos todos a favor do pluralismo, não só nas ciências, inclusive a econômica, mas também na economia. O Estado, os mercados e a sociedade civil precisam se equilibrar em uma economia plural.

Para nós, positivismo e utilitarismo estão intimamente interligados e unidos por uma falsa filosofia da ciência. Com o realismo crítico (BHASKAR, 1978), cujos textos estamos agora apresentando pela primeira vez em tradução ao de-

---

1. *Mutatis mutandis*, defenderíamos reivindicações semelhantes contra psicólogos que rejeitam a psicanálise e prefeririam ingressar no departamento de biologia, ou cientistas políticos comparativistas que buscam se separar da filosofia política e da história do pensamento político.

bate francês, pensamos que o positivismo nem mesmo se sustenta nas ciências naturais. Consideramos a teoria da escolha racional como mais uma tentativa de introduzir o modelo dedutivo-nomológico nas ciências sociais. Tal modelo fracassou nas ciências naturais e não deve ser considerado opção-padrão para as ciências sociais. Outra filosofia da ciência é possível. Mesmo nas ciências naturais, existem alternativas. Mas aqui, como em outros lugares, é necessário mais teoria. Adloff cita a teoria da complexidade e a biossemiótica como exemplos, o que nos leva ao seu terceiro ponto.

Adloff, que dirige o programa de pesquisa sobre o futuro da sustentabilidade em Hamburgo, pergunta se não esquecemos os não humanos em nossa teoria da interdependência. E por não darmos atenção suficiente aos não humanos, esquecemos a natureza, exatamente no momento em que os humanos estão destruindo o planeta? Ainda podemos ser humanistas no Antropoceno? O próprio Frank Adloff observa que a relação com a natureza foi tema de uma edição da *Revue du Mauss*, intitulada *Que donne la nature?* Ali, defendemos o "animismo metodológico". A questão agora é se esse relacionamento com não humanos pode e deve ser pensado em termos de uma extensão do paradigma da dádiva que também considera o que é dado (*Gegebenheit*) como uma doação original. A nosso ver, a resposta é amplamente positiva.

Em um nível mais elevado de abstração, pensamos que a teoria geral das ciências sociais de Marcel Mauss (1969) fornece os parâmetros para uma socioantropologia que integra ao mesmo tempo a oposição filosófica entre sujeito e objeto, a oposição sociológica entre indivíduo e sociedade, e a antropológica entre natureza e cultura. É apenas pensando sistematicamente nas relações entre indivíduos e sociedades, cultura e natureza, representações e práticas que uma ciência social relacional geral é possível. Seria ao mesmo tempo complexo e relacional, simbólico e natural e, sim, também plural, antipositivista e antiutilitarista.

A crítica de **Jeffrey Alexander** é de uma ordem completamente diferente e aparentemente mais radical. Ele escreve: "Apesar do imenso campo que cobre, o ensaio ignora amplamente a teorização sociológica empírica sobre a vida contemporânea. Caillé e Vandenberghe produziram um ensaio metateórico sobre teoria social deixando de lado a teoria sociológica". A observação é perfeitamente justificada. Porém, um tanto surpreendente. Foi a partir da reconstrução sistemática da sociologia clássica por Jeffrey Alexander (ALEXANDER, 1982-1983) que aprendemos a importância da metateoria e como desenvolver uma teoria social multidimensional sem redução. Até certo ponto, nosso esforço para mapear os desenvolvimentos contemporâneos na teoria social é uma tentativa nossa de atualizar suas reflexões sobre a situação da teoria social em *Twenty Lectures* (ALEXANDER, 1987; cf. tb. JOAS & KNÖBL, 2004). A elas, nós apenas adicionamos nosso próprio antiutilitarismo, do qual ele partilha. É verdade que substituímos Durkheim por Mauss, o sobrinho no lugar do tio. De qualquer maneira, porém, esperávamos que nosso apelo a uma sociologia neoclássica que assumisse a dianteira na remontagem das ciências sociais mediante uma reconexão sistemática com os *Studies*, por um lado, e a filosofia moral e política, por outro, encontraria seu endosso. Afinal, sua sociologia cultural e sua sociologia política da esfera pública podem ser consideradas uma materialização exemplar de nosso programa. Em vez dos *Studies*, sociologia cultural. E em vez de filosofia moral e política, sua ideia de reparação civil, movimentos sociais e solidariedade. Ele afirma que nosso projeto é "muito mais normativo do que explicativo". Estamos de acordo, mas pensamos que seu projeto sobre sociedade civil e democracia era também um projeto moral e político.

O problema não está nem no nível da metateoria, nem no da teoria social. Segundo sua crítica, negligenciamos todo o campo da teoria sociológica de médio alcance. Como europeus, combinamos uma visão muito francesa e alemã da teoria sociológica com uma teoria social geral que ignora completamente todas as contribuições da América do Norte. A velha teoria social europeia simplesmente "fracassou no estabelecimento de vínculos com os novos e mais significativos desenvolvimentos na teorização sociológica (empírica)" que tiveram lugar do outro lado do Atlântico. Alexander menciona todo um continente de pesquisa, sobretudo – mas não somente – de sociologia cultural, em temáticas e problemáticas altamente relevantes como economia, desigualdade, feminismo, masculinidade, racismo, pobreza, classe, cidadania, movimentos sociais etc. Ele sugere que nossa crítica à sociologia profissional simplesmente obliterou as contribuições importantes do campo que são especializadas e socialmente muito relevantes. Essa é uma crítica justa, e voltaremos a ela no final. Mas se não as contemplamos, talvez seja por sua falta de visibilidade. Se fosse esse o caso, isso confirmaria nosso diagnóstico de uma grave perda de influência da sociologia. E se abordássemos em detalhe tais trabalhos, não encontraríamos vestígios da influência dos *Studies*, pelos quais Jeffrey Alexander mostra algum desprezo, e onde nós, de nossa parte, encontramos a marca do marxismo?

A teoria social não pode ignorar as grandes questões do dia. Inversamente, também pensamos, no entanto, que a teoria sociológica precisa ser mais geral, mais abstrata e mais conceitual. Faz-se necessária, sim, uma estrutura mais geral que possa desfazer o enclave de pesquisas mais especializadas e estimular o debate e a discussão entre pesquisadores que trabalham em diferentes tópicos. Novamente, o próprio trabalho de Alexander em *The Civil Sphere* (ALEXANDER, 2006) é um exemplo de como a teorização sociológica e social podem trabalhar juntas. Embora possamos não estar interessados na "descrição densa" de escândalos, campanhas eleitorais ou outros eventos políticos, certamente apreciamos o fato de que a esfera civil, como esfera ideal de justiça e solidariedade, transcende as sociedades existentes. A comunidade societária idealizada de indivíduos livres, iguais e solidários é continuamente invocada em discursos para justificar e criticar as organizações comunicativas (opinião pública, meios de comunicação, pesquisas) e órgãos reguladores (partidos políticos, cargos políticos, direito) da sociedade. Em tempos como o nosso, quando as instituições civis estão sob forte pressão, e a solidariedade é ameaçada por uma crescente desigualdade e pela insurgência de populismos, uma análise idealista é bem-vinda. Devemos continuar a acreditar que os ideais utópicos de solidariedade democrática irão assombrar todas as sociedades modernas.

Sua sugestão, porém, não nos convence de que se deva conceber a análise da conjuntura de uma maneira radicalmente diferente: "O que mais imediatamente ameaça a vida social contemporânea não é uma crise do capitalismo – iminente nos últimos 170 anos, segundo a lógica marxista –, tampouco uma crise ecológica. É, sim, o ataque populista à democracia". Não nos faz sentido desligar a agonia da democracia liberal da ascensão do neoliberalismo e da ameaça do Antropoceno. Não é preciso ser marxista para ver que a regressão política, a recessão econômica e a depressão ecológica estejam tão intimamente interligadas a ponto de formar uma síndrome. O avanço do "iliberalismo político" e a progressão do "liberalismo não democrático" andam de mãos dadas (MOUNK, 2018). Os desafios da mudança climática só irão exacerbar as tensões existentes entre a democracia e o liberalismo. Em sua própria análise da conjuntura atual (ALEXANDER & TOGNATO, 2018), Alexander vincula explicitamente o aumento da desigualdade às insurgências nacional-populistas. Não terá escapado a ele que governos populistas (nos Estados Unidos, Índia e Brasil, entre outros) estão levando a agenda neoliberal ao extremo (privatização, austeridade, reforma previdenciária – em suma: o "mal-estar" em vez do "bem-estar" social). A rejeição da ciência e a negação das mudanças climáticas agora se tornaram parte integrante do repertório populista. Pensamos que a hegemonia global do capitalismo rentista e especulativo e a crise ecológica são os principais desafios do nosso tempo. Em vez de se opor às posições, parece-nos mais produtivo integrá-las. Qualquer teoria sociológica do presente precisa de um diagnóstico e prognóstico do neoliberalismo, do Antropoceno e do populismo.

Diferentemente de Jeffrey Alexander, **Francis Chateauraynaud** reconhece o mérito de uma abordagem metateórica e saúda o projeto de uma reconstrução da teoria social. No espaço de algumas páginas, ele expõe com grande talento todo o seu programa de pesquisa sobre a pragmática da transformação social. Sua pesquisa dos últimos vinte anos sobre oportunidades (*affordances*) e aderências (*grasps*), paranoicos e informantes, controvérsias científicas e debates públicos, riscos tecnológicos em grande escala e formas locais de resistência está compactada em um comentário bastante denso. Obviamente, é impossível acompanhar os argumentos de Francis Chateauraynaud em detalhes aqui. Teremos de nos limitar aos seus pontos principais: i) a notável ausência de pragmatismo em nosso exercício de mapeamento; ii) a desconexão entre a construção da teoria e a lógica da investigação; iii) a questão da antropologia da dádiva; iv) a importância da teoria social que trabalha com variações de escala e é capaz de relacionar uma fenomenologia da experiência, uma sociologia da discussão pública e transformações sociais em larga escala e, por último mas não menos importante; v) a questão da tecnologia e a crítica do capitalismo.

Dada a proeminência do pragmatismo na teoria social contemporânea, deveríamos ter dado mais atenção a ele. É importante, no entanto, observar desde o início que existem muitos pragmatismos. No início do século, Arthur Lovejoy (1908) já havia enumerado treze deles. Desde então, eles apenas proliferaram. Estamos falando da filosofia pragmática norte-americana ou da versão francesa da sociologia pragmática? Se falamos da primeira, incluímos também o neopragmatismo de Rorty e as filosofias analíticas de Putnam, Brandom e McDowell? E se estamos falando da última, referimo-nos à obra clássica de Luc Boltanski e Laurent Thévenot (1987) sobre crítica e justificação? Incluímos a Teoria Ator-rede de Latour e Callon sob a mesma rubrica? E quanto às cisões e fraturas dentro do próprio pragmatismo francês? Faz sentido tentar ser mais católico do que o papa e mais pragmático do que os pragmáticos?

Existem muitas afinidades entre o movimento pragmatista norte-americano e o movimento antiutilitarista francês (CHANIAL, 2001; ADLOFF, 2016). Como Dewey, Mead e Cooley, insistimos no simbolismo e no interacionismo, e também partilhamos de suas preocupações éticas e políticas. Temos menos afinidades com os programas de pesquisa naturalista do interacionismo simbólico (das escolas de Chicago às escolas de Iowa). Não participamos da obsessão com trabalho de campo (*le terrain!*), investigação (*l'enquête!*) etc. que caracteriza o "estilo" de pesquisa pragmática que se tornou hegemônico na sociologia francesa pós-bourdieusiana (BARTHE et al., 2013; LEMIEUX, 2018). Como Nathalie Heinich, Francis Chateauraynaud pertence à segunda geração da sociologia pragmática francesa, com a qual compartilha a abordagem empírico-conceitual, mas não sua postura antifilosófica. Como o próprio Boltanski, que é mais heterodoxo que seus seguidores, Chateauraynaud não se esquiva da ética e da política.

Francis Chateauraynaud faz a mesma crítica de Frank Adloff e Jeffrey Alexander, bom indicativo de que algo verdadeiramente falta a nossa teoria. Ele também lamenta a escassa atenção que damos à pesquisa empírica. Em nossa proposta, a construção da teoria impulsiona a agenda. A lógica teórica, diz ele, prevalece sobre a lógica da investigação a tal ponto que os *pragmata* simplesmente desapareceram de cena. A relativa indeterminação que caracteriza a vida real apresenta-se enterrada sob camadas de teoria previsível. Isso leva a duas séries de problemas de acordo com Chateauraynaud: "Em primeiro lugar, ao trabalhar no sentido da convergência de um conjunto de teorias sociais, campos de estudo e filosofias baseadas em uma teoria geral que pode ser compartilhada por todos, eles pressupõem que todos os objetos relevantes serão necessariamente classificados sob os conceitos disponíveis e que não haverá quebra ou perda de sentido devido ao surgimento de fenômenos incomensuráveis". E, em segundo lugar, o apelo a uma unificação dos quadros teóricos sob um raciocínio metateórico comum antecipa o diálogo real, os debates e controvérsias reais sobre objetos reais no mundo real. Se todos são sociólogos, não faz sentido limitar o debate a um painel acadêmico sobre teoria social. Podemos presumir que ele está pensando no modelo de Dewey de discussões públicas em que vários atores (cientistas, políticos e cidadãos) discutem questões públicas e políticas públicas. É aqui que as coisas estão em jogo e onde as controvérsias podem ser conduzidas a um desfecho.

Não acreditamos que essa crítica se aplique a nós. É verdade que defendemos um debate sobre o futuro da teoria social. Identificamos várias constelações e asterismos em meio aos quais nos propomos a circular sem reduzi-los a um ou outro. Não propusemos a subordinação da pesquisa empírica a "marcos teóricos unificados". Em vez disso, argumentamos que, para superar a estagnação da hiperespecialização, a pesquisa sociológica precisa reconectar suas estruturas parciais a médio alcance a uma teoria social geral. Iríamos além e colocaríamos que é exatamente isso que o famoso modelo de *Cités* de Boltanski e Thévenot oferece. O debate entre Luc Boltanski e Axel Honneth (BOLTANSKI & HONNETH, 2009) vai na mesma direção e permitiu uma reconexão parcial da sociologia crítica francesa e da teoria crítica alemã. O que propomos em nosso artigo para discussão é uma articulação e um diálogo adicionais entre ambos e o paradigma da dádiva.

Explicamos que nas ciências sociais quatro posturas metodológicas devem ser combinadas: descrição, explicação, interpretação e crítica. Cada tipo de abordagem é legítimo, desde que não ignore a legitimidade das outras. Com o realismo crítico, reconhecemos a importância da explicação; com a hermenêutica e a fenomenologia, sabemos que a interpretação é a chave para a revelação do mundo simbólico e a compreensão da ação; com a etnometodologia e o pragmatismo, valorizamos a boa descrição das práticas situadas; com a teoria crítica, estamos convencidos de que as ciências sociais também têm uma função normativa. Em resposta à censura dirigida a nós por Francis Chateauraynaud por não abrir espaço para "incompatibilidades, incomensurabilidades ou irredutibilidades", provavelmente deveríamos ter lembrado o que desenvolvemos em outro lugar (CAILLÉ, 2014): a pesquisa é produtiva quando pode se relacionar ou ressoar com outras abordagens e ser posteriormente apropriada e desenvolvida por elas de maneiras novas, criativas e imprevisíveis. Como Luhmann, consideramos a *Anschlussfähigkeit* (conectividade comunicativa entre teorias) como um critério de progresso epistêmico. Dessa perspectiva, uma boa descrição é aquela que mostra o que nunca se viu antes, que o encoraja a buscar novas explicações, novas interpretações e questionar os valores de todos os envolvidos (pesquisadores e atores).

Chateauraynaud provavelmente está certo quando aponta para o lado negro da dádiva. Como o *pharmakon* de Platão, a doação/a *Dádiva* é remédio e veneno. É verdade que tendemos a nos concentrar nas virtudes da generosidade, da reciprocidade e da interdependência. Não que ignoremos seu lado contencioso. Embora nosso antiutilitarismo seja fundamentalmente baseado em uma antropologia filosófica positiva (o que chamamos de *Contr'Hobbes*, embora também seja uma alternativa à visão desesperançosa do humano em Mandeville, Foucault e Bourdieu), nossa sociologia da dádiva é não um consenso, mas uma sociologia do conflito. Como qualquer outra coisa, a dádiva pode ser capturada, instrumentalizada e explorada, não apenas por pervertidos que manipulam suas vítimas ou por empreendedores sociais que descobrem um novo nicho de mercado. Quando a interdependência se converte no tormento da "codependência", as relações de dádiva podem se tornar venenosas e opressoras. Enquanto tendemos a insistir nas virtudes de entrar no ciclo da reciprocidade, Chateauraynaud (2015) permanece vigilante e questiona como se pode sair dele e romper o encantamento (*emprise*) quando as relações se tornam muito assimétricas e opressivas. Ele apresenta uma crítica semelhante às teorias da justificação (Boltanski e Thévenot) e às teorias do reconhecimento (Honneth). O que vale para o último, provavelmente também vale para todas as teorias de interdependência (cuidado [*care*], comunicação, ressonância etc.) e até mesmo para suas variantes coletivas (empoderamento, os *commons*, *wikileaks* etc.) – se, como Justine, elas não devem cair nas garras dos "infortúnios da virtude" (Sade), é importante que sejam mantidas "sob uma ressalva genealógica" (HONNETH, 2007). Desse modo, por meio da vigilância epistêmica coletiva, uma sociologia reflexiva pode ser acoplada a uma metacrítica filosófica dos asterismos que monitora a perversão dos princípios normativos em contextos concretos de aplicação.

Uma das coisas que aprendemos com a pesquisa longitudinal de Chateauraynaud e Debaz em casos complexos é como variar as escalas temporais e espaciais da pesquisa (CHATEAURAYNAUD, 2011; CHATEAURAYNAUD & DEBAZ, 2017). A introdução de um GPS e uma linha do tempo na análise da ação situada permite que eles se movam suavemente para frente e para trás, sem solução de continuidade, entre o Google Earth e o Google Street View. Acompanhando muitas controvérsias científicas (como as relativas a organismos geneticamente modificados, amianto, energia nuclear, nanotecnologia, entre tantas outras) em espaços públicos, corporativos e virtuais, ao longo de longos períodos de tempo; ao fazer pesquisas multissituadas (na Europa, nos Estados Unidos e na América Latina) e construir o software (Prospero) para o acompanhamento de dossiês complexos, Chateauraynaud provou de fato que pode escalar de uma fenomenologia da percepção a uma teoria sistêmica de risco ambiental. De nossa parte, concentramo-nos amplamente em situações de interação e interdependência e não elaboramos suficientemente uma teoria dos sistemas sociais, das estruturas sociais, de instituições, ações coletivas e movimentos sociais que nos permitisse pensar sobre os desafios do presente. Isso nos traz de volta à ontologia do presente e à questão da política. Quais são as principais forças que estão levando o mundo à sua própria destruição e quais são as forças contrárias que resistem a ela? Sistemas tecnológicos complexos podem ser revertidos? Podemos pensar além do capitalismo? Estamos condenados como espécie? Ainda podemos evitar a catástrofe do Antropoceno?

A conexão entre teoria e movimentos sociais também está no cerne do generoso comentário de **Raewyn Connell**. Como muitos de nossos amigos, Connell celebra "a ousadia" do nosso projeto. Ela entende, porém, que somos muito abstratos, muito idealistas, muito acadêmicos e, talvez, também um pouco professorais demais. A exposição sinóptica de teorias em um quadro lhe traz à lembrança sistemas filosóficos antiquados com suas deduções transcendentais a partir de um princípio subjacente. Connell diz não estar "tão certa de que o mundo social seja tão semelhante a um sistema que haja um princípio subjacente a ser descoberto. E mesmo que houvesse, quem provavelmente o descobriria?" A questão da posição do sujeito e do lugar do conhecedor retornará. Nosso texto tem todas as características do ponto de vista de um espectador que, em vez de refletir sobre seu próprio ponto de vista privilegiado dentro do sistema mundial acadêmico que enseja tais observações, compara e contrasta diferentes posições teóricas para chegar a um movimento sintético final. Sem jamais deixar o gabinete, percorremos vastas bibliografias, perscrutamos notas de rodapé, encomendamos conceitos, citamos autores e articulamos suas ideias em uma série patrilinear "como se a teoria A gerasse a teoria B, e a teoria B gerasse a teoria C"[2].

Contra esse tipo de idealismo de cátedra (*Kathederidealismus* – nosso termo), Connell pontua acertadamente que as teorias estão sempre situadas e determinadas tanto pelo que deixam de fora quanto pelo que incluem em suas "grandes etnografias" (CONNELL, 2007: 13). Teorias bem-sucedidas são formuladas por trabalhadores do conhecimento em universidades de ponta, situados nos antigos centros imperiais da Europa Ocidental e da América do Norte. Vinda de uma sociedade pós-colonial (Austrália) e tendo amplamente publicado sobre a "Teoria do Sul" (CONNELL, 2007) e a economia global do conhecimento, Connell aponta para as dificuldades de que o filósofo beninês Paulin Hountondji chama de "extraversão" (CONNELL, 2018), a postura exigida dos trabalhadores intelectuais da periferia global, que continuamente devem acompanhar as teorias e metodologias desenvolvidas no Norte global, enquanto trabalham em suas próprias sociedades e se dirigem aos públicos locais. A circulação internacional de ideias, na qual os dados fluem das periferias para o centro, enquanto o centro reúne e processa dados, desenvolve conceitos e métodos, é altamente hierárquica, estratificada e desigual. Na sociologia mundial, há de fato, como

---

2. Lembra-nos aqui a formulação clara de Paul Valéry: "Kant, que *genuit* Hegel que *genuit* Marx que *genuit...*" (VALÉRY, 1957: 993).

Guru e Sarukkai (2012: 10) expressam fortemente com referência ao sistema de castas indiano, uma "divisão perniciosa entre brâmanes teóricos e sudras empíricos [trabalhadores e prestadores de serviços]".

O fato de a grande maioria dos autores que citamos e recomendamos serem "caras brancos do Norte global", como Connell escancara, é sintomático do estado atual da teoria social. Também reflete nossas próprias limitações. Embora um de nós viva no Sul global (Brasil), reconhecemos plenamente que não basta invocar e citar os Estudos pós-coloniais. Todos nós precisamos seguir o exemplo brilhante de Raewyn Connell (2007) e A. Abbott (CELARENT, 2017): ler amplamente, estudar e aprender[3]. Connell (2017) defende uma sociologia muito mais global e descentrada que pode refletir a diversidade de experiências, incluindo em particular o trauma da colonização. Evidentemente, só podemos concordar com isso, mas surge uma questão sobre o modo de produção do conhecimento. Precisamos de outro tipo de ciência social ou é o mesmo tipo de ciência social produzida por pessoas diferentes? O paradoxo dos estudos pós-coloniais ou subalternos, como Thomas Brisson (2018) claramente mostra, é que todos os autores importantes nesse campo estão "deslocados" em relação à sua própria sociedade, ou mesmo à sua disciplina de origem. Suas análises decorrem tanto da situação em seus países quanto dos debates que estão ocorrendo nas universidades norte-americanas e europeias. Esses autores, que pretendem denunciar a hegemonia ocidental, ocupam posição de destaque nas mais prestigiadas universidades do mundo, e essa pode muito bem ser a principal razão de suas críticas terem tanto impacto.

Os *Studies* são realizados por intelectuais que não estão em outro lugar senão o do espaço-tempo globalizado das universidades de ponta, além das nações e dos espaços políticos instituídos. Essa é a sua força, mas também, sem dúvida, a sua fraqueza. A "extraversão" se radicaliza ao mesmo tempo que se globaliza. Quem poderá ouvi-los nas sociedades em nome das quais falam? Ao que se deve acrescentar que falam e escrevem em inglês, e que o crescente monopólio do inglês cria uma forte invisibilidade de tudo o que acontece em francês, alemão, italiano, espanhol ou português, sem falar em árabe, japonês e chinês.

Longe de produzir uma alternativa ao pensamento ocidental, os estudos pós-coloniais e subalternos devem ser vistos como sua contestação "extrovertida". Enquanto o pós-modernismo e o pós-estruturalismo constituíram a primeira onda de crítica interna da Modernidade, os Estudos pós-coloniais constituem,

---

3. O livro de Barbara Celarent, que reúne uma série de resenhas de livros de pensadores sociais de Brasil, China, Indonésia, Quênia etc., foi produzido por Andrew Abbott. Como não é possível ler tudo, gostaríamos de sugerir uma ressalva antropológica: nem todo mundo é Max Weber. Para evitar a abordagem da teoria à maneira de um guia básico, as leituras devem se concentrar no trabalho de base e na experiência vivida. Três meses no local (em vez de três dias ou três semanas) parece um requisito mínimo.

como Walter Mignolo (2000: 87 e 314) corretamente observou, sua segunda onda. Por ser interno e externo, não temos certeza se sua alteridade é tão radical que represente uma alternativa fundamental. Nem mesmo pensamos que a luta desenfreada pela exterioridade absoluta seja produtiva. O que é preciso é mais diálogo e mais abertura, vontade de trocar perspectivas e "fundir" e "difundir" os horizontes da experiência. Para nós, as últimas linhas do famoso livro de Dipesh Chakrabarty indicam a direção de uma hermenêutica reconstrutiva crítica da aprendizagem mútua: "Pois, no fim do imperialismo europeu, o pensamento europeu é um presente para todos nós. Só podemos falar em provincializá-lo com um espírito anticolonial de gratidão" (CHAKRABARTY, 2000: 255).

Graças à crítica dos *Studies*, a velha clivagem entre a "teoria tradicional" e a "teoria crítica" de Horkheimer (1988) reaparece agora nas ciências sociais como uma diferença de destinatário. Enquanto a teoria tradicional quer analisar o mundo social, dirigindo-se aos seus pares acadêmicos, a teoria crítica quer mudá-lo. A diferença é, como diz Horkheimer, "existencial". Animados por um "interesse emancipatório do conhecimento" (Habermas), as teorias críticas e os *Studies* dirigem-se não apenas a acadêmicos, mas a intelectuais, cidadãos e ativistas. Como intelectual pública e ativista de base dentro de movimentos socialistas, feministas e transgêneros, Raewyn Connell não deixa dúvidas sobre sua posição. Fazendo referência ao apelo influente de Michael Burawoy (2005) por uma sociologia pública, ela defende uma sociologia que envolva os problemas levantados pelos ativistas e explicitamente tome para si a defesa dos oprimidos, pobres, marginalizados, vulneráveis, subalternos e todos aqueles que sofrem pela dominação, discriminação, opressão, exploração e até a violência pura e simples por causa de sua classe, casta, raça, gênero, sexualidade ou idade[4]. Nesse sentido, a sociologia é de fato "a ciência dos perdedores" (CONNELL, 2017: 294). Como complemento e para torná-la mais combativa, sugere ela, a sociologia também deveria estudar a vida dos vencedores – o 1% das "classes dominantes, elites do poder, poluidores, patriarcas, executivos transnacionais, ditadores, supremacistas, oligarcas" que governam o mundo e lucram com isso. Nós concordamos 100%.

O texto de **François Dubet** é mais um eco do que um comentário ao nosso trabalho. Ele confirma nosso diagnóstico, porém com um tom um pouco mais sombrio. Como um substituto do ego transcendental de Kant, a sociologia havia proposto a ideia de sociedade como um *a priori* que unifica todas as práticas

---

4. Raewyn Connell lamenta que, como exemplo de estudos triviais, tenhamos nos referido aos transexuais tailandeses em Paris: "Para mulheres transexuais marginalizadas no comércio sexual, a discriminação é uma questão de pobreza, ódio, violência e vulnerabilidade, literalmente uma questão de vida e morte". Admitimos o erro neste ponto. Os estudos locais de problemas sociais produzem conhecimentos importantes e úteis para as populações estudadas. Nós apenas acrescentaríamos que, se os sociólogos se vissem também como assistentes sociais (e não apenas como ativistas), a sociologia não seria apenas pública; ela se tornaria cívica.

sociais. Esse *a priori* não é transcendental, mas histórico. Embora a sociologia tenha se organizado por dois séculos em torno de algumas questões fortemente integradas – O que é a sociedade moderna? Quais são suas principais instituições? O que mantém a sociedade unida? O que a desagrega? –, as transformações estruturais, culturais e pessoais das formações sociais nos últimos 50 anos (desde 1968, para marcar uma data) desestruturaram significativamente as sociedades (DUBET, 2009; DUBET & MARTUCCELLI, 1998), e com isso também a sociologia. "Da mesma forma que os pais fundadores foram confrontados com o fim da 'comunidade', vivemos o fim da sociedade". Se definirmos sociedade como o *locus* de convergência de uma economia nacional, de uma cultura nacional e de uma soberania política, então, de fato, devemos concluir que a sociedade não corresponde mais à ideia que tínhamos dela. Não funciona mais como um sistema, não explica mais as ações individuais e também não fornece uma narrativa histórica.

Dubet não apenas analisa o veredicto de Alain Touraine (2013) sobre o fim das sociedades, mas também explicita suas implicações políticas. O neoliberalismo desconstruiu o estado de bem-estar, as relações de classe e a social-democracia. À medida que a desigualdade aumenta, ela não é mais percebida em sua dimensão estrutural. As desigualdades se multiplicaram ao longo de vários eixos que se cruzam e agora são cada vez mais percebidas como diferenças individuais. Com a proliferação das "pequenas diferenças", todos se sentem de alguma forma não reconhecidos, desrespeitados e, possivelmente, até discriminados (DUBET, 2019). O sentimento de injustiça facilmente se transforma em ressentimento. Nessa perspectiva, o esgotamento da social-democracia e a ascensão do populismo podem ser entendidos como nostalgia de uma sociedade que não existe mais. Com esse diagnóstico, Dubet atualizou com sucesso a análise do fascismo de Louis Dumont (1983: 132-164). Enquanto Dumont explicou a ascensão do fascismo como uma tentativa forçada de reintroduzir uma dimensão holística nas sociedades individualistas, Dubet agora interpreta a agonia do presente não mais como um anseio pela *Gemeinschaft* de antigamente. Agora que as sociedades estão se fragmentando e se desintegrando, os cidadãos anseiam pelo retorno da *Gesellschaft*.

Como nós, François Dubet lamenta a ausência de uma sociologia geral. Em vez de enfrentar o desafio de "apreender nosso próprio tempo em conceitos" (Hegel), a sociologia se especializa e se fragmenta em uma multiplicidade de escolas, paradigmas e teorias, cada qual com suas próprias ontologias, epistemologias e metodologias. Em vez de uma sociologia geral que dê continuidade à grande tradição da filosofia moral e política por meios empíricos, agora temos a multiplicidade dos *Studies*. A dissolução da sociologia em uma miríade de *Studies*, escolas e estilos caminha lado a lado com sua crescente irrelevância. À medida que o mundo explode, a sociologia se volta para dentro e se torna cada vez mais autorreferencial – escrita por especialistas para especialistas, ela não cumpre mais seu papel. Já não propõe uma "autodescrição da sociedade dentro da sociedade" (LUHMANN, 1997, II: 879-892). Se a sociologia não retornar às questões dos "pais fundadores", sem uma concepção alternativa de sociedade, democracia e solidariedade, ela irá, como a sociedade, cair no esquecimento. Como a frenologia antes dela, a sociologia pode muito bem desaparecer (VANDENBERGHE & FUCHS, 2019). Durou dois séculos, mas se renunciar à ambição de compreender a ontologia do presente, a história se fará não só sem ela, mas também contra ela. O que está em jogo é da maior importância. *Sociologie ou barbarie* (Sociologia ou barbárie), essa é a escolha decisiva que enfrentamos, segundo Dubet.

Phil Gorski simpatiza com nosso projeto de uma sociologia neoclássica, mas ele o pensa fadado ao fracasso, não tanto por nossa causa, mas porque os tempos conspiram contra nós. Com senso de ironia, ele observa que "foram os próprios sociólogos clássicos que destruíram a sociologia clássica". Embora todos tivessem uma formação sólida em filosofia, todos eles (com exceção, talvez, de Georg Simmel e Gabriel Tarde) estavam tão ansiosos para colocar a sociologia em uma dimensão empírica e transformá-la em uma ciência rigorosa que eles não teriam apoiado totalmente nosso projeto de uma teoria social geral. Podemos supor, contudo, que se eles tivessem visto o que a sociologia e a sociedade se tornaram nesse ínterim, eles teriam se projetado para o futuro e mudado seus próprios projetos. Phil Gorski tem razão, no entanto: outros tempos, outras dificuldades e também outros desafios.

Ele também está certo ao dizer que nossa grande estratégia para uma renovação da sociologia vai contra a corrente principal. "Os grandes aportes de dinheiro se dirigem aos grandes volumes de dados – ao *Big Data* – não à grande teoria. Os números levam a melhor sobre os conceitos." Com nosso apelo a uma ciência social antiutilitarista, estamos nos isolando dos fluxos de dinheiro, tanto do setor privado quanto do público. De fato, nos últimos anos, governos de direita (o da França sob Sarkozy) e de extrema-direita (o do Brasil sob Bolsonaro) estão questionando não apenas a utilidade da sociologia e da filosofia, mas também sua própria existência. A associação entre sociologia e socialismo e a conexão entre ciências sociais e crítica são tão estreitas que nossos inimigos agora agrupam tudo sob o título de "marxismo cultural" e o descartam como ideologia e doutrinação.

Por isso mesmo, a aliança que propomos entre as ciências sociais e os *Studies* não parece muito promissora. Com sua paixão desmedida pelo des/construtivismo e sua obsessão pela política de identidade, os *Studies* são irreconciliáveis com o projeto neoclássico. "Eles podem ser aliados políticos em alguns casos, mas não parceiros intelectuais." A aliança com a filosofia moral e política parece mais promissora para Phil Gorski. "As fronteiras entre filosofia política e sociologia política estão cada vez mais tênues." Se a nova aliança pensar na "segunda grande transformação" e propor uma atualização da análise de Karl Polanyi do *interbellum*, a sociologia pode ter uma segunda chance e acompanhar o contramovimento contra a mercantilização não só do dinheiro, do trabalho e da terra, mas agora também de cultura, conhecimento, ciência e tecnologia (cf. tb. BURAWOY, 2003).

Em qualquer caso, uma renovação das ciências sociais só será possível se estas assumirem sua tarefa intelectual e engajamento público e romperem os limites estreitos da academia. Como Raewyn Connell e François Dubet, Phil Gorski está convencido de que a sociologia só sobreviverá se se tornar pública e cívica, encontrando maneiras, canais, mídia e estilos que lhe permitam "falar com os vários contrapúblicos que criaram raízes nos interstícios da internet". Estamos amplamente de acordo e voltaremos à questão no final de nossa discussão.

A oposição de **Nathalie Heinich** ao nosso *Documento de posição* é forte, radical e fundamentada em princípios. Embora sejamos amigos pessoais, ela nos posiciona como antagonistas intelectuais. Num estilo forte e um tanto polêmico – o mesmo que usa para cercar os colegas de quem discorda em seu *Bêtisier du sociologue* (HEINICH, 2009) –, ela rejeita nossas proposições integralmente, uma a uma. Em primeiro lugar, como outros, ela não acredita que "'uma teoria social geral' seja possível ou mesmo desejável". Ampliando sua rejeição a qualquer forma de teoria crítica, seja a sociologia crítica de Bourdieu, a genealógica de Foucault ou qualquer um dos *Studies*, ela recusa toda e qualquer associação com teorias críticas que "[transformem] exércitos de jovens pesquisadores e estudantes em ativistas, e nossa disciplina em uma lata de lixo de lugares-comuns desconstrutivistas". Ela está disposta a dialogar com os teóricos da interdependência, do cuidado (*care*), reconhecimento ou dádiva, mas se pergunta por que não identificamos outras constelações, como valores, identidade ou admiração. Sim: por que não?

O cerne de sua oposição vem, entretanto, de uma recusa absoluta e visceral de "qualquer tipo de pesquisa política ou axiologicamente engajada". Defendendo com Max Weber e Norbert Elias a autonomia das ciências sociais, sua defesa da neutralidade axiológica é tão apaixonada que nos leva a suspeitar que a neutralidade axiológica não é de fato axiologicamente neutra. Com efeito, em suas mãos, o princípio da neutralidade axiológica não é usado para desarmar as oposições, mas para atiçar as chamas e, literalmente, neutralizar qualquer oposição dentro da disciplina.

A reativação do princípio de *Wertfreiheit* de Weber na atual conjuntura transforma a sociologia em um campo de batalha. Quando explodiu na França, no início de 2018, uma polêmica que expôs publicamente a sociologia como uma mixórdia pseudocientífica de metafísica realista e ideologia esquerdista (BRONNER & GÉHIN, 2018), a crítica virulenta de Nathalie Heinich (2017a) das sociologias críticas de Bourdieu e Boltanski veio acompanhada de uma adesão simultânea aos cânones da sociologia analítica.

Embora realmente valorizemos seu trabalho sobre a pragmática da avaliação e a sociologia dos valores (HEINICH, 2017b), discordamos fortemente que uma sociologia não avaliativa dos valores seja possível ou mesmo desejável. A ruptura radical que ela propõe com a filosofia moral é ilusória. Max Weber só rompeu com a filosofia moral quando foi atraído pela transvaloração dos valores de Nietzsche (VANDENBERGHE, 2017). O niilismo é o que, de fato, sustenta sua doutrina de neutralidade de valor. Nathalie Heinich não "pensa que o imperativo de 'julgar' seja de forma alguma parte do programa de nossas disciplinas", como afirmamos. "Weber alguma vez 'julgou' a ética protestante, Durkheim alguma vez 'julgou' o suicídio, Goffman alguma vez 'julgou' o comportamento dos seus contemporâneos, Elias alguma vez 'julgou' os aristocratas franceses ou os habitantes de Winston Parva? Lévi-Strauss alguma vez 'julgou' os Bororos, ou Mauss os aborígenes? Não. E não apenas eles nunca fizeram isso, como seus trabalhos são notáveis *justamente porque* nunca fizeram isso." Assim formulada, essa afirmação parece indiscutível. No entanto, um olhar mais atento revelará que não é a despeito, mas *por causa* de seus julgamentos, que eles ainda nos atraem. Sim, em verdade Weber propôs uma avaliação da ética protestante, do tipo de homem (*Menschentum*) que ela ensejou e da "jaula de aço" que acabou construindo. Sim, em verdade Durkheim estava particularmente preocupado com a anomia e o egoísmo que determinavam as taxas de suicídio. Sua ciência da moral foi concebida como um contraponto ao utilitarismo. E assim por diante. Mais ainda, as descrições empíricas, as explicações causais e interpretações hermenêuticas desses autores só fazem sentido em conjunto com seu diagnóstico do presente e sua avaliação da condição humana na Modernidade. É *porque* seu trabalho é "carregado de valores", é graças a sua *Wertbeziehung* que fatos, conceitos e hermenêutica andam juntos. Sem ela, tudo desmorona. A ideia de uma descrição puramente factual é pura fantasia.

Não contestamos que uma sociologia empírica da cultura faça sentido. O magnífico trabalho de Nathalie Heinich sobre valores (2017b), arte (1998) ou identidades (1996), para citar os principais assuntos de sua vasta obra, são contribuições importantes para a sociologia. O que contestamos é sua teoria social, sua epistemologia e sua (anti)normatividade. Os contínuos ataques à teoria social, à sociologia moral, à sociologia cultural e à sociologia da arte que não são baseados em pesquisas empíricas como "pré-científicas" e "pré-sociológicas" são provavelmente um legado de sua colaboração com Bourdieu. A invocação de Elias exacerba a tendência e a aproxima de posições militantes geralmente associadas ao positivismo, à escolha racional e ao cientificismo, nos moldes do irredentismo da *Akademie für Soziologie* temida por Frank Adloff. No que nos diz respeito, reconhecemos plenamente o direito de existência da pesquisa sociológica, mas a vemos como apenas uma modalidade entre outras de atividade sociológica. Se defendemos alguma coisa, é a legitimidade e a necessidade da teoria em nome da sociologia.

Nesse debate, **Qu Jingdong**, responsável na Universidade de Pequim pela tradução das obras completas de Durkheim, defende uma posição atípica. Contra as visões tecnocráticas das ciências sociais, ele defende uma visão humanística das ciências sociais como vocação genuína e não apenas como profissão. Para nós, sua ideia de uma sociologia mais humana parece um tanto datada, mas talvez na China a sociologia ainda esteja sendo produzida em linhas fordistas (STEINMETZ, 2005). Sua crítica a uma ciência social burocrática, alienada e desumanizante oferece um contraste perfeito com as posições de Nathalie Heinich. Ele não denuncia a hipercrítica e hiperpolitização das ciências sociais e dos *Studies*, mas a frieza e a total indiferença da pesquisa positivista empírica: "Com seu tom friamente desapaixonado, esses pesquisadores 'empíricos' profissionais tecem análises sem necessariamente estabelecer qualquer contato empático com seus objetos, muito menos sentir ou compartilhar o destino daquelas pessoas".

Sua forte crítica do "mito do metodologismo" nos lembra a crítica de Alvin Gouldner (1970) da fetichização de ferramentas, métodos e procedimentos em *The Coming Crisis of Western Sociology*. A obra data, porém, de cinquenta anos atrás, e ele estava apontando para uma convergência de marxismo de Estado, funcionalismo parsoniano e empírico-positivismo na União Soviética – não na China! Não é surpreendente que essa escolha de uma sociologia humanística (que amplamente compartilhamos) leve Qu Jingdong a simpatizar fortemente com o paradigma da dádiva. É interessante que ele encontre as origens do paradigma da dádiva na tradição chinesa. O *status* dessas continuidades ainda precisa ser esclarecido, no entanto. O que ilumina o quê? É a dádiva antiga que ilumina a dádiva moderna ou o contrário? De nossa parte, acreditamos que devemos fazer o caminho em ambas as direções: atualizar o pensamento tradicional e universalizar a reciprocidade.

Em seu comentário sobre nosso artigo, **Mike Savage** comprova que até a década de 1950 a sociologia não era concebida como "disciplina autônoma", mas como "síntese", uma espécie de superdisciplina que oferecia um arcabouço teórico abrangente para a pesquisa social e "abrangia as humanidades, as ciências políticas, o direito e as ciências sociais de orientação mais disciplinar". Essa ciência social abrangente corresponde mais ou menos à nossa ideia de uma sociologia geral. Mike Savage saúda com satisfação nossa proposta de refundir sociologia e antropologia, porém pensa que, com nosso antiutilitarismo, estamos desnecessariamente abrindo um abismo entre sociologia e economia. Como Frank Adloff, ele teme que um confronto entre utilitarismo e antiutilitarismo possa ser contraproducente. Concordamos e ficaríamos muito felizes se os economistas estivessem mais abertos ao intercâmbio com as ciências sociais. Na França, os economistas se opuseram formalmente e boicotaram a criação de "Economia e Sociedade" como subseção heterodoxa dentro de sua disciplina.

Esta é uma boa oportunidade para reafirmar que o binarismo entre utilitarismo e antiutilitarismo não funciona, seja na economia política, seja – e ainda mais – na filosofia moral e política. O Adam Smith de *A riqueza das nações*, por exemplo, pode ser visto como utilitarista (e como tal muito admirado por Bentham), mas certamente não o da *Teoria dos sentimentos morais*. Marx, como já dissemos, pode ser lido como utilitarista (quando coloca os interesses econômicos na raiz da ação humana) ou, ao contrário, como um antiutilitarista radical (quando exorta a humanidade a deixar o reino da necessidade material). E assim por diante.

Mike Savage sugere ainda outra integração – não apenas de sociologia, antropologia e economia, mas também das ciências sociais e história. Em nossa visão, embora não o tenhamos explicado a contento, uma sociologia geral tem duas dimensões: uma sistemática e uma histórico-comparativa (CAILLÉ, 2014). Pensamos que a sociologia francesa, de Comte via Durkheim a Bourdieu, desenvolveu a primeira dimensão. A segunda abrange a linhagem que vai de Marx e Weber à investigação atual da "história global" (CONRAD, 2017). A teoria da dependência, a teoria dos sistemas mundiais, a teoria das modernidades múltiplas, a análise civilizacional e a história pós-colonial são as principais, senão as únicas versões da história global que se infiltram nas ciências sociais contemporâneas. O desafio é unir as duas dimensões em uma sociologia histórica geral que evite as armadilhas do evolucionismo, do etnocentrismo e outras teleologias da filosofia da história.

Savage aconselha contra o "epocalismo" (SAVAGE, 2009) – o anúncio contínuo de épocas sempre novas, baseado em uma mistura de especulação, entrevistas e pesquisas. Para que a sociologia esteja na vanguarda de uma renovação das ciências sociais e ofereça liderança intelectual, ela terá de desarraigar os pressupostos que enquadram sua interpretação de tendências e eventos e abandonar o conforto de suas fórmulas (a sociedade afluente, a sociedade do risco, a sociedade em rede etc.). Em vez de anunciar tendências, ela realmente precisa se concentrar em mudanças tecnológicas, sociais, políticas e culturais de longo prazo e entrar na mata cerrada do século XXI. Com algum hiperbolismo, diríamos que é hora de evocar a "mudança social da mudança social".

Como Qu Jingdong, Mike Savage, que dirige o Instituto Internacional de Desigualdades da London School of Economics, abraça integralmente o paradigma do presente. Em sintonia com suas reflexões sobre a meta-história, ele introduz o "*conatus* da duração" e o "peso da história" no ciclo de reciprocidade de Mauss. Apesar de toda a simpatia que demonstra pela teoria social de Bourdieu, evidenciada em sua dívida para com o mestre francês ao repensar o sistema de classes britânico (SAVAGE, 2015), Savage não se interessa pelo cálculo temporal da dádiva (a indeterminação do tempo da devolução de um bem recebido). Ele deseja rastrear as dádivas por longos períodos através da geração e desenvolver uma economia moral de dívidas, heranças e dádivas. Ele poderia ter recorrido à síntese fabulosa de Gouldner (1973: 190-299) de Marx e Mauss em sua teoria da reciprocidade, generosidade e beneficência. Em uma ponta do modelo, teríamos a assimetria negativa da exploração: uma classe dominada sempre dá mais às classes dominantes do que delas recebe; na outra ponta, teríamos a simetria positiva da beneficência: quem não pode dar (o doente, o deficiente, o pobre), mas recebe de quem dá sem expectativa de retribuição. Entre elas, no ponto médio, teríamos simetria e reciprocidade. Desse ponto de vista, poderíamos reformular a teoria da acumulação de capital de Thomas Piketty por meio da herança da riqueza patrimonial como uma teoria da justiça. Ainda que não se queira ir tão longe quanto Saint-Simon, Comte e Durkheim e pedir a abolição da herança, o impacto que teria em uma política de redistribuição é claro.

Enquanto Mike Savage aplaude a reunião de sociologia e antropologia, **Michael Singleton** propõe uma leitura antropológica reversa da sociologia. A diferença entre as duas disciplinas não é apenas literária. Ao contrário dos sociólogos, que usam muito jargão, entrevistam e se valem de dados estatísticos, os antropólogos escrevem com elegância e distinção. O prédio em que se localiza seu departamento pode estar próximo ao nosso, mas sua disciplina está em algum lugar entre filosofia, história e literatura. O escritório do antropólogo fica suspenso no ar – entre a biblioteca e as terras longínquas por onde passaram. Retornando ao *campus* depois de um longo período de trabalho de campo no mato, eles veem cultura(s) em todos os lugares e começam a observar os colegas do departamento ao lado com estranhamento. Como é possível que o relativismo cultural ainda não tenha chegado ao departamento de sociologia? Como eles ainda podem falar sobre a natureza humana e a estrutura social sem perceber que são apenas ídolos da tribo? Quando falam sobre teoria, para não falar de realidade e verdade, parecem esquecer que a ciência não é universal (mas local), que a teoria é baseada em livros (e não oral) e que a sociologia é apenas uma prática entre outras (como adivinhação ou jardinagem). A despeito do que os sociólogos digam, por mais que tentem mudar as regras do jogo, eles continuam jogando o mesmo jogo indefinidamente. Intrigado, o antropólogo continua a observá-los de fora. Divertindo-se, ele observa, ele não participa. Ele relativiza e tribaliza a disciplina. Comparando a metafísica, ele medita. E então ele retorna à sua tenda para refletir sobre como a antropologia pode revolucionar a sociologia. Da mesma forma que a teologia da libertação revolucionou a antropologia, a antropologia poderia agora assumir a liderança na libertação das ciências sociais... da sociologia.

Por último, mas não menos importante, vem a discussão sistemática, empática, precisa e direta que **Philippe Steiner** dedica a nosso documento de posição. Ele levanta três questões importantes. A primeira é institucional. A massificação do ensino superior transformou a universidade em fábrica de ensino. Os professores estão sobrecarregados com o ensino. Quando não estão em classe, estão escrevendo artigos especializados para periódicos influentes com alta visibilidade e fator de impacto. Eles quase não têm tempo para pesquisas fundamentais. Pedir que leiam mais do que sua disciplina ou, dentro de sua disciplina, além de sua especialização, não é realista. Eles simplesmente não têm tempo para "ler textos às centenas". Steiner também observa que os alunos não estão mais interessados em alta teoria. Eles querem uma formação profissional, um diploma e um emprego. Consequentemente, a universidade não é mais o lugar onde ocorre o debate intelectual. Questões semelhantes foram levantadas anteriormente por François Dubet e Phil Gorski e, de maneira diversa, também por Francis Chateauraynaud e Raewyn Connell. Todos eles apontam para a necessidade não só de reformar a universidade, mas de olhar além da universidade e das disciplinas para se dirigir ao público em geral. Concordamos. Há trinta anos fazemos a *Revue du Mauss* como publicação que se dirige ao grande público e está disponível em todas as boas livrarias de Paris e do interior.

A segunda questão diz respeito à nossa visão da sociologia. Ele não se reconhece em nossa caricatura do sociólogo como alguém que cita os clássicos, faz trabalho de campo e fica do lado dos fracos. Steiner também não se vê convencido por nossas críticas à especialização e ao trabalho de campo. Como Weber e Durkheim, ele pensa que o ideal de uma formação geral não está em consonância com o tempo e indica diletantismo. A especialização é necessária e inevitável, mas isso não significa que todos devemos nos tornar "especialistas sem espírito ou sensualistas sem coração" (WEBER, 1968: 203). Para provar que se pode fazer pesquisa especializada e trabalho de campo sem se tornar um *Fachmensch*, ele menciona suas próprias pesquisas sobre festivais públicos (como o Carnaval no Rio, o *Koningsdag* em Amsterdã ou a *fête de Bayonne*, que ele estuda). Ele não só combina trabalho de campo com pesquisa em arquivos, mas o tema também o força a ler a produção de diferentes subáreas especializadas (direito público, gestão de cidades, economia turística etc.) em várias disciplinas. Com Marcel Mauss, diríamos que é o que é preciso para estudar o fenômeno festivo como "fenômeno social total".

Para mostrar que se pode ser um "especialista com coração", ele se refere ao trabalho de Alvin Roth, um economista e matemático ortodoxo, sobre o *matching*, que só encontrou após ter concluído seu estudo crítico de mercado, pseudomercado e doação de órgãos (STEINER, 2010). Mesmo que este trabalho seja baseado em princípios utilitários, comportamentais e instrumentais-padrão, ele pode ser usado para facilitar a "doação organizacional" de órgãos: "Roth desenvolveu um algoritmo que permite às pessoas que desejam doar um rim a um ente querido, mas que não o podem fazer por causa de incompatibilidades (sangue ou tecido) entre si, trocar doadores entre pares de doadores e receptores incompatíveis". Em vez de rejeitar a economia neoclássica, não deveríamos recebê-la como um meio facilitador "como forma de expandir as possibilidades oferecidas ao *homo donator*"?

Não deveríamos aceitar o utilitarismo por razões antiutilitaristas? Talvez devêssemos de fato, e já que estamos nisso, não deveríamos ir além e aceitar que os princípios normativos podem superar os princípios epistêmicos? Quando introduzimos o julgamento normativo e a crítica como um imperativo metodológico, tínhamos isso em mente. Devemos seguir Steiner e introduzir a engenharia social como um quinto imperativo e incluir estatísticos, matemáticos e engenheiros em nossas equipes? Em um artigo instigante, Mike Savage e Roger Burrows (2007) sugeriram que nossas principais técnicas de pesquisa (a entrevista e o levantamento de dados) estavam muito arraigadas no século XX e que estávamos sendo ultrapassados por analistas de *Big Data*. A sociologia digital é uma área em crescimento. Devemos seguir Francis Chateauraynaud, trabalhar com inteligência artificial e criar um programa de software que produza e poste diariamente observações críticas em um blog com o nome de Christopher Marlowe?[5]

A terceira e última hesitação de P. Steiner diz respeito ao paradigma da dádiva, que ele conhece bem e cujos meandros estudou em sua história do altruísmo (STEINER, 2016). Comparando o movimento do *Mauss* com outros movimentos intelectuais, como aquele em torno do *Année sociologique* de Durkheim e dos *Actes de la recherche en sciences sociales* de Bourdieu, ele pergunta sinceramente se a *Revue du Mauss* não representaria uma regressão científica: "É possível perder terreno em uma ciência social inovadora específica?" O problema, segundo ele, é que "Caillé e seu grupo não oferecem um projeto científico original em torno do qual se reunissem pesquisadores de diferentes ciências sociais. [...] a sociologia neoclássica proposta não emerge de uma renovação recente ou significativa na prática teórica".

Gostaríamos de dizer que não concordamos, pelo menos em parte. Nossa revista publica contribuições não apenas de sociólogos, mas também de antropólogos, filósofos, economistas, historiadores, especialistas em gestão, psicanalistas etc. Diferentemente do que escreve Philippe Steiner, há um projeto científico original em torno do qual pesquisadores de diferentes ciências sociais se reuniram por três décadas. Já publicamos artigos de Philippe Steiner sobre doação de órgãos e agradeceríamos qualquer artigo seu sobre "dádivas organizacionais" ou sobre o "fenômeno festivo". Talvez não tenhamos conseguido convencer o nosso colega da originalidade do nosso projeto científico. De nossa parte, pensamos que ele não é suficientemente conhecido e reconhecido!

---

5. Cf. www.prosperologie.org/ para mais detalhes. As implicações são de longo alcance. Se um robô pode gerar textos sociológicos inteligentes por metro, então, mais cedo ou mais tarde, não poderemos mais confiar em nossos alunos quando eles entregarem seus trabalhos. Se jornalistas, advogados e psicanalistas podem ser substituídos por máquinas, por que não seria possível programar também sociólogos e filósofos?

Nosso *Documento de posição* tinha por objetivo apresentar nosso trabalho a um público anglófono. É verdade que ainda estamos tateando o problema. Não há nenhuma base (ainda) que dê sustentação a nosso trabalho. "Não seria mais simples e eficaz anexar essa estratégia a uma fundação que instituísse uma Escola de Altos Estudos Maussianos em que a perspectiva contenciosa, no sentido de Weber ou Mauss, do intercâmbio interdisciplinar pudesse ser implantada como a *Revue du Mauss* tem feito?" Por que não? O projeto é interessante. Seria uma alegria para nós que Philippe Steiner assumisse sua gestão.

$$***$$

Agora que respondemos aos nossos comentaristas um a um, vamos encerrar esta interessantíssima troca abordando algumas questões transversais que surgiram repetidamente na discussão. Para organizar nossos pensamentos, vamos seguir alguns "conceitos estelares" e usá-los como estímulos para uma discussão. Juntos, eles configuram uma possível agenda de pesquisa.

1 Teoria social geral

Em nosso *Documento de posição*, falamos de "teoria social geral". Embora a ideia fosse mais ou menos clara para nós, representou, de fato, uma formação de compromisso entre uma visão francófona da "sociologia geral", defendida por Durkheim e Mauss, mas também por Bourdieu e Caillé, e uma visão mais anglófona de "teoria social", defendida por Alexander, Giddens e Vandenberghe. Ao contrário do que nossos comentaristas perscrutaram, não nos propomos à construção de uma ciência social geral unificada por uma teoria social geral. Se não propomos uma grande teoria unificada, é por um motivo simples: não temos uma (embora saibamos como reconhecê-la). Seguindo uma sugestão do velho Comte, embora se encontrem ideias semelhantes em Parsons e Giddens, recomendamos a especialização em teoria para superar a especialização na prática. Na verdade, para nós, "trabalho de campo na teoria" é tão legítimo e necessário quanto qualquer outro método de pesquisa.

Trabalhando na intersecção de sociologia, filosofia e história das ideias, praticamos a "teoria comparativa" (em analogia com a "literatura comparada"). Mapeamos e ordenamos constelações intelectuais, comparamos e contrastamos teorias, axiomatizamos e sistematizamos conceitos, articulamos e integramos ideias em um quadro geral. Estamos, ao mesmo tempo, distantes do mundo social. Não estudamos o mundo em si, pelo menos não diretamente, mas analisamos, revisamos e sintetizamos as ideias dos outros. Ocasionalmente, podemos acrescentar nossas próprias ideias às deles. É assim que teoria e metateoria procedem. Através de exegese, interpretação, reconstrução e crítica de autores (clássicos, modernos e contemporâneos), textos (de preferência obras completas), teorias (escolas de pensamento) e conceitos (história das ideias). Não estamos dizendo que todo mundo precisa fazer teoria e passar os dias na biblioteca. Estamos apenas rebatendo a ideia de que, se alguém não faz pesquisa empírica, não é um sociólogo propriamente.

2 Uma ciência social generalista

Não estamos defendendo uma ciência social geral à maneira de Parsons, que está acima das ciências sociais particulares, mas uma ciência social *generalista*. Assim como na medicina, pensamos que também nas ciências sociais devemos ter generalistas ("clínicos gerais") e especialistas. Em nosso *Documento de posição* defendemos uma ciência social geral que rearticularia a sociologia, os *Studies* e a filosofia moral e política. Essa é a principal opção de F. Vandenberghe. A. Caillé defende uma versão muito mais aberta e inclusiva que também incluiria economia política, etnologia, história, geografia etc. (CAILLÉ et al., 2018). Essa ciência social generalista não seria governada por uma teoria geral. Seria impulsionada pelas diferentes constelações teóricas que identificamos e por outras que não exploramos, mas que foram indicadas na discussão (os *commons*, empoderamento, vigilância, admiração, celebrações, festividades etc.). O que todas as constelações têm em comum é a rejeição da teoria geral da escolha racional. Conforme estabelecido no modelo econômico-padrão de ação, mercados e sociedades, essa teoria é hegemônica, geral e unificada. Como alternativa, propomos uma aliança abertamente antiutilitarista, interdisciplinar e plural. Sua tarefa central é estimular o intercâmbio intelectual e o diálogo entre teóricos de diferentes escolas e denominações. Para nós, o antiutilitarismo é o menor denominador de comentários. Funciona como plataforma teórica, ideológica e prática de intercâmbio intelectual e, quem sabe, também de mudança social.

3 Teoria sociológica empírica

Uma crítica recorrente é que nos concentramos demais no polo metafísico, conceitual e abstrato e negligenciamos o polo científico, metodológico e concreto do "*continuum* do pensamento científico" (ALEXANDER, 1982-1983, vol. 1: 1-35)[6]. Se tivéssemos que organizar os vários conceitos teóricos ao longo deste *continuum* em uma escala de sete pontos (a "escala T"), variando da teoria como um "sistema de proposições gerais que estabelece uma relação entre

---

6. Se não utilizamos o conceito de Jeffrey Alexander de "*continuum* científico" é porque, apesar de seus pressupostos pós-positivistas, ele permanece preso a uma compreensão positivista da teoria como um sistema de leis que cobrem proposições, correlações, metodologias e observações. Para uma concepção alternativa do *continuum* teórico que conecta o transcendental às dimensões empíricas do conhecimento, cf. Vandenberghe, 2009: 290-303.

duas ou mais variáveis" para a teoria como uma *"Weltanschauung"* que fornece uma "estrutura *a priori* independente da experiência, logicamente anterior a qualquer contato com o mundo social" (ABEND, 2005), descobriríamos que operamos de maneira sólida nos níveis mais elevados de generalidade e abstração (níveis 5 a 7 na escala de Teoreticidade). Na verdade, trabalhando afastados do mundo social, não demos atenção suficiente às teorias sociológicas de médio alcance. Não cobrimos teorias que buscam explicar ou interpretar fenômenos sociais específicos (desigualdade, corrupção, desemprego, discriminação racial, mudança climática). Da mesma forma, enquanto defendíamos uma "abordagem de método misto" e defendíamos uma combinação de explicação, interpretação, descrição e julgamento, nosso argumento estava posicionado em um nível metametodológico.

Se compararmos nosso argumento com o de Richard Swedberg (2014) em *The Art of Social Theory*, a diferença de registros é evidente. Nós atuamos no "contexto da justificação", ele no "contexto da descoberta". Enquanto partimos de um conjunto de pressupostos filosóficos que orientam nosso avistamento e mapeamento de constelações no céu teórico, ele é um sociólogo analítico que usa a teoria em sua busca de um mecanismo causal capaz de explicar a observação de fenômenos empíricos. Seu manual é bastante realista. Conduz o leitor por um processo de construção de teoria que envolve ferramentas como metáfora, analogia, tipologia e explicação. Da observação à explicação por abdução, esse é o arco de seu projeto de teorização. Não somos apenas mais ecléticos, somos também mais sistemáticos. Não somos pensadores analíticos, mas sintéticos; não somos pesquisadores empíricos, mas dialéticos. Para nós, a pesquisa faz parte de uma busca pessoal e coletiva do bem-viver com, pelo e contra o outro em uma sociedade justa.

Graças às críticas e comentários que recebemos de nossos colegas (especialmente Adloff, Alexander, Connell, Chateauraynaud, Savage e Steiner), descobrimos uma ausência – mais do que isso, admitamos: um enorme vazio – em nosso projeto teórico. Não apenas nos concentramos demais na alta teoria (em detrimento das teorias de médio alcance), como agora percebemos que, com nossas constelações de interdependência, também negligenciamos a teorização dos macroníveis da realidade. Encaremo-lo. Temos uma teoria da sociedade, mas não de seus vários subsistemas. Temos uma teoria da ação, mas nenhuma teoria da estratificação, da burocracia e dos militares. Temos uma teoria de interação, mas nenhuma teoria de classe, casta, gênero ou raça. Temos uma teoria da ordem social, mas nenhuma teoria das elites, do poder, da lei, do crime e do controle social. Temos uma teoria da mudança social, mas nenhuma teoria da tecnologia, da internet e dos movimentos sociais. Graças ao debate, sabemos que, para avançar, precisamos articular melhor a teoria social e a teoria sociológica, infundir mais "materialidade" na primeira e mais "ideias" na segunda. É muito trabalho pela frente, de fato.

4 Além da sociologia?

Por que nos preocupamos com a sociologia? Por que a amamos tanto? Por que tememos cada vez mais por seu futuro?[7] Fomos seduzidos por sua promessa extraordinária: explicar como ideias, representações, crenças, normas, valores e paixões aparecem e se sucedem na história, segundo o destino dos grupos ou sociedades que deles fizeram ou estão fazendo os portadores de sua mensagem (*Träger*). Ideias, valores, crenças não são da mesma natureza, não têm a mesma forma, nem a mesma força, a depender de terem tido por portadores agricultores ou caçadores-coletores, xamãs, guerreiros, mercadores, escribas, sacerdotes, profetas ou banqueiros etc. Tivemos de superar nossas inclinações filosóficas. Quando descobrimos que os sistemas de pensamento não caem do céu e que os conceitos não são eternos, fomos além da filosofia. Também tivemos de radicalizar nossa crítica à economia política. Quando descobrimos que sua figura central, o *homo oeconomicus*, é apenas um tipo humano entre outros, tivemos de ir além da economia.

Por que o projeto de uma ciência social geral acabou falhando? Por que era muito ambicioso? Talvez. Mais provavelmente, porque seus pressupostos básicos a respeito de uma sociedade bem-ordenada de indivíduos devidamente socializados não resistiram ao teste do tempo (DUBET & MARTUCELLI, 1998; DUBET, 2009). Não temos certeza se a sociologia pode sobreviver como disciplina separada por direito próprio. É possível que tenha mais chances de voltar à sua ideia original e se tornar uma superdisciplina generativa, generalizante, generalista e generosa com ambições teóricas. Ela só pode desempenhar esse papel de incubadora, entretanto, se se lembrar de sua promessa e não esquecer suas próprias questões teóricas. Ela se tornaria então o núcleo mais ativo de uma ciência social generalista.

Em todo caso, a ideia de uma ciência social geral pressupõe uma reforma do currículo em todos os níveis (da graduação ao doutorado). Em vez de formar alunos especializados em uma disciplina, devemos treiná-los em duas ou três disciplinas. Da mesma forma que não se pode falar bem muitas línguas, não se pode praticar seriamente muitas disciplinas. Mas se pode falar bem duas ou três línguas e se praticar duas ou três disciplinas. Devemos, portanto, formar pesquisadores que não sejam especialistas puros. Eles seriam socioeconomistas, historiadores-filósofos, geógrafos-antropólogos, psicólogos-sociólogos etc.

---

7. Convidamos cada um de nossos comentaristas a refletir sobre a questão: *Pourquoi nous l'avons-nous tant aimée, la sociologie?*, que será o tema de uma das próximas edições da *Revue du Mauss*. Nesse momento em que a sociologia (e tudo o mais que está relacionado ao "marxismo cultural" e à "ideologia de gênero") está sob ataque das autoridades de direita e ameaçada pela austeridade, podemos, no entanto, lutar um pouco mais e adiar o funeral.

5 A ontologia do presente

As ciências sociais (sociologia, antropologia, geografia etc.) só puderam cumprir seu papel histórico porque acompanharam a invenção da modernidade democrática. Elas foram companheiras de viagem das grandes ideologias modernas dos séculos XVIII e XIX (liberalismo, socialismo, comunismo ou anarquismo). Uma das razões para seu declínio é que essas religiões seculares são insuficientes para lidar com os desafios atuais. Mais em sintonia com as ideologias sucessoras do segundo século XX (feminismo, pós-colonialismo, multiculturalismo, ecologia profunda), os *Studies* captaram o *Zeitgeist* e desafiaram as ciências sociais em seu próprio território. Agora que essas ideologias sucessoras das grandes religiões civis do passado também estão sob pressão e coação, percebemos sua importância civilizacional. Elas fazem parte de nossa herança ideativa e precisamos defendê-la.

Estamos enfrentando "tempos sombrios" mais uma vez. Precisamos desesperadamente de referências para nos orientarmos intelectual, ideológica e politicamente. 2001 (o ataque terrorista em Nova York), 2008 (a crise econômica) e 2016 (a eleição de Trump, o Brexit) são marcadores de uma nova época. Tudo começou com um estrondo e não terminará em sussurros, mas em lágrimas. Não temos certeza de que nossas teorias sociológicas da modernidade tardia (Giddens, Beck, Bauman, mas também Castells, Boltanski e Chiapello) ainda sejam válidas ou que possam captar com sucesso a ruptura radical que as sociedades estão enfrentando. Evidentemente, sempre é possível culpar o capitalismo, a tecnologia ou simplesmente "o sistema". Mas as mudanças são mais profundas e são de natureza tectônica. Como Dubet apontou: a sociedade como a conhecemos acabou. A natureza também caminha para seu fim. Somos a última geração que pode fazer qualquer coisa em relação às mudanças climáticas. E com os populistas no poder, o relógio está correndo mais rápido à medida que retrocedemos.

Como as discussões com Adloff, Alexander, Chateauraynaud, Connell e Dubet deixaram claro, precisamos pensar ao mesmo tempo nos desafios do Antropoceno, do neoliberalismo e do populismo. Nenhum desses termos são conceitos analíticos. São noções folclóricas polêmicas, mas uma vez que se consolidaram, precisamos usá-las também, mesmo que para nós, intelectuais liberais, funcionem como testes de Rorschach nos quais podemos projetar nossos piores medos. As problemáticas e temáticas a que se referem têm genealogias diferentes (capitalismo, industrialismo, democracia liberal) e não podem ser agrupadas. Mas como agora eles se fundiram em uma síndrome, eles devem ser pensados juntos. A maneira de fazer isso delineia os contornos de uma nova agenda de pesquisa. Estamos enfrentando uma emergência, e a tarefa urge. Não podemos mais ficar verificando nossas notas de rodapé e escrevendo textos evasivos que são meramente acadêmicos. Precisamos apreender a ontologia do presente e analisar a disjunção que ameaça o futuro em conjunto com colegas de disciplinas vizinhas em diferentes países na linha de frente da reação. Não importa que seja a sociologia, os estudos da comunicação, a filosofia política ou ciência política. Quer se trate de ciência ou jornalismo de alta qualidade também é secundário.

6 Segunda pós-modernidade

Para sublinhar o alcance da transformação social, propomos chamar a nova época de segunda pós-modernidade. A primeira pós-modernidade que acompanhou o final do milênio foi cultural. Como um canto do cisne para o marxismo, ela minou a(s) grande(s) narrativa(s) da emancipação por meio de uma desconstrução lúdica dos fundamentos ontológicos, epistemológicos e normativos da teoria sistemática. A segunda pós-modernidade se baseia nas ruínas da primeira e, talvez, esteja causalmente relacionada a ela. Ocorre quando a politização da cultura começa a erodir a própria estrutura do mundo como o conhecemos. Radicaliza a crítica ao sistema, mas o recupera e redireciona para capturar o poder, destruir o estado de bem-estar, espalhar os mercados e contestar as mudanças climáticas. Recuperada por forças antissistêmicas de direita, ataca não só a verdade e todos os outros valores que prezamos, mas também todo o arranjo social, político e cultural que nela se construiu. Aqueles de nós que vivem em sociedades que entraram em colapso e caíram à beira do abismo (Estados Unidos, Reino Unido, Brasil, Turquia, Índia... qual será a próxima?) perderam sua segurança ontológica. Sabemos por experiência que tudo pode acontecer. A questão da ordem social é antiquada. Estamos trabalhando sob o pressuposto do caos. Por vezes, como as crises que são criadas artificialmente, o caos é planejado, mas na maioria das vezes as coisas estão simplesmente saindo do controle. Para os norte-americanos, a eleição de Donald Trump veio como um choque ontológico. As sociedades não estão retrocedendo para a década de 1930. Elas estão avançando rapidamente para 2030. É hora de recalibrar nossas teorias e reorientar nossas pesquisas, na esperança de que possamos mais uma vez apreender a ontologia do furioso presente nos conceitos.

Referências

ABEND, G. (2005). "The Meaning of Theory". In: *Sociological Theory*, 26 (2), p. 173-199.

ALEXANDER, J.C. (2006). *The Civil Sphere*. Oxford: Oxford University Press.

_____ (1987). *Twenty Lectures* – Sociological Theory since World War II. Nova York: Columbia University Press.

_____ (1982-1983). *Theoretical Logic in Sociology*. 4 vols. Berkeley: University of California Press.

ADLOFF, F. (2016). *Gifts of Cooperation, Mauss and Pragmatism*. Londres: Routledge.

ALEXANDER, J.C. & TOGNATO, C. (2018). "Introduction: For democracy in Latin America". In: ALEXANDER, J.C. & TOGNATO, C. (eds.). *The Civil Sphere in Latin America*. Cambridge: Cambridge University Press, p. 1-15.

BARTHE, Y. et al. (2013). "Sociologie pragmatique: mode d'emploi". In: *Politix*, 103 (3), p. 175-204.

BOLTANSKI, L. & HONNETH, A. (2009). "Soziologie der Kritik oder Kritische Theorie?" In: JAEGGI, R. & WESCHE, T. (eds.). *Was ist Kritik?* Frankfurt am Main: Suhrkamp, p. 83-116.

BOLTANSKI, L. & THÉVENOT, L. (1991). *De la justification* – Les économies de la grandeur. Paris: Gallimard.

BRISSON, T. (2018). *Décentrer l'Occident* – Les intellectuels postcoloniaux chinois, arabes et indiens, et la critique de la modernité. Paris: La Découverte.

BRONNER, S. & GUÉHIN, E. (2017). *Le danger sociologique*. Paris: PUF.

BURAWOY, M. (2005). "For Public Sociology". In: *American Sociological Review*, 70 (1), p. 4-28.

_____ (2003). "For a Sociological Marxism: The Complementary Convergence of Antonio Gramsci & Karl Polanyi". In: *Politics & Society*, 3 (2), p. 193-261.

CAILLÉ, A. (2019). *Extensions du domaine du don*. Paris: Actes Sud.

_____ (2014). *La sociologie malgré tout* – Autres fragments d'une sociologie générale. Paris: Presses Universitaires de Paris-Ouest-Nanterre.

_____ (2000). *Anthropologie du don* – Le tiers paradigme. Paris: Desclée de Brouwer.

CAILLÉ, A.; CHANIAL, P.; DUFOIX, S. & VANDENBERGHE, F. (eds.) (2018). *Des sciences sociales à la science sociale* – Fondements anti-utilitaristes. Lormont: Le Bord de l'Eau.

CALLON, M. (2013). *Sociologie des agencements marchands*. Paris: Presses des Mines.

CELARENT, B. (2017). *Varieties of Social Imagination*. Chicago: Chicago University Press.

CHAKRABARTY, D. (2000). *Provincializing Europe* – Postcolonial Thought and Historical Difference. Princeton: Princeton University Press.

CHANIAL, P. (2011). *La sociologie comme philosophie politique* – Et réciproquement. Paris: La Découverte.

CHATEAURAYNAUD, F. (2015). "L'emprise comme experience – Enquêtes pragmatiques et theories du pouvoir". In: *Sociologies* [online] [Disponível em www.journals.openedition.org/sociologies/4931].

_____ (2011). *Argumenter dans un champ de forces* – Essai de ballistique sociologique. Paris: Petra.

CHATEAURAYNAUD, F. & DEBAZ, J. (2017). *Aux bords de l'irréversible* – Sociologie pragmatique des transformations. Paris: Petra.

CONNELL, R. (2018). "Decolonizing Sociology". In: *Contemporary Sociology*, 47 (4), p. 399-407.

_____ (2017). "In Praise of Sociology". In: *Canadian Review of Sociology*, 54 (3), p. 280-296.

_____ (2007). *Southern Theory* – The Global Dynamics of Knowledge in Social Science. Cambridge: Polity Press.

CONRAD, S. (2017). *What is Global History?* Princeton: Princeton University Press.

DUBET, F. (2019). *Le temps des passions tristes* – Inégalités et populisme. Paris: Seuil.

_____ (2009). *Le travail des sociétés*. Paris: Seuil.

DUBET, F. & MARTUCCELLI, D. (1998). *Dans quelle société vivons-nous?* Paris: Seuil.

DUMONT, L. (1983). *Essais sur l'individualisme* – Une perspective anthropologique sur l'idéologie moderne. Paris: Seuil.

GOULDNER, A. (1973). *For Sociology* – Renewal and Critique in Sociology Today. Nova York: Basic Books.

_____ (1970). *The Coming Crisis of Western Sociology*. Nova York: Basic Books.

GURU, G. & SARUKKAI, S. (2012). *The Cracked Mirror* – An Indian Debate on Experience and Theory. Delhi: Oxford University Press India.

HEINICH, N. (2017a). *Des valeurs* – Une approche sociologique. Paris: Gallimard.

_____ (2017b). "Misères de la sociologie critique". In: Le Débat, 197 (5), p. 119-126.

_____ (2009). *Le bêtisier du sociologue*. Paris: Hourvari-Klincksieck.

_____ (1998). *Le Triple Jeu de l'art contemporain* – Sociologie des arts plastiques. Paris: Minuit.

_____ (1996). *États de Femme* – L'identité féminine dans la fiction occidentale. Paris: Gallimard.

HONNETH, A. (2007). "Rekonstruktive Gesellschaftskritik unter genealogischen Vorbehalt". In: *Pathologien der Vernunft* – Geschichte und Gegenwart der Kritischen Theorie. Berlim: Suhrkamp, p. 57-69.

HORKHEIMER, M. (1988). "Traditionnelle und kritische Theorie". In: *Gesammelte Schriften*. Vol. 4 Frankfurt am Main: Fischer p. 162-216.

JOAS, H. & KNÖBL, W. (2004). *Sozialtheorie* – Zwanzig einführende Vorlesungen. Frankfurt am Main: Suhrkamp.

LEMIEUX, C. (2018). *La sociologie pragmatique*. Paris: La Découverte.

LOVEJOY, A. (1908). "The Thirteen Pragmatisms". In: *The Journal of Philosophy, Psychology and Scientific Methods*, 5.1, p. 5-12; 5.2, p. 29-39.

LUHMANN, N. (1997). *Die Gesellschaft der Gesellschaft*. Frankfurt am Main: Suhrkamp.

MAUSS, M. (1969). "Divisions et proportions de divisions de la sociologie". In: *Oeuvres 3*: Cohésion sociale et division de la sociologie. Paris: Seuil.

MIGNOLO, W. (2000). *Local Histories/Global Designs* – Coloniality, Subaltern Knowledges, and Border Thinking. Princeton: Princeton University Press.

MOUNK, Y. (2018). *The People vs. Democracy* – Why Our Freedom is in Danger and How to Save It. Cambridge: Harvard University Press.

SAVAGE, M. (2015). *Social class in the 21st. Century*. Londres: Penguin.

_____ (2009). "Against Epochalism: An Analysis of Conceptions of Change in British Sociology". In: *Cultural Sociology*, 3 (2), p. 217-238.

SAVAGE, M. & BURROWS, R. (2009). "Some Further Reflections on the Coming Crisis of Empirical Sociology". In: *Sociology*, 43 (4), p. 762-772.

_____ (2007). "The Coming Crisis of Empirical Sociology". In: *Sociology*, 41 (5), p. 885-899.

STEINER, P. (2016). *Donner... Une histoire de l'altruisme*. Paris: PUF.

_____ STEINER, P. (2010). *La transplantation d'organes* – Un commerce nouveau entre les êtres humains. Paris: Gallimard.

STEINMETZ, S. (ed.) (2005). *The Politics of Method in the Human Sciences*: Positivism and Its Epistemological Others. Durham, NC: Duke University Press.

SWEDBERG, R. (2014). *The Art of Theorizing*. Princeton: Princeton University Press.

TOURAINE, A. (2013). *La fin des sociétés*. Paris: Seuil.

VALÉRY, P. (1957). "Essais quasi politiques: La crise de l'esprit". In: *Oeuvres*, I. Paris: Gallimard.

VANDENBERGHE, F. (2017). "Sociology as Moral Philosophy (and vice versa)". In: *Canadian Review of Sociology*, 54, p. 405-422.

_____ (2009). *A Philosophical History of German Sociology*. Londres: Routledge.

VANDENBERGHE, F. & FUCHS, S. (2019). "On the Coming End of Sociology". In: *Canadian Review of Sociology*, 56 (1), p. 138-143.

WEBER, M. (1968). "Die protestantische Ethik und der Geist des Kapitalismus". In: *Gesammelte Aufsätze zur Religionssoziologie*. Vol. I. Tübingen: Mohr.

CULTURAL
Administração
Antropologia
Biografias
Comunicação
Dinâmicas e Jogos
Ecologia e Meio Ambiente
Educação e Pedagogia
Filosofia
História
Letras e Literatura
Obras de referência
Política
Psicologia
Saúde e Nutrição
Serviço Social e Trabalho
Sociologia

CATEQUÉTICO PASTORAL
Catequese
Geral
Crisma
Primeira Eucaristia

Pastoral
Geral
Sacramental
Familiar
Social
Ensino Religioso Escolar

TEOLÓGICO ESPIRITUAL
Biografias
Devocionários
Espiritualidade e Mística
Espiritualidade Mariana
Franciscanismo
Autoconhecimento
Liturgia
Obras de referência
Sagrada Escritura e Livros Apócrifos

Teologia
Bíblica
Histórica
Prática
Sistemática

REVISTAS
Concilium
Estudos Bíblicos
Grande Sinal
REB (Revista Eclesiástica Brasileira)

VOZES NOBILIS
Uma linha editorial especial, com importantes autores, alto valor agregado e qualidade superior.

PRODUTOS SAZONAIS
Folhinha do Sagrado Coração de Jesus
Calendário de mesa do Sagrado Coração de Jesus
Agenda do Sagrado Coração de Jesus
Almanaque Santo Antônio
Agendinha
Diário Vozes
Meditações para o dia a dia
Encontro diário com Deus
Guia Litúrgico

VOZES DE BOLSO
Obras clássicas de Ciências Humanas em formato de bolso.

CADASTRE-SE
www.vozes.com.br

EDITORA VOZES LTDA.
Rua Frei Luís, 100 – Centro – Cep 25689-900 – Petrópolis, RJ
Tel.: (24) 2233-9000 – Fax: (24) 2231-4676 – E-mail: vendas@vozes.com.br

UNIDADES NO BRASIL: Belo Horizonte, MG – Brasília, DF – Campinas, SP – Cuiabá, MT
Curitiba, PR – Fortaleza, CE – Goiânia, GO – Juiz de Fora, MG
Manaus, AM – Petrópolis, RJ – Porto Alegre, RS – Recife, PE – Rio de Janeiro, RJ
Salvador, BA – São Paulo, SP